中外员工
持股制度发展研究

王 颖◎著

Research on the
Development of Chinese and Foreign Employee
Stock Ownership System

人民出版社

目　　录

引　言

在当今世界新技术革命浪潮兴起的时代,美国等西方发达国家员工持股制度已发展成为比较成熟的制度安排,其理论和实证研究均走在了世界前列。与这些国家相比,与适应新技术革命浪潮的需要相比,我国员工持股制度的发展存在理论研究基础弱、制度设计不完善、制度实施不规范、应有的制度潜力没有得到充分发掘和释放等问题。党的十八届三中全会以来,从中央到地方对研究探索、发展完善员工持股制度已高度关注。

员工持股制度最早起源于美国。美国员工持股计划协会(The Esop Association)将员工持股计划(Employee Stock Ownership Plan, Esop)界定为员工受益计划(Benefit Plan),即一种使员工通过成为公司股权所有者而从中受益的制度安排①。与其他员工受益计划不同,其独特性在于使资本与劳动这两种关键性要素得到有机结合,使员工能分享企业利润和共担企业风险,与企业具有相对一

---

① 美国员工持股计划协会介绍见 http://www.esopassociation.org/explore/how-esops-work/what-is。

致的利益诉求。由于员工持股计划符合了各方面的利益要求,受到投资者、公司员工及政府的欢迎,获得了美国国会立法的支持。1974 年的《职工退休收入保障法》、1975 年的《税收减免法》、1981年的《经济复苏法》、1986 年的《税制改革法》等法案,为员工持股计划在美国的发展提供了制度支持和保障,促使员工持股计划在美国获得迅速发展。美国员工持股计划重塑了产权主体,挽救了大量濒临破产的企业,缓解了劳资矛盾和潜伏的社会危机。① 继美国之后,员工持股制度在英国、日本、法国等发达国家得到了广泛的发展。

国外有关理论和实践的研究主要集中在美国。20 世纪 90 年代中期之前涉及员工持股的理论主要有现代企业理论(企业产权理论、契约理论)、人力资本理论、双因素理论等,这些理论构成了员工持股制度的理论基础。20 世纪 90 年代中期之后涉及员工持股的理论主要有分享经济论、民主公司论、第三条道路理论、专门公司投资论等,这些理论延伸和发展了员工持股理论。美国对员工持股计划的实施效果及其他实施情况的实证研究比较多,大多数学者认同员工持股计划带来的积极意义。我国企业员工持股制度的理论研究始于 20 世纪 80 年代初期。著名经济学家蒋一苇先生、王珏教授以及王天雨、曹凤岐和迟福林等专家学者,都进行了相关理论研究。张望军等对实践问题进行了研究梳理。综上所述,各个理论虽然有各自的侧重点和不同的视角,但总体上比较好

---

① 参见黄群慧、余菁、王欣、邵婧婷:《新时期中国员工持股制度研究》,《中国工业经济》2014 年第 7 期。

地阐释了员工持股的制度逻辑。相关的实证研究也证明,实施员工持股制度对企业的生产效率、收入分配水平、资源配置效率、企业监督效率和企业内部运行成本等,能够产生积极的影响。

但是,我国相关理论研究基础弱、不系统、明显滞后于实践。在世界新技术革命浪潮兴起的背景下,缺乏对员工持股发展趋势问题的研究;缺少对员工持股制度有效性和适应性的微观机制、微观动因和微观过程的规律性研究;缺少员工持股作为发展混合所有制经济有效途径的研究等。在实践方面,我国员工持股制度经过了30多年的发展,取得了一定成绩,但存在法律法规不健全、制度设计不完善、制度实施不规范、缺少必要的监督和管理机构等问题。通过比较研究发现,与西方国家相比,我国员工持股制度发展水平不高,应有的制度潜力没有得到充分发掘和释放,需要我们就其发展和完善问题进行深入研究。

2013年11月,党的十八届三中全会提出"允许混合所有制经济实行企业员工持股,形成资本所有者和劳动者利益共同体"。2015年8月,中共中央、国务院下发《关于深化国有企业改革的指导意见》,要求探索实行混合所有制企业员工持股。2016年10月,国务院印发《关于国有控股混合所有制企业开展员工持股试点的意见》。2017年10月,党的十九大提出了完善产权制度,建立有效激励机制,发展混合所有制等要求。2017年11月,为深入贯彻落实党的十九大精神,国家发展改革委等8个部委下发通知,作出了中央和各地员工持股试点企业的数量不受原规定限制的安排。目前,解决员工持股制度发展和完善中的问题已成为我们的重要任务。

一、研究对象和内容

本书的研究对象为中外员工持股制度发展及其蕴含的内在规律。本书基本研究路径有二：一是对以美国为代表的西方国家员工持股制度发展的理论和实践进行系统研究；二是对我国员工持股制度发展的现状与存在的问题进行系统研究并作出基本判断。对上述两个方面的研究结论进行比较、综合和分析，结合世界新技术革命潮流对产权制度的深刻影响，把握新时期员工持股制度设计、完善和发展的内在规律，提出具有推广价值的理论创见和操作性比较强的政策建议。

1. 通过对美国等西方国家员工持股制度理论和实践发展情况的系统研究，提高对员工持股制度发展规律的认识水平。产权是所有制的核心，员工持股制度是现代企业制度的一种重要实现形式。在企业中引入员工持股制度，对于优化法人产权结构，形成有效的法人治理结构具有积极作用。在新时期推动混合所有制改革背景下，研究员工持股制度的发展问题，除了涉及产权制度改革带来的公司治理效应、社会治理效应和激励效应外，还有助于推动混合所有制经济的发展，符合党的十九大精神，具有一定的理论和实践创新意义。

2. 通过对中外员工持股制度发展的比较研究，以及员工持股制度在我国的适用性研究，找准我国员工持股制度需要重点完善和规范的方面，从国情实际出发，在理论和实践方面提出选择性学习借鉴的研究结论和依据。本书对不同类型、不同阶段的员工持股案例进行了分析，为在企业内部有效地推行员工持股制度，提出了指导性和规范性的建议。

3.随着新技术革命浪潮的兴起,知识和人力资本成为现代经济增长的新源泉和决定性因素。对于适应人力资本和技术产权的加速升值来说,员工持股制度是比较好的产权制度形式,对其进行深入研究和推广具有重要的理论和现实意义。

4.员工持股制度是人力资本产权化和技术产权股权化的重要途径,通过在科技型企业中推行员工持股制度,有利于强化人力资本的价值,明晰产权和科研成果归属,引导和支持技术产权向企业集聚和科技成果转化,员工持股制度具有独特的产权制度优势,值得深入研究和推广。

5.通过对中外员工持股制度的微观机制、微观动因和微观过程进行深入的研究,认识和把握员工持股制度有效性的内在规律,为制度设计和实施提供依据。

6.通过对员工持股计划发挥效用机制的分析,以及对制度运行过程中所产生各种新问题的研究,提出针对性和操作性比较强的政策措施。

二、分析方法和结构框架

本书主要采取文献研究、比较研究和实证研究的方法。文献研究以美国等西方国家比较成熟的员工持股制度的理论、发展历程、运行机制、制度构成和主要做法,以及我国的发展状况为主要研究对象,通过对文本资料系统研究,探索员工持股制度发展的规律和经验,揭示员工持股制度的微观机制、微观动因和微观过程。比较研究主要是对中外不同国家员工持股制度的形式、内涵、作用与特点的对比分析。实证分析方法将用于比较研究所需要的典型案例剖析以及员工持股制度实施的效力分析方面,实证研究有助于揭示特殊规律,并使研究成果具有现实意义。

本书共分九个部分:

引言部分,界定员工持股制度的概念和本质特征,介绍研究对象、内容、背景和意义,阐释本书的分析方法、结构框架、创新之处等。

第一章,员工持股制度的理论。系统研究了现代企业理论、人力资本理论、双因素理论等所揭示的员工持股的制度逻辑。阐释了员工持股制度理论基础的产生与发展。

第二章,美国、日本的员工持股制度。分析美国、日本等国家的员工持股制度的发展历程、基本特征与具体做法。

第三章,其他类型的员工持股制度。侧重于股票期权、经营者持股、经营者层融资收购以及在我国的适用性问题等的研究。

第四章,我国国有企业改革历程。对国有企业改革各个阶段的理论和实践问题进行了系统研究,以探索国有企业改革的有效途径为目的。

第五章,我国员工持股制度发展历程。本章对我国员工持股的发展历史与特征进行总结,对不同类型的员工持股制度及案例进行了分析。研究表明,员工持股制度在明确产权关系的基础上,通过产权的转移调整,实现产权的多元化,形成不同所有者,尤其企业员工的利益关联,形成有效的制约机制,提高企业资产运营效率,有助于建立现代企业制度。

第六章,我国上市公司员工持股制度。本章对我国上市公司员工持股制度的政策体系、实施过程及相关的理论和实践进行了系统研究,对典型案例进行了分析。

第七章,我国科技型企业员工持股制度。本章论述了员工持股制度适应全球新技术革命浪潮的独特优势,以及人力资本产权化、技术产权资本化的有效途径问题。

第八章,发展我国员工持股制度的对策和建议。本章归纳了员工持股制度发展中存在的主要问题,以及美国等国家员工持股制度发展的理论和实践对我们的启示,对发展和完善我国的员工持股制度进行了对策研究。

本书中,"员工持股计划"取狭义的理解,"员工持股制度"取广义的理解,包括员工持股计划、期权、经营者持股等形式。

三、本书的创新之处

1.随着新技术革命浪潮的兴起,知识和人力资本成为现代经济增长的新源泉和决定性因素。对于强化人力资本的价值,引导和支持技术产权向企业集聚,员工持股制度是比较好的产权组织形式。以适应全球新技术革命和产业变革趋势的视角,研究和认识企业引入员工持股制度的独特作用,相关的研究和结论具有重要的理论创新和实践创新意义。

2.员工持股制度作为一项独特的产权制度安排,对其有效性的微观机制、微观过程和微观动因的研究,增补了目前的研究空白。

3.员工持股制度是发展混合所有制经济的重要途径,是现代企业制度的重要实现形式。在新时期,发展员工持股制度,是深入贯彻党的十九大精神的重要举措,具有完善产权制度、建立有效激励机制、推动混合所有制经济发展的重要意义。本书的研究提升了对发展员工持股制度的认识水平。

4.关于发掘和释放员工持股制度应有制度潜力的对策性研究,以及进行系统性建设的操作性建议,具有重要的理论创新和实践创新意义。

5.本书系统研究了实施员工持股对发展科技型企业的意义。科技型企业人力资本含量较高,员工中科技人员的密度较大,这类企业的发展源泉主要依赖于员工的创新行为。实施员工持股是人力资本产权化和技术产权资本化的有效途径,从而形成对员工的有效激励和约束。本书就科技型企业实施员工持股制度的类型、途径、方式、政策依据,以及以科技成果出资入股、科技成果所有权属界定、无形资产评估等重要问题的系统研究,增补了目前的研究空白。

第一章　员工持股制度的理论

　　员工持股制度起源于美国,相关理论研究也主要集中在美国。经过几十年的发展,美国等发达资本主义国家,员工持股制度已成为比较成熟的制度安排,他们的理论研究和实践经验均走在世界前列。纵观员工持股制度理论的发展过程,大致可以分为两个阶段。20世纪90年代中期之前的员工持股理论主要有现代企业理论(企业产权理论、契约理论)、人力资本理论、双因素理论等,构成了员工持股制度的理论基础。20世纪90年代中期之后涉及员工持股的理论主要有分享经济论、民主公司论、第三条道路理论、专门公司投资论等,延伸和发展了员工持股理论。各个理论虽然有各自的侧重点和不同的视角,但总体上比较好地阐释了员工持股的制度逻辑。

第一节　现代企业理论

　　1937年,科斯(Ronald H.Coase)发表《企业的性质》创造了现代企业理论,提出企业是利益相关者之间的契约集合,企业员工可以凭借其人力资本的经济价值,获得企业的所有权①。这是员工持股制度的理论基础。随着科斯最著名的文献《企业的性质》的发表,在威廉姆森(Oliver E.Williamson)等人的发展下,企业理论凭借产权经济学的基本观点,得到了全新的发展。在现代企业理论中,企业产权理论是其中的重要组成部分。其核心思想包括企业契约的不完备性、剩余索取权与产权残缺、企业产权的最优安排及企业治理结构等,从理论上揭示了员工持股制度微观机制的内在逻辑。

一、员工持股制度的理论基础

现代企业理论认为,当资产所有者与人力资本分离时,两者的利益并不会自然趋于一致。解决这一矛盾的有效措施是将企业产权制度进行相应的安排和改造,比如,实施员工持股制度,以达到非人力资本所有者与人力资本所有者利益一致的目的②。现代企业理论最重要的发现是把企业看作是利益相关者之间的契约集合,企业员工可以凭借其人力资本的经济价值,获得企业的所有权,这就是员工持股制度产生和发展的理论基础。

西方现代企业理论提出了企业是实物资本和人力资本的特殊契约,认为实物资本和人力资本在生产中的作用的不同规定就决

---

① [美]奥利弗·E.威廉姆森、西德尼·G.温特:《企业的性质——起源、演变和发展》,姚海鑫、邢源源译,商务印书馆2010年版,第33页。
② [美]奥利弗·E.威廉姆森、西德尼·G.温特:《企业的性质——起源、演变和发展》,姚海鑫、邢源源译,商务印书馆2010年版,第59页。

定了剩余索取权的配置方式①。在众多经济学者看来,资本雇佣劳动是一种合理有效的生产组织方式。由此得出的合理推论是,资本家应该获取利润;作为生产要素之一的劳动者,在生产过程中凭借其劳动对原材料的转化起了辅助作用,所以只获得工资收入。还有相当一部分学者认为,资本雇佣劳动并非是最有效率的,人力资本理论就揭示了凝结在劳动者身上的知识技能(劳动能力)以生产的方式创造出人类巨大的成长财富。劳动者是其劳动力(或称人力资本)的所有者,劳动产出的增长正是取决于劳动者人力资本随知识与技能的获取而增大,从而使得人力资本的边际产出率是递增的②。正如资本家作为资本的所有者而获得剩余收益,人力资本所有者——劳动力理应参与剩余收益的分享。员工持股制度较好地体现了资本雇佣劳动逻辑与劳动逻辑的统一,是一种较理想的亦是现实可行的企业组织形式③。

(一)企业契约的不完备性

现代企业理论最重要的发现是把企业看作是利益相关者之间的契约集合。企业的契约理论由科斯首创,由阿尔钦(Armen Albert Alchian)、德姆塞茨(Harold Demsetz)和张五常等人所发展,成为企业理论的一个重要流派。这一理论包括三个方面:(1)企

---

① [美]奥利弗·E.威廉姆森、西德尼·G.温特:《企业的性质——起源、演变和发展》,姚海鑫、邢源源译,商务印书馆2010年版,第160页。

② [美]西奥多·威廉·舒尔茨:《论人力资本投资》,吴珠华等译,北京经济学院出版社1990年版,第40页。

③ [美]西奥多·威廉·舒尔茨:《论人力资本投资》,吴珠华等译,北京经济学院出版社1990年版,第156页。

业的契约性(the contractual nature of the firm);(2)契约的不完备性(或不完全性)(the incompleteness of the contracts);(3)以及由此导致的所有权的重要性(relevance of ownership)。

契约理论的基点是"企业是一系列契约的联结(nexus of contracts)"。从科斯到德姆塞茨再到张五常,他们对构成企业的契约的性质看法各有不同,但都承认的一点就是企业契约的不完备性。一个完备的契约是指准确地描述了与交易有关的所有未来可能出现的状况以及每种状况下契约各方的权利和责任的契约①。完备的契约被认为在现实世界中是不存在的。如果一个契约不能完全、准确地描述与交易有关的所有未来可能出现的状况以及每种状况下契约各方的权利和责任,这个契约就是不完备契约②。格罗斯曼(Richard S.Grossman)和哈特(Oliver Hart)认为,契约的不完备主要包括三个方面的内容:

1.由于个人的有限理性,契约不可能预见一切;

2.由于外在环境的复杂性、不确定性,契约条款不可能无所不包;

3.由于信息的不对称与不完全,契约的当事人或契约的仲裁者不可能证实一切,这就造成契约激励约束机制失灵③。

不完备契约的普遍存在可以用不确定性、人类的有限理性以

---

① [美]奥利弗·E.威廉姆森、西德尼·G.温特:《企业的性质——起源、演变和发展》,姚海鑫、邢源源译,商务印书馆 2010 年版,第 279 页。

② 张五常:《企业的契约性质》,《法与经济学杂志》1983 年第 26 期。

③ S.Grossman, O.Hart, "The Cost and Benefits of Ownership:A Theory of Vertical and Lateral Intergration", *Journal of Political Economy*, No. 3, 1996, p.94.

及由此导致的交易成本来解释。具体来说，如人们事前不能准确预见将来发生的技术革新及可能出现的其他状况，有些指标、状况无法描述清楚，比如质量、契约履行的困难等。此外，即使描述清楚了，由于事后的信息不对称，当实际情况发生时，当事人也可能由此产生分歧；即使当事人之间信息是对称的，法庭也可能不能证实；即使法庭能证实，执行起来也可能成本太高。

契约的不完备性对企业产权分析具有重要意义。一方面，我们可以由契约的不完备性顺理成章地推导出特定产权主体所拥有的产权结构的不完备性。这是因为契约作为一种约定，其本身是产权界定的结果，代表着一定的产权结构。而由于契约是不完备的，由契约所限定的产权结构就不可能是完备的。我们也可以从静态和动态两个角度来理解契约的不完备性和相应的产权结构的不完备性。从静态的角度看，由于上述种种原因，契约对产权的界定不可能是完备的；从动态的角度看，由于契约本身不完备，产权界定不完善，加之信息不对称、监督成本过高，使得契约各方在执行过程中常有"侵权"或被"侵权"的情况，不完备性成为产权主体权利结构的本质特征。从这一理论出发，我们进而可以得出结论，真正做到"产权明晰"是不可能的，或者说真正做到"产权明晰"的成本极高以至于使明晰产权的努力成为不经济的做法。另一方面，契约的不完备性产生了"剩余权利"，而剩余权利决定着企业的所有权结构和治理结构。如果契约是完备的，则契约各方在所有情况下的权利和责任在合同中被一览无余地明确规定，不存在合同外的权利和责任，这时就不存在合同没有尽含的"剩余权利"。所谓"剩余"，是指从合同中"剩余"下来的，恰恰因为不完备契约是普遍的,因而剩余权利也是普遍存在的①。合同内的权利,也称特定权利,既然能被"合同化",表明其在描述、度量、执行和监督中均具有一定的便利性,即描述、度量、执行和监督这些权利和责任的成本较低。相反,剩余权利的描述、度量、执行和监督则存在一定的难度,这使得剩余权利在契约各方的配置显得十分重要,又由于剩余权利决定着企业的所有权结构和治理结构,因而成为产权理论家们历来研究的重点。

（二）剩余索取权与产权残缺

一般而言,剩余权利被划分为"剩余索取权"（即剩余收益权）和"剩余控制权"。西方学者把对一种经济资源的控制权和收益权相分离的状况称为"产权残缺"②。从契约和权能两个角度来看权利,可以把产权分割为四个部分（简称"四分法"）:合同性控制权、剩余控制权、合同性收益权和剩余收益权③。

合同性收益权是缔约各方分享合同中规定的运作一定经济资源收益的权利,这主要表现为企业内各生产要素的价格;合同性控制权表现为通过契约授予经营者的经营权,包括日常的生产、销售、雇佣等权利;剩余收益权（即剩余索取权）指的是对企业收入在扣除所有固定的合同支付（如原材料成本、固定工资、利息等）后的余额的要求权,即利润收益;剩余控制权指的是在契约中没有

---

① 张五常:《企业的契约性质》,《法与经济学杂志》1983 年第 26 期。

② 肖耿:《产权与中国的经济改革》,中国社会科学出版社 1997 年版,第 56 页。

③ 肖耿:《产权与中国的经济改革》,中国社会科学出版社 1997 年版,第 76 页。

特别规定的活动的决策权，往往包括战略性的重大决策，如任命和解雇经营者，决定经营者报酬，决定重大投资、合并和拍卖等。只有在这种"四分法"的情况下，才能形成完全意义上的"产权残缺"概念。这是因为在规范的市场体制下，尽管契约是不完全的，却在契约中明确了权利和责任。从理论上讲，契约都应该能够不折不扣地得到履行。因而，剩余权利的"产权残缺"仅仅指在契约范围内一部分主体侵害了别的主体的权利，而另一部分主体的权利受到侵害的情形，即没有切实履约或过度履约的情况。此时产生的问题主要是监督技术问题而较少涉及权利配置问题。在这个方面研究"产权残缺"，实际上触及产权问题不会太多。但是，在契约中明确的权利和责任之外，也经常会有权利分离或不完全的情况。如果用"产权残缺"来同时取代剩余控制权和剩余收益权相分离或其中一项或两项权利不健全的情况，则使这一概念更具一般性，同时也使"产权残缺"研究和激励机制以及效率联系得更为紧密。

剩余权利容易发生产权残缺，大致有如下几项原因：

1. 剩余权利的界定比较困难。剩余权利之所以被"剩余"于契约之外，已有界定成本过高的含义。

2. 履行剩余权利的度量比较困难。契约内的权利和责任的履行相对来讲有一直比较明确的度量机制，契约各方借以得到激励与约束，而剩余权利的履行则缺乏一种这样的机制，致使对剩余权利履行的测度比较困难。

3. 获得"一致同意"（unanimity）的成本较高。由于剩余权利的"软边界"，契约各方需要进行多重博弈才可能达成对一项权利的认同。更别说权利在不同主体间的配置，这可能人为地阻碍特定主体所拥有的权利的完整。

4. 信息不对称使得控制权和收益权匹配困难。

5. 剩余控制权和剩余收益权决定着企业的治理结构甚至全部的组织体制,而企业的治理结构和组织体制作为一种既定的存在又可能反过来造成或加重产权残缺①。

（三）企业产权的最优安排及企业治理结构

1. 企业剩余的存在是企业契约具有不完备性的内生特征,即不同类型的财产所有者作为参与人组成企业时,每个参与人在什么情况下干什么、得到什么并没有在契约中明确说明②。由于企业契约是不完备的,所以谁拥有剩余索取权就变得至关重要了。然而,剩余索取权的实现还要依赖相应的控制权。控制权的存在意味着一方行为对另一方损益的影响。控制权通常包括监督权、投票权等,它可以是明确指定的,也可以是暗含的,但它一定与企业决策有关。剩余索取权与控制权的对称性安排正是企业治理结构的效率含义③,而这种对称性安排又来源于现代产权的内在要求。若假定企业治理结构主体的唯一性,那么剩余索取权与控制权的集中对称分配就类似于两点分布。例如,在业主制企业中,雇主既拥有剩余索取权,又拥有控制权,获取合同收入的雇员被认为是具有机会主义行为倾向的风险逃避者,从而被排除在治理结构

---

① 肖耿:《产权与中国的经济改革》,中国社会科学出版社1997年版,第112页。

② 张维迎:《企业理论与中国企业改革》,北京大学出版社1999年版,第95页。

③ ［美］保罗·米尔格罗姆、约翰·罗伯茨:《经济学、组织与管理》,费方域主译,经济科学出版社2004年版,第332页。

之外,成为被监督者。但是,只要存在两个以上的资本所有者,企业所有权在所有者之间的分配就不可能是两点分布的,而是分散的(如合伙制、股份制);若进一步考虑经营者的"联体企业家"身份,其实经营者也是人力资本所有者,最优的企业所有权安排一定是一个经营者与股东之间的剩余分享制①。因此,现实地看,企业所有权的两点式分布仅存在于一些极端情形,更一般的情形是剩余索取权与控制权分散地对称分布于不同的产权主体。

2. 由此可知,企业产权的安排同企业的经营状态存在密切关系。张维迎对非正常状态下企业产权的安排进行了简明扼要的分析。当企业出现经营危机时,企业参与人的不同既得利益状态使谁拥有企业所有权分配的支配权就显得特别重要②。每个利益相关者都试图保全自己的资本,一旦预期自身产权权益将遭到严重损害,并且利益相关者之间契约关系的持续性也难以为继时,预期损失最大的利益相关者就会相机地取得那种支配权。假定事后的既得利益状态为"$w+r<x\leq w+r+n$",股东在企业治理结构中居于支配地位;若为"$w\leq x<r+w$"状态,则债权人处于支配地位;若为"$x<w$"状态,则工人处于支配地位;若企业处于"$x\geq w+r+n$"状态时,经营者就是实际的支配者③。在不等式中,x 为企业总收入,n 为股东最低预期收益率,w 为应支付工人的合同工资,r 为债权人的

---

① 张维迎:《企业理论与中国企业改革》,北京大学出版社 1999 年版,第 96 页。
② 张维迎:《企业理论与中国企业改革》,北京大学出版社 1999 年版,第 97 页。
③ 张维迎:《企业理论与中国企业改革》,北京大学出版社 1999 年版,第 98 页。

合同收入(本金加利息)。由此可见,状态依存的企业所有权与企业治理结构主体的多元化及产权内涵是逻辑一致的,它是剩余索取权与控制权分散地对称分布的具体表现。

3. 企业治理结构是一个不断创新的动态过程。在正常状态下企业产权的安排,每个投资者都有一个目标利润率。只要该目标利润率在正常状态下能得到满足,那么即使参与人不处于支配地位,利益相关者也不会有什么不满。如当股东满意其获利状况时,他就不会干预经营者的经营决策。但是,每个投资者,尤其是人力资本所有者的资本价值有一个逐步累积的过程,这会改变博弈各方的谈判力,进而影响下一期的企业产权安排。这表明企业治理结构是一个不断创新的动态过程。只要利益相关者之间存在长期的契约关系,那么企业治理结构的不断调整会趋近于企业产权安排的最优状态,每个参与人在该状态下都得到了他所应该得到的。

状态依存的企业产权,不仅表明企业契约的各方包括利益相关者参与企业治理的相机性与合作性,也表现其动态性。企业产权状态依存的动态性还表现在企业治理结构对外部环境的适应性。所谓制度的适应性效率,是指确定一个经济随时间演进的方式的各种规则,它还要研究企业去获取知识、去学习、去诱发创新、去承担风险及所有有创造力的活动,以及去解决企业在不同时间的瓶颈的意愿①。随着环境及企业参与人谈判力的变化,要求对企业产权的安排做出相应的调整。离开一个国家的发展阶段及其

①　[美]道格拉斯·C.诺斯:《制度、制度变迁与经济绩效》,刘守英译,上海三联书店 1994 年版,第 59 页。

正式与非正式制度遗产,孤立地去评判某种企业治理结构的优劣是没有实际意义的①。企业治理结构不仅应对环境的变化做出被动的反应,而且还应主动地去适应环境的变化。由于企业治理结构的动态效率正是来自企业参与人在企业中投入的不断累积的人力资本,所以企业产权的状态依存性实质上是企业治理结构主体之间冲突与合作的对立统一,是主体创造性的体现。

二、企业剩余索取权的演变

现代企业理论最重要的发现是把企业看作是利益相关者之间的契约集合,这意味着所谓企业的权威只不过是一种契约选择的结果。具体地说,一定的契约制度安排直接影响企业所有权的配置结构;契约的稳定取决于剩余索取权和控制权能否对称,而契约的选择则取决于两者的对称方式。索取权是财产权中的一项重要权利,它是对剩余劳动的要求权。由于契约制度的核心理念是当事人法律地位的平等和契约自由,所以现实的企业所有权配置结构呈现出多样化特征。

（一）单边治理与共同治理

代表性的企业治理契约有两种。一是单边治理契约,它要求剩余索取权和控制权对称分布于雇主或雇员,前者如业主制企业,后者是工人自治企业。二是共同治理契约,它要求剩余索取权和控制权分散地分布于利益相关者,这种契约形式常见于现代股份

---

① ［美］道格拉斯·C.诺斯:《制度、制度变迁与经济绩效》,刘守英译,上海三联书店1994年版,第97页。

公司。

对单边治理契约来说,雇主有动力监督雇员,但交易的复杂程度上升会导致监督费用的上升。一旦监督费用的增加超过了契约费用的节约,这种契约安排就低效了。相反,对共同治理契约来说,双方谈判可能造成决策时滞,并增加谈判费用,对于低复杂程度的交易来说不适用。但当交易复杂程度升高时,共同治理可以促进信息交流,提高决策的正确性,并可降低监督费用。只要所得大于所失,共同治理契约就成为有效率的制度安排。

共同治理契约要求剩余索取权和控制权分散地分布于利益相关者,这种利益相关者既包含了企业员工以外的股东,也包括了掌握了大量内部信息的内部员工。如果仅仅提供工资或年薪,往往容易出现内部人控制的不利局面。所谓内部人控制,是指企业内部员工,尤其是高层经营者,因为自身利益的考虑,在发生股东利益和自身利益不一致的时候,利用自己所控制的内部信息,出现损害股东利益的机会主义行为[1]。这种道德信用的危机,又由于信息掌握的不对称性,使得企业股东难以查证清楚。但实际的后果往往会导致企业的长远利益受损。

(二)人力资本所有权的重要性

出现内部人控制的原因,主要在于传统企业理论对企业所有权设计的不完备,仅仅把出资人定义为企业的股东。实际上,企业作为一系列契约的组合,是由对投入企业的要素拥有明确产权的

---

① 周其仁:《市场里的企业:一个人力资本与非人力资本的特别合约》,《经济研究》1996 年第 6 期。

当事人共同签订的。根据当事人所提供的要素类型,企业可以看成是人力资本的所有者和提供非人力资本的所有者的特别契约①。其中人力资本所有者又可分为提供企业家才能的经营者和提供普通劳动力的劳动者。契约当事人都是独立的、平等的产权主体,因此都有权利从未来的交易活动中获取自己的产权收益,片面地强调任何一方的产权权益都是不公平的。

第二节　人力资本理论

对实物资本与人力资本的划分,可以追溯到沃尔什(J. R. Walsh)和舒尔茨(Theodore W. Schultz)所创立的人力资本理论。员工可以凭借其人力资本的经济价值,获得企业的部分或全部所有权②。知识和人力资本成为现代经济增长的新源泉和决定性因素③。

一、人力资本理论的产生

1935 年,美国经济学家、哈佛大学教授沃尔什在一篇名为《人力资本观》(亦译《把资本概念用到人身上》)的论文中,第一次正

---

① ［美］西奥多·威廉·舒尔茨:《人力资本投资》,梁小民译,商务印书馆 2006 年版,第 61 页。
② ［美］西奥多·威廉·舒尔茨:《人力资本投资》,梁小民译,商务印书馆 2006 年版,第 62 页。
③ 周其仁:《市场里的企业:一个人力资本与非人力资本的特别合约》,《经济研究》1996 年第 6 期。

式阐述了人力资本概念。25 年后的 1960 年，美国著名经济学家、诺贝尔经济学奖获得者西奥多·威廉·舒尔茨，在美国经济学年会上以会长身份发表了题为《人力资本投资》的演讲，震动了西方经济学界。以此为标志，人力资本理论体系宣告创立。

按照人力资本理论，全面的资本概念应当包括人和物两个方面，即人力资本和实物资本。人的知识、技能、体力等也是一种资本，是长期计划投资的产物；这种投资以远比非人力资本投资快得多的速度增长，形成了现代经济中最为显著的特点。与实物资本一样，人力资本在经济活动中发挥着重要的作用，对经济增长的贡献，甚至要远大于实物资本和劳动数量增加。

舒尔茨所研究的人力资本理论，是指通过正规的和非正规的教育而形成的人力资本。而 20 世纪 60 年代阿罗（Kenneth J. Arrow）提出的"边干边学"原理认为，通过在生产岗位训练、师徒授技或实际工作中的累积经验，也同样能形成人力资本。于是舒尔茨所研究的人力资本形成了人力资本的"内在效应"（Internal Effect），阿罗的"边干边学"原理产生的是人力资本的"外在效应"（External Effect）。专业化的人力资本积累的增长模式表明，劳动者将他的劳动时间全部用于消费品的生产，以示人力资本形成于边干边学方式，它源于一种外在效应。在两种资本模式中，劳动者的时间分作两部分，一部分用于消费品生产，另一部分用于脱离生产到学校学习以形成人力资本。

二、人力资本的基本特征

人力资本具有不同于非人力资本的特征，舒尔茨指出："人力资本的显著标志是它属于人的一部分。它是人类的,因为它表现在人身上;它又是资本,因为它是未来满足或未来收入的源泉或者两者的源泉。"①"人们当然能获得它,但不是作为一种市场上出售的资产而是通过向自身投资。没有人能把自己同他所拥有的人力资本分开。他必将始终带着自己的人力资本,无论这笔资本是用于生产还是用于消费。"②据此,可以认为,人力资本是一种所有权不可转让、继承,使用权不可交易的特殊资本,但它与物质资本一样,是生产中不可或缺的要素。

人力资本理论从质的方面对经济增长中的劳动力要素进行了深入分析,当舒尔茨把人力资本作为一个影响经济增长的独立要素纳入增长模式,并将人力资本区分为一般的人力资本和特殊的人力资本之时,资本对经济增长和企业收益的主导地位开始动摇。如果在相当时期内,监督生产仍是必要的,企业中经营者与生产者的关系以及剩余索取权的分配将不再是由资本关系来决定,而是由个人的经营能力来辨别。每一成员的收益取决于企业的总收益,以及个人人力资本决定的工作努力对企业收益的贡献率。这种剩余索取的配置,一方面基于成员个人的人力资本条件,从而使劳动者由于其自身能力得到承认而努力工作,以实现效率;另一方面基于个人产出的可计量性来规定剩余份额,以实现公平。因而,我们可以明确,员工可以凭借其人力资本的经济价值,获得企业的

---

① [美]西奥多·威廉·舒尔茨:《人力资本投资》,梁小民译,商务印书馆2006年版,第62页。

② [美]西奥多·威廉·舒尔茨:《人力资本投资》,梁小民译,商务印书馆2006年版,第63页。

所有权。通过利润分享使员工逐渐成为所有者,这是对唯有实物资本所有者才有权占有经营成果的传统资本逻辑的否定。通过贷款机制使员工借助信托基金这种中介来掌握股份,其实质是对未来利润的预支,而员工借以"抵押"的是尚未付出的未来的劳动贡献。

三、人力资本运作机制基础

员工应该享有多少剩余必须从数量上加以界定,这是使人力资本的运作机制货币化和市场化的基础。

(一)剩余分配的经济机理和企业制度

根据现代企业理论,如果企业处于完全竞争的市场环境之中,包括产品市场和所有的要素市场,且交易费用为零时,那么各要素的价格恰好等于它的边际成本。这时企业的价值等于把该企业的要素在市场上出售所得的总收益。在这样的情况下,扣除要素成本以后,企业将不会产生任何可供分配的剩余。但是,现实中的市场由于不是完全竞争的市场,并且存在交易费用,要素并不是在所有的地方都能得到相同的报酬。而且由于企业可以利用技术或管理的优势获取超额的收益,这时企业的价值高于其中所有要素的市场价格总和。我们称两者之差为组织租金。可以看出,组织租金是由资本投入、劳动状况及市场状况,包括自然资源占有、价格、市场结构等,这些经济变量决定的。

由于市场状况是外生的,其对组织租金的影响可以通过提取准备金的形式扣除。对于剩余的组织租金如何分配,根据历史阶段与理论的不同有很大差别。当资本家用自有资本进行生产和交换活动时,资本家既是资本所有者,又是资本使用者。在这里,资本所有权和使用权是统一的,利润归这个同一主体所有,不存在各主体对利润的分割问题。资本所有者拥有完全的剩余索取权。在马克思看来,剩余价值全部是由劳动创造的,因而剩余应当归劳动者,即人力资本所有者所有,而资本则只是同其他生产要素一样,提取相应的资本成本,即资本只能获得固定的租金收入①。马歇尔(Alfred Marshall)则从另一个方向回答该问题,他认为劳动者已经获得了市场价格的工资报酬,剩余(利润)应当归资本家所有②。在现实中,按照马克思剩余分配理论所设立的企业制度被称为"劳动雇佣资本"的企业,企业的所有权属于劳动者,而不是属于资本家;按照马歇尔剩余分配理论所设立的企业制度被称为"资本雇佣劳动"的企业,企业的所有权属于资本家,而不是劳动者。在现代企业理论和人力资本理论看来,单纯的"劳动雇佣资本"或者"资本雇佣劳动"的企业是典型的单边治理企业。而员工持股企业则具有共同治理的机制,剩余可以说是人力资本所有者和非人力资本所有者共同创造的,因而应当采用剩余分享的分配制度,即企业剩余按照资本的贡献和劳动的贡献进行划分。

(二)分享剩余是员工持股企业激励相容的最优契约

信息不对称性是契约理论中的核心概念,也是契约设计的最基本原因。在现代公司中资产所有者和人力资本一般是分离的,

① [德]卡尔·马克思:《资本论》第1卷,中央编译局译,人民出版社1975年版,第442页。

② [英]阿尔弗雷德·马歇尔:《经济学原理》,周月刚、雷晓燕译,中国城市出版社2010年版,第198页。

两者是委托人与代理人之间的关系,在公司经营中两者所掌握的信息是非对称的。在非对称信息、竞争激烈、不确定性和不完全监督条件下,激励契约就是委托人构造一种激励机制以促使代理人按照委托人意愿行事的一种条款,以达到降低公司成本实现委托人利益最大化的目的。

现代契约理论认为,一个最优契约要满足以下条件:一是要求委托人与代理人共同承担风险;二是能够利用一切可能利用的信息,即在经济行为者隐藏行为和隐藏信息时,要利用贝叶斯统计推断来构造一个概率分布,并以此为基础设计契约;三是在设计机制时,其报酬结构要因信息性质不同而有所不同,委托人和代理人对未能解决的不确定性因素和避免风险的程度要十分敏感。

产权理论研究表明,当资产所有者与人力资本分离时,两者的利益并不会自然趋于一致。解决这一矛盾的有效措施是采取某种形式重新划定财产权利,将企业改造成为员工持股企业,让人力资本拥有公司股份使之成为所有者之一,实现公司剩余控制权的有效归属,对财产实行有效控制,达到非人力资本所有者与人力资本所有者利益一致的目的。

(三)建立有效的剩余索取权和控制权的配置机制有利于公司长期发展的目标

公司经营剩余索取权的分配形式是人力资本效用函数中一个极其重要的变量,因此公司分配体制直接影响人力资本的努力程度。具体措施:一是将人力资本收入水平与公司效益水平挂钩,使其与物质资本所有者共同承担风险;二是采取某种形式重新划定财产权利,让人力资本所有者拥有公司股份使之成为所有者之一。

那么,应当划分多少数量的股权作为员工持股的数量呢? 在实践中,可以在事先根据历史资料确定人力资本所有者与非人力资本所有者对企业剩余的贡献度,然后根据各自的贡献作为参与剩余分配的数量依据。贡献度的确定应能精确地、动态地反映劳资双方收益与贡献的关系,激励双方为追求企业价值最大化增加更多的有效投入。

(四)借用 CD 生产函数来确定员工持股的数量

假定企业产出为 Q,人力资本为 L,非人力资本为 K,我们有如下生产函数:$Q=AK^{\alpha}L^{\beta}$。其中,α 和 β 则分别代表了非人力资本和人力资本对企业产出的贡献。根据两者的贡献,可以计算出各自在剩余分配中的份额,非人力资本的分配份额为 $\alpha/(\alpha+\beta)$,人力资本的分配份额为 $\beta/(\alpha+\beta)$。

在实际操作中,需要注意两点:一是由于 CD 生产函数反映的是投入产出数量之间的关系,为了统一计量各种投入品和各种产出品的数量,在应用时往往用价值量来代替。在这里,尽管各种不同类型的人力资本的价格和贡献不同,但我们仍然可以用人数来统一人力资本数量。二是由于对非人力资本采用价值计算,因而计算出来的非人力资本贡献已经补偿了大多数资本品价格,其中包括银行借贷资金的成本。所以,α 就直接代表了股本金的贡献;而对人力资本采用数量计算,因而计算出来的人力资本贡献还没有补偿人力资本价格,即工资,β 包含了工资部分。在人力资本按照 $\beta/(\alpha+\beta)$ 的比例参与剩余分配时,就把工资包含在内了。对企业剩余的实际分配,就应当把已经支付的工资扣除。另外,还可以根据人力资本划分为管理层、技术人员、一般人员,建立扩展模型以计算各自的贡献和参与剩余分配的份额。

企业在本质上是一个实物资本和人力资本在一定的合约下形成的组织体系,拥有实物资本和人力资本的各产权主体缔结企业合约,分工协作、创造财富。由于对剩余的索取形成企业的相关人员最有效的激励,因而对剩余索取权的安排,就成为与企业效率密切相关的问题。一个有效的所有权安排必须消除企业中存在的"搭便车"等问题。企业要提高其成员的积极性,必须形成企业成员的自我约束机制,而自我约束的动力来自风险与收益的对称。一般来讲,控制权、岗位责任及风险与剩余索取权相对应,是最优的企业制度安排。

第三节　双因素理论

介绍双因素理论需要先介绍一下美国的员工持股计划(Employee Stock Ownership Plans,Esop)。美国员工持股计划协会(The Esop Association)将员工持股计划界定为员工受益计划(Benefit Plan),即一种使员工通过成为公司股权所有者而从中受益的制度安排①。与其他员工受益计划不同,员工持股计划的独特性在于它允许劳动者和资本所有者这两种角色在员工身上实现合而为一,从而使资本与劳动这两种关键性要素得到有机结合,使

---

① 美国员工持股计划协会,http://www.esopassociation.org/explore/how esops work/learn about esops。

员工能分享企业利润和共担企业风险,使员工与其所在公司能有相对一致的利益诉求。另据美国国家雇员持股中心(NCEO)的定义,员工持股,顾名思义,指的是员工拥有公司股权,而这个概念在美国实践情境下,主要强调的是公司通过专门设计的正式计划,使广泛的普通员工共同持有公司股权①。双因素理论为 Esop 成为美国最为流行的一种员工持股制度提供了理论基础。

一、双因素理论的产生

Esop 的提出者是美国的一位律师路易斯·凯尔索(Louis O. Kelso)。Esop 的思想源自凯尔索的双因素经济论,双因素经济论产生于凯尔索青年时代对大萧条时期的洞察和分析。凯尔索提出 Esop 的目的,是扩散美国过于集中的资本所有权,让广大企业员工同时以劳动者和资本所有者的身份参与企业收入的分配。1958年,凯尔索与哲学家莫蒂默·阿德勒(Mortimer J. Adler)合著了《资本主义宣言》一书,在书中他们详述了双因素经济论的思想,为 Esop 的提出奠定了基础。按照双因素经济论,资本(非人的因素)和劳动(人的因素)都是生产要素,资本像劳动一样具有充分的生产力,这两种要素的持有者应当根据各要素对产出的贡献来参与收入分配,市场自由竞争决定各生产要素应得的份额②。凯尔索和阿德勒认为,随着技术进步,生产财富的重担将更多地落在资本

---

① 美国国家雇员持股中心,http://www.nceo.org/employee-ownership/id/12。

② Louis O. Kelso, Mortimer J. Adler, *The Capitalist Manifesto*, New York: Random House, 1958, p.55.

要素上,也应当落在资本要素上,资本投入对产出的贡献将不断提升,而劳动投入对产出的贡献日益下降。在这种趋势下,如果广大劳动者仅凭他们的劳动参与生产和收入分配,那么市场自由竞争决定收入分配的原则对劳动者的福利不利,多数人可能会陷入贫困,大众购买力会丧失。为了防范这种局面的出现,应当广泛地扩散资本所有权,阻止资本所有权集中在少数人手中,让广大的家庭通过资本所有权参与生产并获得相应的收入①。在他们看来,充分就业的目标不可取,因为技术进步促进资本要素的生产率得以不断提升,这使得充分就业变得越来越困难。他们认为,资本所有权的扩散能够解决周期型经济萧条、通货膨胀和贫困化等问题。凯尔索的双因素经济论是一种生产分配理论。

二、双因素论理论使 Esop 获得法律支持和保护

1967 年,凯尔索与帕特里西亚·凯尔索(Patricia H.Kelso)合著了《双因素论:现实经济学》一书,在本书中他们提出了被称为"第二个收入计划"的资本所有权扩散机制,实际上就是 Esop。所谓的"第二个收入"是指员工获得的资本要素为他们带来的收益②。凯尔索的想法就是利用金融机构的信贷,为实行 Esop 的企业员工提供购买企业股票的资金,最后再用股票收益来偿还贷款本息,而员工不必自己出资购买企业股票。在凯尔索眼里,Esop

---

①   Louis O.Kelso, Mortimer J.Adler, *The Capitalist Manifesto*, New York: Random House, 1958, p.133.

②   Louis O. Kelso, P. H. Kelso, *Two – factor Theory: The Economics of Reality*, New York: Vintage Books, 1967, p.167.

是一种能够实现双重目标的融资工具,一方面为企业提供自身发展需要的资金,另一方面它能使企业员工成为企业的所有者。

凯尔索终生致力于 Esop 的发展,为此他甚至放弃了律师职务。1973 年,凯尔索有幸与当时的美国参议院金融委员会主席卢塞尔·朗(Russell Long)相识。凯尔索的想法吸引了参议员朗,朗利用自己特殊的地位促使国会在 1974 年通过的《职工退休收入保障法》(*Employee Retirement Income Security Act of 1974*,ERISA)中写进了相关 Esop 的条款,Esop 从此获得了法律的支持和保护。该法案把 Esop 命名为"合格的员工收益计划",允许 Esop 通过贷款来购买企业股票,允许 Esop 将大部分或全部资金投资在雇主股票上,并且规定企业捐献给 Esop 的资金获得税收减免。该法案的通过对 Esop 的发展起到了很大的作用,此后美国出台的许多法案都含有关于 Esop 的内容,如 1975 年的《税收减免法》、1981 年的《经济复苏法》、1986 年的《税制改革法》等法案。这些法案为 Esop 在美国的发展提供了制度保障。

三、双因素论理论在实践中成熟

1986 年,双因素论理论成熟于路易斯·凯尔索与帕特里西亚·凯尔索合著的《民主与经济力量》。该理论认为,财富是由劳动和资本这两个基本因素共同创造的。自工业革命以来,资本的作用日益增强,在劳动作为生产的首要途径和最大部分投入要素的前工业社会里,劳动价值理论是基本正确的。而在工业革命之后,应让位于劳动和资本并重的双因素理论。凯尔索对现实经济困境的深层原因进行了分析。他认为,在资本主义国家,自工业革命以来资本在生产和分配中的作用日益增强,财富日益集中在少数人手中,使得资本家与劳动工人的收入差距日趋扩大,资本主义陷入贫困和危机的泥潭。政府不得不对财富的再分配进行干预,税收被用于转移支付,然而这种做法不仅导致预算赤字,而且作用有限。因此,要摆脱困境,就要按照双因素理论,建立双因素经济或民主资本主义经济①。凯尔索进一步阐述了民主资本主义经济的三个原则,即财产权原则、参与原则、有限原则。要实现双因素经济或民主资本主义经济,必须"采取同时承认人们成为资本工人和劳动工人的权力的经济政策,做到这一点的途径已经发明……其中最为人熟知的员工持股计划已经被许多公司采用"②。这是一条有效地使劳动工人成为资本工人的道路。

四、双因素理论的重要意义

凯尔索的双因素理论一直被看作是论述员工持股原因的经典思想,其理论意义在于揭示了员工阶层贫困的原因。在一个资本作用日趋重要的社会中,由于员工阶层缺乏资本所有权而不能分享资本收益。其实践意义在于他在保持私有资本所有制的前提下,为员工阶层找到一条缓解或摆脱贫困的道路。这样就使得他的理论具有了独特之处,与同时代的正统资产阶级经济学有所区别。对于凯尔索的理论分析,从西方经济学发展史来看,他的理论

---

① Louis O. Kelso, P. H. Kelso, *Democracy and Economic Power*, Cambridge:Ballinger,1986,p.256.

② Louis O. Kelso, P. H. Kelso, *Democracy and Economic Power*, Cambridge:Ballinger,1986,p.189.

源于生产要素分配论。

第四节　其他相关理论

一、分享经济论

分享经济论(The share economy theory)形成于20世纪80年代,该理论旨在解决资本主义社会的滞胀问题,其创始人为美国麻省理工学院经济学教授马丁·威茨曼(Martin Weitzman),其代表作是1984年出版的《分享经济论》。该书在理论分析的基础上,提出分享制这一经济主张,用以解决滞胀问题。

威茨曼首先剖析了资本主义国家形成滞胀的原因,认为"停滞膨胀正产生于工资制度这种特殊的劳动报酬形式"[①]。他把员工的报酬制度区分为工资制度和分享制度两种模式。资本主义把工资制度作为报酬支付的方式,而工资刚性使得厂商对员工的报酬与某种外在的核算目标相联系,而与该企业的经营状况无关,"员工得到的报酬与厂商追求利润最大化的经营目标没有联系,这样会导致工资的固定化"[②]。在这种工资制度下,厂商对社会需求变化做出的反应主要是在产品的数量方面,而不是价格方面,即当总需求缩减时,厂商必然选择维持既定的产品价格,削减产量,以便保持人

[①]　[美]马丁·威茨曼:《分享经济——用分享制代替工资制》,林青松等译,中国经济出版社1988年版,第32页。

[②]　[美]马丁·威茨曼:《分享经济——用分享制代替工资制》,林青松等译,中国经济出版社1988年版,第70页。

工成本与劳动所得相等,而不是选择维持既定产量,降低产品价格,否则会因人工成本不变而亏损。然而不幸的是这种决策势必引发普遍的社会失业。同时威茨曼认为,为了帮助失业者摆脱困境,政府不得不实行福利政策,结果导致通货膨胀。这样,高失业和通货膨胀日益紧密地缠绕在一起,结果导致失业和通货膨胀并存①。

根据以上分析,威茨曼认为,对付滞胀就应从微观入手,建议实行分享经济制度,使工人的劳动所得由固定的基本工资和利润分享两部分组成。分享制是一种把工人的工资与某种能够恰当反映厂商经营的指数(譬如厂商的收入或利润)相联系的制度②。在分享制下,工人的收入被确定为与资本家在企业收入中各占多少比例,而且工人的报酬和工人受雇的数量呈反比例,人工的边际成本总是低于人工的平均成本,对企业来说,只要增加的收益大于人工的边际成本,它们就对劳动力有需求,继续招聘员工。当总需求受到冲击时,企业可以通过调整利润分享数额或比例来降低价格,扩大产量和就业。在威茨曼看来,分享经济具有兼顾保证充分就业和抑制通货膨胀的双重作用。所以实行分享制的企业天然具有扩大就业和增加生产的偏好,分享经济具有内在地反通胀的倾向,总之它可能成为失业和通胀的天敌。威茨曼认为,要实施分享制,员工持股计划是一种有效的形式,可以从根本上消除工资黏性③。

---

① 〔美〕马丁·威茨曼:《分享经济——用分享制代替工资制》,林青松等译,中国经济出版社1988年版,第25页。

② 〔美〕马丁·威茨曼:《分享经济——用分享制代替工资制》,林青松等译,中国经济出版社1988年版,第107页。

③ 〔美〕马丁·威茨曼:《分享经济——用分享制代替工资制》,林青松等译,中国经济出版社1988年版,第91页。

威茨曼以工资制为框架分析了工资黏性对滞胀形成的作用，指出工资制的局限性，建议以分享制取代工资制，借以对付滞胀，其理论有一定新意，但西方将其评论为自凯恩斯理论之后最卓越的经济思想，是反滞胀不仅见效快而且永恒的解决方法，则有些言过其实。因为分享制不可能替代工资制，分享制只能是工资制的补充形式，所以分享制也难以从根本上消除工资黏性。

二、民主公司论

1983 年，艾勒曼（David Ellerman）首先在一篇与派特格夫（Peter Pitegoff）合著的文章《民主的公司：马萨诸塞州新工人合作社条例》中提到了民主的公司这一概念。他后来在 20 世纪 90 年代出版的《民主的公司》一书中进一步完善，形成了"经济民主论"。按照艾勒曼的说法，经济民主可以简单地定义为混合的市场经济，其中处于支配地位的经济企业是民主的工人拥有的公司。它不同于原来雇佣关系废除中的资本主义。工人和公司之间的关系是成员关系，即一个经济版的"公民身份"，而不是雇佣关系①。它不同于（国家）社会主义中民主的工人拥有的公司，不同于政府拥有的公司，也不同于由市场经济调节和由政府提供不同程度的宏观经济指导的关联公司（interrelated firms）。艾勒曼认为，经济民主是真正的第三条道路，其构成上不同于古典的资本主义和社会主义。这种民主的经济模式的微观组织基础就是所谓的民主的公司制或

---

① ［美］大卫·艾勒曼：《民主的公司制》，李大光译，新华出版社 1998年版，第 107—109 页。

以劳动为基础的民主公司。在实现形式上，民主的公司制应当是蒙德拉贡式职工合作社和美国员工持股计划中最有价值思想的混合物，即同时赋予工人以不可剥夺的选举权和剩余索取权。实现从单一的民主政治体制向与民主经济体制并存发展的转变，是人类社会发展的必然要求。艾勒曼设计的经济民主制度的目的在于通过一种制度安排，使劳动者真正享有自身劳动成果，并实现联合起来的劳动者的民主自决。因此，他提出的不是一般意义上的员工持股，而是在员工持股的基础上组建由员工自治的员工股份制企业。

三、第三条道路理论

在西欧，"第三条道路"（The third way）较完备的思想阐述源自英国，其主要论述参见于伦敦经济学院院长安东尼·吉登斯（Anthony Giddens）所发表的《超越左和右》和《第三条道路》等著作。他认为世界的变化使传统的阶级政治分析已经过时。面对新挑战，只有超越"左右对立"、兼顾"发展与正义"、均衡"权利与义务"的第三条道路，才能适应新的时代。这种"第三条道路"的意义在于：它试图超越老派的社会民主主义和新自由主义。在谈到实施第三条道路的具体措施时，吉登斯指出："有些策略的适用范围可能还非常广泛，比如员工持股方案。"[1]

在美国，第三条道路的积极倡导者律师盖茨（J.Gates）在其发表的《所有制的出路：走向 21 世纪的共享资本主义》一书中系统阐述

---

① A.Giddens, *The Third Way: A Renewal of Social Democracy* , Cambridge：Polity Press, 1998, p.99.

了他的第三条道路思想。他认为,目前资本主义社会贫富不均加剧,其根源在于所有权的过度集中。因此必须改变所有制,把个人良知和市场资本主义重新联系起来,"重构资本主义"。他呼吁从两个方面来调整所有制的出路,一方面由政府介入,一方面由公司介入。如果仅仅是政府介入,那么就走向了社会主义方向,而仅仅是由私人去做,就难以完成他心目中的社会制度的改造。所谓第三条道路,在所有制方面就是把少数人的资本所有权扩大到多数人。他在书中列举了几个可以实行的办法,其中谈得最多且实际可行的还是员工持股计划。盖茨是一个员工持股计划的积极倡导者和推动者,他在美国联邦政府制定并通过鼓励职工持股计划立法方面,曾发挥过重要影响。而把第三条道路和员工持股计划最紧密地结合起来并身体力行的还是美国经济与公正中心的理事长、律师兼经济学家 G.库尔兰德(G.Kurlander)。作为员工持股计划的先锋,他从1985年到1994年在埃及的亚历山大轮胎公司率先创立了发展中国家的第一个员工持股计划。他所主持的经济与社会正义中心(CESJ)将"第三条道路"的内涵描述为:人人可获得经济和政治权利;每个人都应拥有资本所有权,并获得充足稳定的资本收益;经济制度应建立在天赋尊严和人人独立自主的基础上,具体的实施是采用凯尔索的双因素经济制度,公正和效率并重;每个人都应该得到平等工作的机会、平等的所有的机会;泛化并保护私有产权,限制国家的经济权力;价格、工资和利润由自由开放的市场决定,利润在众多所有者之间分享①。作

---

① J.Gates, *The Ownership Solution: Toward a Shared Capitalism for the 21st Century*, New York: Harper Collins Publishers, 2000, p.290.

为目前一些欧美国家执政党的政策主张,"第三条道路"从 20 世纪 90 年代以来在欧洲政坛日益流行,并对欧美各国今后一定时期内的内外政策产生重要影响。从本质上讲,"第三条道路"是西方社会民主主义思想在当代社会的更新。这一理论具有明显的意识形态色彩,它既批判现行的资本主义,又不主张实行社会主义,试图从所有制的改造突破资本主义现有的制度框架,走出一条新的社会道路。

四、公司专门投资论

公司专门投资论(The firm specific investment theory)起源于利益相关者理论(The stakeholder theory)。美国布鲁金斯学会的玛格丽特·布莱尔(Margaret M.Blair)在其《所有权与控制:面向 21 世纪的公司治理探索》一书中,将公司治理归纳为公司的利益相关者为了获取各自利益的一系列法律、文化和制度安排,她的特殊贡献是提出了公司专门投资论。这些利益相关者包括股东、经营者、债权人、职工、供应商、客户和社区、政府及其官员等。公司的存在是为了给所有的公司利益相关者提供利益。强调企业的所有权应由出资者、债权人、职工、供应商、消费者等利益相关者共同分享。公司的利益相关者根据自身所提供的资源和承担的风险获取在公司中应得的收益。企业的所有权主体并不仅仅是股东,而应拓展为出资者、债权人、员工、供应商与用户等利益相关者共同享有①。根据利

---

① M.M.Blair, *Ownership and Control: Rethinking Corporate Governance for the 21st Century* , Washington: Brookings Institution, 1995, p.167.

益相关者论,布莱尔提出了专门投资论。员工是一个特殊的人力
资本投资群体,他们由于在同一公司长期工作而积累了重要的特
殊技能,这些技能使得他们具有更高的生产力,对公司来说这些技
能也更有价值,同时由于这些特殊技能的"专用性"使员工承担着
更大的风险。在知识经济时代,这些特殊知识和技能在相关产业
的财富创造中越来越重要。公司的发展必须关注员工的"企业特
殊性人力资本"的投资利益,否则整个社会将丧失这种人力资本
带来的潜在收益。然而要保护和激励人力资本的投资热情,就必
须提供一种有效的公司治理结构,以便能够清楚地测度人力资
本的贡献,确保员工的人力资本投资得到应有的尊重和回报,使
人力资本的培育和提高得到鼓励。如果员工相信自己将分享创
造的财富,他们会更愿意参与成本的削减和创新。他们的公司
特殊投资应该通过正式的补偿计划的组织形式,或者其他安排,
把公司的大部分股票置于承担风险的利益相关者的控制之下,
分配与其股票利益相称的控制责任给他们来得到承认。选择一
种什么样的制度安排来达到这一目的呢? 美国推行的员工持股
计划堪当此任,有充分的证据表明有较高比例的员工持股参与
的公司的生产率更高。布莱尔从投资者与公司治理结构关系的
角度,提出了员工作为在财富创造中作用日益重要的人力资本
的所有者,必须通过一种制度安排来实现他们的价值,而这一制
度安排就是员工持股①。这不仅将传统的人力资本理论带入一

---

① M.M.Blair, *Ownership and Control: Rethinking Corporate Governance for the 21st Century*, Washington:Brookings Institution, 1995, p.221.

种新的境界,而且开辟了员工持股理论的新领域,即从人力资本的实现途径来探讨员工持股的原因。然而,布莱尔的分析是初步的,她未能回答员工实现其人力资本的价值为什么要选择员工持股这一制度安排。

综上所述,西方员工持股理论不外乎从福利和激励两个角度阐发了推行员工持股的真正目的和价值。这些理论的一个共同假设就是,一旦劳动者在法律上、经济上占有了企业的财产权,并以此分享剩余利润的一部分,劳动者即会产生对企业的认同感,从而提高生产积极性和创造性。这种财产关系的内化所体现的是劳动共同占有财产关系或者是资本与劳动共同占有财产的关系。因此,企业财产关系内部化,全体员工拥有企业的产权会产生更高的效率。

第五节　我国员工持股制度的理论发展

我国企业员工持股制度的理论研究始于 20 世纪 80 年代初期,最早在这一领域里进行系统研究和探索的是著名经济学家蒋一苇先生,提出了"劳动共有股份制"是企业改革的方向。20 世纪 90 年代初,王珏教授提出了"劳动者财产主体论"。20 世纪 90 年代中期一些经济学家提出了"劳动力产权论"。20 世纪 90 年代中后期出现了"企业制度创新论"以及"现代企业共同治理论"、"人力资本产权论"、"智力资本产权论"等。

一、劳动共有股份制

1979 年,关于经济体制改革应当从何处入手的问题,理论界有不少争议,蒋一苇经过深入研究,提出了"企业本位论"的观点。他认为,企业是国民经济的基础,就像细胞体对整个生物肌体一样,只有经济细胞搞活了,整个经济肌体才会活起来①。

蒋一苇在提出"企业本位论"以后,又从多方面论述了职工是社会主义企业主体的观点,为此发表了一系列文章。蒋一苇认为,"我们全民所有制企业,长期成为政府的附属物,政企不分,由政府直接经营企业。全民所有制企业的职工被认为是国家的职工,由国家进行招工,所谓用工制度,在全民所有制企业来说,就是国家招工,类似于国家雇工,因此也就很难消除在职工中存在的雇佣观念"②。

"社会主义公有制决定了劳动人民是生产资料的主人,从而也是社会的主人、国家的主人,这是调动亿万劳动人民社会主义积极性的基石。但是,劳动人民的主人翁地位,还不能只就全国范围、全社会范围而言。如果不能在生产上在他所参与的生产单位里,有当家作主的权利,他也就不能在经常的现实生活中发挥主人翁的责任感。"③他指出:"在企业中,社会主义与资本主义的根本区别就在于职工是否占主体地位。资本主义企业的主体是人格化了的资本,而社会主义企业的主体则是包括脑力和体力劳动在内的企业全体职工。要建设社会主义市场经济,市场的主体是企业,

---

① 蒋一苇:《企业本位论》,《中国社会科学》1980 年创刊号。
② 蒋一苇:《企业本位论》,《中国社会科学》1980 年创刊号。
③ 蒋一苇:《职工主体论》,《工人日报》1991 年 6 月 21 日。

而企业的主体是全体职工,只有当全体职工认识到自己是企业的主人,有了主人的权利,才能担负主人的责任,职工群众的积极性智慧和创造力才能充分发挥出来。落实职工主体地位的有效方法是实行劳动共有股份制"①。

企业本位论和职工主体论成为蒋一苇经济改革理论的两大观点。在国家与企业的关系上主张企业本位论;在企业与职工的关系上,主张职工主体论。

二、劳动者财产主体论

20世纪90年代初,著名经济学家王珏教授提出了"劳动者财产主体论",明确地提出"劳者有其股"。王珏认为,中国的改革是在市场经济和社会主义制度都不成熟的背景下进行的,在此背景下进行改革,就要把两者统一起来,通过权利和利益的再分配,完善社会主义制度。传统的公有制实现形式存在着重大的缺陷,而"劳者有其股"是一种较好的解决途径。所谓"劳者有其股",就是使劳动者成为市场经济的投资主体,这是实现社会主义联合劳动的基础,是对社会主义制度的本质体现,是劳动者实现共同富裕的必由之路②。"社会主义现阶段的按劳分配只能是按劳动力价值分配;在生产过程中劳动力是除了物的要素外活的、重要的生产要素,至少要同物的要素一样,平等地分享利润,也就是实现劳动力的资本化。"③劳动力资本,既包括以脑力劳动为主的劳动者的劳动

---

① 蒋一苇:《职工主体论》,《工人日报》1991年6月21日。
② 王珏:《劳者有其股与收入分配》,《中国工业经济》2000年第2期。
③ 王珏:《劳者有其股与收入分配》,《中国工业经济》2000年第2期。

力,也包括以体力劳动为主的劳动者的劳动力。劳动力本来是自有人类以来就存在的,但是,它是在资本主义制度下才转化为商品,又进而转化为资本家所占有的可变资本。当代的社会主义,特别是像我国的初级阶段的社会主义,是商品市场经济主导经济发展的历史阶段。资本是能够增值的价值,也就是它能给其所有者带来收益,这一属性仍然存在,劳动者的劳动力仍然会转化为资本。

传统的计划经济,把劳动者的劳动力也当作国有财产进行计划分配,因此,使劳动者的劳动力这一个财产权被排除了,劳动者除了取得用于再生产劳动力的工资以外,一无所获。所以,所有的工资劳动者仍然处于无产者的地位,这是对社会主义制度的扭曲,是对马克思主义的背离。"劳动者分享利润的根据就是,劳动者的劳动力是生产要素,是一种投资,劳动力因此成为资本,即劳动力资本是劳动者能够分享利润的理论根据,现阶段劳动者投资分享利润的具体形式就是职工持股"[1]。

三、劳动力产权论

20世纪90年代中期,多位经济学家提出了"劳动力产权论",主要代表人物有王天雨、曹凤岐和迟福林等专家学者,认为劳动和产权密不可分。所谓劳动力产权即劳动者拥有和使用劳动力而享有剩余劳动的索取权[2]。它包括对剩余劳动成果的占有权、控制权和支配权。他们认为,"从现代经济发展的角度看,劳动能力量

① 王珏:《劳者有其股与收入分配》,《中国工业经济》2000年第2期。
② 王天雨:《劳动力产权研究》,《学术月刊》1997年第12期。

化为资本投入企业的现象日趋普遍,这种劳动能力经过一定时间后,物化为一定的企业资产,并取得资产收益"①。迟福林教授提出劳动力产权是由"劳动力"和"产权"组成的。根据劳动力和产权的一般定义,劳动力产权就是对特定劳动能力的所有权、支配权和收益权这样一组权利,其中收益权是劳动力产权的集中体现②。确立劳动力产权,就是要把劳动者的劳动力转化为资本,以实现劳动者对自身劳动力的实际占有,并由此参与剩余价值的分配。承认劳动力产权,并采取有偿购买和无偿配送相结合的办法解决企业职工持股问题,实现"劳者有其股",社会主义市场经济的本质,就是在承认劳动力产权基础上的人民市场经济。劳动力产权的特点是不可转让、不可交易、不可继承,是一种特殊的产权形式。按照"劳动力产权论",劳动者不仅应获得工资性收入,而且应在一定程度上分享企业利润。建立在这一理论基础上的员工持股,充分体现出人民市场经济的本质特征,并为实践这个理论找到了具体形式。

四、企业制度创新论

尹智雄在《企业制度创新论》中从资本逻辑和劳动逻辑的角度出发,将现行主要的企业管理理论和实践作了如下归纳分析。尹智雄认为,在"风险抵押模型"中仅把资本看成是风险的唯一承

---

① 曹凤岐:《股份制与现代企业制度》,企业管理出版社 1998 年版,第 54 页。

② 迟福林:《改革决定未来——探讨 21 世纪初中国经济改革的作用与任务》,《深圳商报》1999 年 12 月 6 日。

担者,而忽视了劳动者也分担了风险责任。实际上,企业有限责任制度的创立已把资本风险的程度降低了;在"资产专用性模型"中,仅有资产的专用性而没有人力资本的专用性是不公正的。在"流动性模型"中,随着劳动力转换成本的提高,劳动实际上是非流动的。"契约理论"把经营者纳入资本的范畴,忽视了雇佣关系,经营者获取剩余索取权是因为他属于人力资本。因此,资本逻辑的不合理性显而易见①。同时,尹智雄又从劳动逻辑,即企业的所有权归劳动者来分析企业的制度。他认为范尼克劳动管理经济理论模型,使企业剩余索取权内部化,形成成员的自我约束机制,并由于分配的公平和信息的优势容易形成命运共同体。但这种模型也容易导致部分人"搭便车"。前南斯拉夫自治企业模式的实践最终也出现了一系列弊端。日本的"从业员主权"模型,只承认了企业核心成员的利益而忽视了其他员工的利益。尹智雄认为,资本逻辑和劳动逻辑单独强调任何一方都是有缺陷的,必须有机结合起来才能创造出合理的企业制度的产权安排。而企业员工持股制正是这一目标的选择。从根本上讲,在新的历史条件下推行企业员工持股是涉及产权的、一项基本经济制度的变革,是企业制度的一种创新②。

五、"现代企业共同治理论"、"人力资本产权论"、"智力资本产权论"

20 世纪 90 年代中后期,先后出现了"现代企业共同治理论"、

---

① 尹智雄:《企业制度创新论》,经济科学出版社 1998 年版,第 56 页。
② 尹智雄:《企业制度创新论》,经济科学出版社 1998 年版,第 75 页。

"人力资本产权论"、"智力资本产权论"等。

陈传明依次分析了这三种"单一逻辑"的不足之处。"单一逻辑"分别是：（1）"资本的逻辑"，其代表是传统的西方股份制；（2）"劳动的逻辑"，其代表是南斯拉夫工人自治制度；（3）"经理的逻辑"，其代表是"所有权与控制权相分离"的股份制企业。陈传明提出了"综合逻辑"，提出了各类参与者权力共使、利益分享、风险共担的现代企业共同治理论①。

中国人民大学的杨瑞龙教授等提出了人力资本产权论。他们认为，在现代企业中，员工能否分享企业剩余的处置权，能否分享企业控制权，并不取决于是否拥有企业股份，而是由员工人力资本的性质和特点决定的。员工持股是企业治理条件和环境变化后引起企业治理模式变化的结果。尤其是在21世纪，高科技企业的作用日益增强，员工人力资本在财富创造中越来越重要，对员工人力资本的激励成为企业治理结构中的重要部分②。

清华大学法学院朱慈蕴教授认为，员工持股制度是建立在人力资本与物质资本共同创造利润的立论基础上的一种制度，这是人力资本在知识经济时代对经济制度、法律制度的安排提出的一种必然要求。当人力资本的作用与人的经济价值不断提高时，就产生了对制度的新的需求③。王保树教授认为，员工持股制不仅

① 陈传明：《比较企业制度》，人民出版社1995年版，第158页。
② 唐新林：《中国企业职工持股制度建设国际研讨会综述》，见 http://www.chinareform.org.cn，2000年12月21日。
③ 芮明杰、郭玉林：《智力资本激励的制度安排》，《中国工业经济》2002年第9期。

可以加强公司员工的凝聚力,增加员工与公司利益的认同感,而且可以使员工股份的制衡力量在公司法人治理结构中得到体现,达到劳动与资本有机结合的目的,增强员工对公司的关心与参与。

还有部分学者在人力资本产权论的基础上,进一步提出了"智力资本产权论"。他们认为,进入知识经济时代以来,企业的核心竞争力越来越多地体现在对人力资本的拥有水平,以及对人力资本潜在价值的开发能力上。从理论上看,人力资本所有者的"自有性"、使用过程的"自控性"和"质与量的不可测量性"等特征,使得传统的、简单的劳动契约无法保证知识型雇员尽最大努力自觉工作,在管理手段上也无法对其进行有效的监督与约束。股权激励的方式恰恰可以弥补传统管理方法和激励手段的不足,对于一般企业而言,员工持股计划具有的激励效用远远不及知识型企业,因为知识企业已经在许多方面具有与一般企业不同的特征,如知识企业的组织结构是一种非等级制的团队。其中最本质的区别是知识企业中的知识员工已经替代经营者成为企业价值创造的核心,因此在一般企业与知识企业的激励制度安排上的最大的不同就是,一般企业主要关注的是对企业经营者的激励,而知识企业最为关注的是对知识员工的激励[①]。国内相关理论研究多数是对国外理论研究进行梳理,缺乏在全球新技术革命浪潮兴起的背景下,对员工持股未来发展趋势的研究。

综合上述研究发现,虽然各自的侧重点和视角不同,但是他们

---

① 芮明杰、郭玉林:《智力资本激励的制度安排》,《中国工业经济》2002 年第 9 期。

通过对员工持股计划微观层面、微观过程循序递进的研究,形成了比较一致的结论:员工持股计划使员工具备劳动者与所有者的双重身份。实施员工持股计划对建立现代企业制度、约束管理层行为、降低企业代理成本,进而改善公司治理水平具有积极作用。同时,员工持股计划可以使员工获得劳动收入和资本收入,从而直接受益于公司发展,形成了对员工的有效激励,有助于发掘和释放企业的发展潜能。

第二章　美国、日本的员工
持股制度

经过几十年的发展,美国的员工持股制度已成为一种有效的产权组织形式,在西方国家企业界被广泛采用。美国、日本的员工持股制度具有典型的代表性,其制度动因、立法保障、具体类型、覆盖范围、资金来源和税收优惠等值得重点研究。

第一节　美国员工持股制度

一、美国员工持股计划定义与特征

（一）定义

美国员工持股计划协会(The Esop Association)将员工持股计划(Employee Stock Ownership Plan, Esop)界定为员工受益计划(Benefit Plan),即一种使员工通过成为公司股权所有者而从中受益的制度安排。与其他员工受益计划不同,员工持股计划的独特性在于它允许劳动者和资本所有者这两种角色在员工身上实现合而为一,从而使资本与劳动这两种关键性要素得到有机结合,使员工能分享企业利润和共担企业风险,使员工与其所在公司能有相对一致的利益诉求①。

美国的员工持股计划是一个有明确法律含义的名词。只有符合相应法规的员工持股才称之为员工持股计划。而其他计划,如股票期权计划、股票购买计划等方式形成的员工持有本公司股份(股票)不属于员工持股计划。规范员工持股计划的法规主要是美国国会1974年通过的《员工退休收入保障法》(The Employee Retirement Income Security Act),以及后来的一系列相关法规。这些法规为员工持股计划界定了范围,规范了操作办法,为美国的员工持股计划发展奠定了良好的法律基础②。

(二)特征

与其他员工福利计划相比,员工持股计划有几个显著的特征。

1.法律规定员工持股计划主要投资于发起雇主股权。

2.员工持股计划是唯一可以贷款的合格员工福利计划。杠杆型员工持股计划可以作为公司的理财工具。

3.员工持股计划是员工养老金福利计划的一种。它是通过员工持有所在公司股份的形式来增加未来退休收入的一种计划。美国的退休养老金计划有多种形式,而员工持股计划只是一种补充形式,企业可以根据自身情况决定是否实行员工持股计划。

---

① 美国员工持股计划协会,http://www.esopassociation.org/explore/how esops work/learn about esops。

② Rosen Corey,"What Are Esops", *Independent Banker* ,Vol.34,No.2, 2014,pp.24-25.

4.政府通过税收优惠政策来引导各类企业设立员工持股计划。美国税法规定,不同类型的公司、不同的员工持股程度、参与员工持股计划的各方都有相应的税收优惠①。这也是员工持股计划在美国迅速发展的主要原因之一。

5.员工持股的普遍性。员工持股计划面向年满21岁、工作一年以上的全体员工。法律规定,此类计划不能向公司内高收入经理层过度倾斜。这一规定使员工持股计划明显区别于主要激励经理层的其他股权激励计划②。

6.员工所得到的公司股份是不用员工额外掏钱的,因为不论是公司捐赠股份还是利用贷款购买公司股份,员工是不用花钱购买的③。

二、美国员工持股制度的产生与发展

美国员工持股计划从其产生到发展,主要经历了三个阶段。

（一）20世纪50年代前

18世纪晚期至19世纪初期,由于受传统的实物资本本位论和所有权"绝对论"的影响,美国实行的是典型的资本雇佣劳动制

---

① Markowitz, Harry, Joseph Blasi, Douglas Kruse, "Employee stock ownership and diversification", *Annals of Operations Research*, Vol.176, No.1, 2010, pp.95-107.

② Markowitz, Harry, Joseph Blasi, Douglas Kruse, "Employee stock ownership and diversification", *Annals of Operations Research*, Vol.176, No.1, 2010, pp.95-107.

③ ［美］J.弗雷德·威斯通、苏姗·E.侯格、［韩］S.郑光:《兼并、重组与公司控制》,唐旭等译,经济科学出版社1998年版,第331页。

度,即作为企业实物资本要素提供者的企业主在企业中处于主导地位。他们通过资本来拥有企业,并通过所有权的"力量"对企业享有绝对的、排他性的权利。企业主不仅有权雇佣劳动者、支配企业,还会因所有权所固有的"扩张性"来占有企业的利润。而作为企业劳动要素提供者的雇员则附属于资本,在企业中处于从属地位。这一时期因为美国经济的快速发展,贫富紧张局势加剧,工人暴动越来越多,因此影响了社会的安定和经济的发展。随着资本的不断积累,劳资间的贫富差距不断扩大,劳资冲突也越来越加剧,从而影响了企业生产的有序进行和企业利润的最终实现。为了改善劳资间的紧张关系,有些公司开始采用雇员购买股票计划,在每个工资支付期内,从雇员的工资支票上由公司减去一部分用于购买公司的股票;公司有时也会折价向雇员出售股票①。

到了 20 世纪 20 年代,美国东北部的工业领袖们担心,因为贫富悬殊而带来的社会冲突和矛盾会影响到美国经济的发展。所以,一些公司开始尝试使用股份制、利润分成、工伤补助(工人补助),以及给员工假期、卫生保健和保险待遇等友好政策。而员工购买股票计划成为当时较为常见的一种所有制形式。同时,许多工业家们认为,员工所有制在财产方面加强了公司与员工之间的团结,从而不断加强与工会力量的抗衡。当时的员工购买股票计划即公司宣布一个计划,然后从每个员工的工资中(两周或一个月)减去一小部分,用于购买本公司股票。一般公司会折价向员

---

① [美]J.弗雷德・威斯通、苏姗・E.侯格、[韩]S.郑光:《兼并、重组与公司控制》,唐旭等译,经济科学出版社 1998 年版,第 331 页。

工出售股票,而每个员工都有属于自己的股票账户,随着时间增长,个人拥有的股票会增加。正当这种做法开始为人们接受的时候,20 年代的经济大危机使处于萌芽状态的员工持股制度受到了重大打击,因为随着股票市场的崩溃,许多雇员失去了其股票账户上的价值,许多员工在财产上遭到了很大的损失①。从此以后,员工所有制不像以前那样受到欢迎。因为股票的风险使员工开始在财务上的参与重心转移到寻求合理的工资和其他利益上。

(二)20 世纪 50 年代后期到 70 年代初

20 世纪 50 年代前后,由于所有权与经营权分离诱发了物质资本所有权的弱化与经营者阶层的崛起。一方面,随着公司规模的不断扩大,企业内部的分工也越来越复杂。而作为股东大会的常设机构的董事会,既无力了解公司的技术组合、专业范围,也无力掌握公司各部门的分工情况,更不可能独立做出公司的重大决策。因此,作为企业实物资本所有者代理人的企业经营者,凭借自己的信息优势,实际上取得了企业的控制权;另一方面,企业经营者权力“膨胀”的后果,可能会危及企业实物资本所有者的权益和他们对利润“最大化”的追求。为了平衡企业经营者与企业实物资本所有者之间因企业经营者权力“膨胀”而引发的冲突,在 20 世纪 50 年代,美国开始对企业经营者进行股票奖励计划。该计划的目的在于鼓励高级经营者人员为了让手中的股票升值而努力为公司工作,并关心股东们的长期利益②。高层经营者持股虽然协

①　尹智雄:《企业制度创新论》,经济科学出版社 1997 年版,第 143 页。
②　赵涛:《股份制——现代企业的重要形式》,经济科学出版社 1997年版,第 10 页。

调了经营者与企业物质资本所有者之间的冲突,但对众多的雇员
而言,则被排除在企业的治理结构之外,他们仍然从属资本,并处
在高层经营者的监督之下。

随着国家越来越城市化,人的寿命的延长,人们退休以后,是
否有足够的储蓄来提供养老保障的问题越来越成为人们关注的社
会问题(当时政府没有为所有工作过的 65 岁以上的市民提供社
会保障)。因此,蓝领和普通工人及他们的工会开始注意到"股票
奖励计划"。在他们的要求下,一些公司开始在蓝领和普通工人
中推行这种"股票奖励计划"。在 20 世纪 50 年代中期,由于高层
经营者持股的"示范"效应和民权运动的兴起,被称为"员工持股
计划之父"的美国经济学家、律师路易斯·凯尔索与他人合作撰
写了对员工持股制度的普遍推广具有极为重要推动作用的两部著
作:《资本家宣言:怎样用借来的钱使 8000 万工人变成资本家》和
《双因素论》。他们认为:在正常的经济运行中,任何人不仅可以
通过劳动来获得收入,而且还必须通过资本来获得收入,这是人的
基本权利。根据这一思想,凯尔索等人提出员工持股计划。为了
将上述理论付诸实践,1961 年凯尔索成立了"员工持股计划发展
中心",并创办了一家投资银行,专门支持员工持股计划。随后,员
工持股制度越来越引起人们的关注,并获得美国政府和国会的大力
支持,在税收上国家开始给予员工持股计划支持,一个公司给员工
(高级管理人员和白领雇员)收益信托的任何捐助可在税前利润中
扣除。这种股票奖励计划或储蓄计划被人们称为"金色的握手",受
到公司和员工们的欢迎。应该指出,许多公司规定只有那些在公司
工作了一定时间的员工才有资格享受这种计划。直到 20 世纪 60

年代,普通员工在美国公司中只持有股票极少部分,而公司高级经营者和白领雇员的持有量可能占全国所有公司股票的30%[1]。

(三)1974年以后

美国经济进入20世纪60—70年代以后,经济出现滞胀局面。由于科技的发展带来财富急剧集中,社会分配不公的矛盾使美国社会潜伏巨大的危机。为了解决这些矛盾,旧金山的律师路易斯·凯尔索在研究美国员工所有制的基础上提出员工持股计划。他认为,"如果市场经济没能找出一种通过股票来为员工和市民提供多种所有制的方法,那么财富的封建结构就会发展,从而妨碍市场经济"[2],只有市民在社会中有直接的个人利益,他们才会支持社会。为了实现直接的个人利益,可以通过信贷建立。凯尔索的理论得到了来自国会的支持。1974年,美国以立法的形式通过了"美国员工退休收入保障法案"(ERISA),1984年的《1984年税收改革法》对员工持股在税收优惠上做出了法律规定,以推动员工持股计划的实行。这些立法极大地刺激了员工持股计划在美国公司中的推行。该阶段是美国员工持股计划发展最迅速、形式趋于完善和多样化的一个时期。自20世纪70年代以来,在美国实施员工持股计划的公司数量,始终呈现递增的态势。1975年,即Esop获得官方认可的第二年,大约有1500家企业实行了Esop,参与的员工数量为25万人。到2013年时,实行Esop的企业数量达

---

① 钟坚:《西方国家推行员工持股制的经验与启示》,《深圳大学学报》1996年第4期。

② 海南改革发展研究院编:《职工持股与股份合作制》,民主与建设出版社1996年版,第146页。

到 6795 家,参与的员工数量为 1392.75 万人①。

美国联邦政府已颁布了 25 个联邦法律来鼓励员工持股,有一半的州为了鼓励员工持股也进行了立法。在美国政府的大力支持下,实行员工持股制度的公司数量从 20 世纪 70 年代初的 300 家,到 20 世纪 90 年代中期增加到约 12000—15000 家,参与员工达 1200 万人,占美国劳工的 12%。员工持股计划共拥有资产约为 1200 亿美元,占实施企业总资本的 20%—30%。从美国 1996 年 7000 家上市公司中看,有 1500 家发行了 15% 的普通员工股,占美国所有股票总值的 3%—4%。从实施的公司类型看,以中小型企业人数在 100—1000 人之间为主,行业主要集中在制造业和金融业。据统计,在美国最成功的 100 家公司中,有 46 家实行了员工持股②。根据美国密歇大学的迈克尔·康特等人对美国 98 家实行员工持股制度的企业所进行的调查,这些企业比它的同行业其他公司的利润率要高出 50%,并且员工持有的股份在企业总股份中所占有的比例越高,企业的利润也就越大③。近年来,美国实施员工持股计划的公司数量仍在持续增加,截至 2016 年底,美国实行员工持股计划(Esop)的企业高达 1.78 万家④。

---

① 钟坚:《西方国家推行员工持股制的经验与启示》,《深圳大学学报》1996 年第 4 期。

② 钟坚:《西方国家推行员工持股制的经验与启示》,《深圳大学学报》1996 年第 4 期。

③ 张泽荣主编:《当代资本主义分配关系研究》,经济科学出版社 1994 年版,第 121 页。

④ 李爱华、卢转玲:《我国推行员工持股计划的现状与建议——以华为公司成功实施员工持股计划为例》,《经营与管理》2017 年第 7 期。

第二节　日本员工持股制度

一、日本员工持股制度定义与特征

员工持股制度是指在股份公司内部设立本企业员工持股会，由员工个人出资，公司给予少量补贴，帮助员工个人积累资金陆续购买本企业股票的一种制度①。员工持股制度是日本股份制企业实行的比较普遍的产权制度。

日本的员工持股制度是在本国经济处于高速发展的起步阶段、对外开放逐渐扩大的情况下发展起来的，它在许多方面又受美国员工持股计划的影响，因而二者表现出一定的共性。但是由于东西方文化的差异，又使日本的员工持股制体现出日本企业管理的特色。

二、日本员工持股制度产生与发展

20 世纪 60 年代初，日本加入了国际经济合作发展组织，从而必须实行资本自由化，放宽对外商直接投资的限制，于是就出现了企业股票被包买吞并的可能性，使在股市上流动的股票比例减少。为了防止企业被吞并，必须建立一个稳定的股东队伍，企业员工持股制度应运而生②。日本形成稳定股东的办法有两个，一个是企

---

① 吴家骏：《日本的股份公司与中国的企业改革》，经济管理出版社 1994 年版，第 121 页。

② 吴家骏：《日本的股份公司与中国的企业改革》，经济管理出版社 1994 年版，第 133 页。

业法人相互持股,法人持有的股票不完全是为了获得收益,而是为其经营战略的需要,以及影响持股企业的经营管理。法人持有的股份不会因市场价格的波动而抛售,具有相对稳定性。这种法人持有的股票具有"控股证券"的性质。另一个办法就是本企业员工持股,员工持股会的股票只有在个人名下积累满千股时才能由持股会名下转到个人名下。由于个人持有股票的目的是取得红利和股票增值带来的"资本收益",且它经常随股价的变动被买卖,它具有"利润证券"性质。为此有的企业还规定,在满 1000 股时,还必须有特殊理由,如婚丧、嫁娶、购房,才能卖出个人持有的股票。因此,这也有利于形成较稳定的股东队伍。日本的员工持股会持有的股份,人均拥有量虽少,但由于人数众多,其总量是很可观的。日本企业的股权相当分散,很多企业员工持股会持股率虽然只有2%—3%,但已经处于前十名大股东的行列之中,成为很重要的稳定因素①。如20世纪80年代后期著名的大企业"旧立制作所"有员工2万多名,本企业员工持股会的持股比例仅占总股本的2.1%,但已成为第八大股东。"三菱电机"公司有员工7万名,其持股会的持股比例为2.2%,是本公司的第七大股东。有的企业员工持股会甚至成为公司的第一、二位大股东。如有 2500 名员工的中等规模的"双叶电子工业"公司,本企业员工持股会持股比例为7.3%,是第一大股东②。

---

①　吴家骏:《日本的股份公司与中国的企业改革》,经济管理出版社1994年版,第235页。

②　贾和亭:《企业制度创新纵横谈》,改革出版社1998年版,第356页。

从 20 世纪 60 年代开始,日本经济处于高速增长时期,优秀劳动力资源紧缺①。为了吸引人才,增强员工的归属感,调动其积极性,稳定高素质的劳动队伍,吸引优秀人才,实行了员工持股制度。这使得员工持有本企业的股票,并通过员工的努力工作可以使股票增值带来额外收益,促使每个员工关心企业的生产经营,同时对稳定人才起到了积极的作用。

为了帮助员工形成个人财产,对参加持股会的员工来说既是带有强制性的储蓄,同时公司又给予相应的补贴。日积月累,达到退休年龄时,可形成一笔可观的财产,它也是形成养老保障金的措施之一②。

日本的股票发行和买卖制度是员工持股会产生的直接原因③。日本上市企业的股票,一般以 1000 股为买卖的基本单位,1000 股以下是不能购买的。每一股的票面额为 50 日元,每一单位股票的面额合计为 5 万日元。但每股交易是按时价计算的,时价一般为票面额的十几倍甚至几十倍。这样,要购买一个单位的股票需要几十万、上百万日元的资金。一般来说,员工个人购买也不是那么轻而易举的。建立员工持股制度,就可以由持股会从员工每月工资里拿出一定比例的资金,集中起来以持股会的名义统一购买本企业的股票。股票由持股会持有,但按每个人出资数分

---

① ［日］奥村宏:《股份制向何处去——法人资本主义的命运》,张承耀译,中国计划出版社 1996 年版,第 133 页。

② ［日］宫崎义一:《泡沫经济的经济对策——复合萧条论》,陆华生译,中国人民大学出版社 2000 年版,第 203 页。

③ ［日］青木昌彦:《转轨经济中的公司治理结构:内部人控制和银行的作用》,钱颖一主编,中国经济出版社 1995 年版,第 17 页。

别列账,这就使得员工零星出资购买股票成为可能①。

20 世纪 60 年代后期开始建立的员工持股会制度,第一位的原因是为了形成稳定的股东队伍,以防止企业被外资收购。到了 20 世纪 70 年代中期以后,形成个人财产变成了第一位的目的。20 世纪 80 年代以后,实施员工持股制度的企业,在持股会章程中都把便于员工取得本公司股票,帮助员工形成个人财产列为首要目的,实际上也是帮助员工增加退休后的收入②。2000 年,日本全部上市的 4031 家公司中,有 3729 家实行了员工持股,占整个上市公司的 92.5%;从参加的人数来看,持股员工已达 912.5 万人,占这些企业员工的 45.4%③。

第三节 美国、日本员工持股
制度的基本做法

美国、日本等国员工持股制度有不同的分类方法,但从实际运用中来看,主要可分为"利用信贷杠杆"和"不利用信贷杠杆"这样两种基本类型。不利用信贷杠杆的员工持股安排,也被称为股票

---

① [日]青木昌彦:《转轨经济中的公司治理结构:内部人控制和银行的作用》,钱颖一主编,中国经济出版社 1995 年版,第 42 页。
② 包小忠:《日本企业融资结构与治理结构效率》,中国社会科学出版社 2006 年版,第 64 页。
③ [日]青木昌彦、[美]格里高利、杰克逊:《认识公司治理和组织架构的多样性》,《比较》第 31 辑,吴敬琏主编,中信出版社 2007 年版,第 129 页。

奖励计划①。企业直接将股票交给员工持股会,由员工持股会相应建立每个员工的个人账户。然后每年从企业利润中按其掌握的股票分得红利,并用这些红利来偿还企业以股票形式形成的赊账,还完后股票即属于每个员工所有。在整个计划中涉及三方关系:企业、员工(最终受益人)、员工持股会。这种类型多见于中小企业,一般在企业内部设立员工持股会直接拥有企业股票。

利用信贷杠杆的员工持股安排,与不利用信贷杠杆的员工持股安排相比,主要是引进了金融机构提供贷款。员工持股会或员工持股信托基金在企业担保的前提下向银行贷款购买企业的股票,每年员工持股会或信托基金将企业员工持股会的股票收益用于还款。随着贷款的偿还,股票按一个事先确定的比例逐步转入员工账户。这种安排对于解决员工认购资金不足,以及企业一下子就获得充足资金是十分有利的。这种类型多见于大型企业,因而一般由企业外部的员工持股信托基金托管持股股权②。一个利用信贷杠杆的员工持股安排的运作原理大致分为五步:金融机构贷款给持股会或信托基金,持股会或信托基金签署票据;企业为货款出具担保书;持股会或信托基金从企业处购买股票;企业捐赠现金给持股会或信托基金;持股会或信托基金用现金偿付货款本息③。

---

① 美国员工持股计划协会,http//www. esopassooiation. org/explore/how-esops-work/learn-about-esops。

② Rosen Corey,"What Are Esops",*Independent Banker*,Vol.34,No.2,2014,p.24.

③ Rosen Corey,"What Are Esops",*Independent Banker*,Vol.34,No.2,2014,p.25.

上述两种做法在西方国家中具有比较强的代表性,下面对美国和日本的员工持股计划进行详细分析。

一、美国利用信贷杠杆的员工持股计划

美国的员工持股计划有不同的表现形式。如雇员持股计划,相互持股计划,消费者持股计划,一般持股计划,个人资本所有权计划,商业资本所有权计划,公共资本所有权计划以及股票期权、利润分享和低价向雇员出售股票,这里考察的主要是美国标准的利用信贷杠杆的雇员持股计划。

(一)标准员工持股计划的主要内容

根据凯尔索的设计,标准的雇员持股计划是通过信托使雇员取得本公司股票,它包括以下主要内容:

1. 实施雇员持股计划的基本原则:(1)民主原则,即尽可能地让员工参与该计划,一般要求 70% 以上的员工参与,体现其共享性;(2)反垄断原则,即资本不能集中于少数人,表现为限制性;(3)私有权原则,即强调个人分配原则。

2. 基本的规定:(1)凡在公司工作一年以上,年龄在 21 岁以上的雇员均可参加;(2)股份分配以工资为依据,兼顾工龄和工作业绩;(3)雇员持有的股份由托管机构负责管理,它可以是公共的托管机构,也可以是公司内部自己组织的托管机构;(4)雇员持有的股份须经 5—7 年,才能取得全部股份,并在满足了规定的时间和条件之后,雇员有权转让其股份,公司有责任收购;(5)上市公司持股的雇员享有与其他股东相同的投票权,非上市公司的持股雇员对公司的重大决策享有发言权。

3.雇员持股计划的运行程序。第一步,拟实行雇员持股计划的公司一般由雇主和雇员达成协议,雇主自愿将部分股权转让给员工,雇员承诺减少工资或提高经济效益作为回报。第二步,公司建立雇员持股计划信托基金会(以下简称基金会),正常情况下,该基金会由3—5人组成,其中可以包括一个或一个以上的普通雇员,由董事会任命,负责管理基金。第三步,一种方式是由公司向贷款机构借贷(可用股票或借贷双方认可的方式作抵押担保)然后交给基金会。如果是用股票作担保,则按分期归还贷款的多少而逐步拿回相应的股票数量。另一种方式是由公司向贷款人做出担保并承诺将向基金会支付足够的款项以归还其贷款本息,基金会直接向贷款人贷款。当公司取得贷款后,按股市现值购买公司新近发行的股票,如果是非上市公司,则按财政部和劳工部的规定,根据专家评估的价格成交。第四步,基金会取得股票后,先置于一个"悬置"的账户上,然后,根据雇员归还本息的时间逐步将股票划入雇员在基金会的账户上。第五步,当雇员偿清贷款后,一般他们具有表决权;当雇员离职、伤残或从公司退休时,按照已定的条款,可以从基金会中以现金或其他形式退股,基金会有义务购回这些股份①。

(二)员工持股计划的相关法律规定和政策

20世纪70年代以后,美国的雇员持股计划之所以发展迅速,关键在于政府通过立法的形式,使其与退休金制度结合,并在税收

---

① 美国员工持股计划协会,http//www.esopassociation.org/explore/employee-ownership-news/resources-for-reporters#statistics。

上对雇员持股计划的参与者,如雇员、股票购买者、实行雇员持股计划的公司和贷款者,给予了较大的税收优惠①。从这些立法的内容上看,主要体现在如下几个方面。

1. 基本要求。按美国的"内部收益法"规定,标准的员工持股计划必须成立一个信托基金,并由该基金掌握这个计划的所有资产。基金的唯一目标是为参与员工持股计划的人谋利益。员工持股计划必须遵守"不歧视"原则,以保证员工持股计划不只是为"高薪阶层"服务②。

2. 广泛参与的要求。"内部收益法"对员工持股计划的广泛参与性作了严格规定,特别是对非高薪阶层的广泛参与提出了要求。该法规定,高薪阶层是指:(1)拥有公司 5%股权的人;(2)年薪在 75000 美元以上的人;(3)年薪超过 50000 美元且属于公司收入最高的 20%之列的人。实施员工持股计划的公司,必须做到至少 70%的非高薪阶层的员工参与这个计划,非高薪阶层参与该计划所得平均收益至少要达到高薪阶层所得平均收益的 70%③。一般来讲,员工持股计划的股票分配与员工的工资呈正比。

3. 获益限制。美国税收法有两个独立的条款对此加以限制,以防止因实行员工持股计划,而使少部分人在短时间内获得很大的收益。一是限制因实行员工持股计划而获得的减税优惠的数

---

① 美国员工持股计划协会, http//www. esopassociation. org/explore/employee-ownership-news/resources-for-reporters#statistics。
② 美国员工持股计划协会, http//www. esopassociation. org/explore/employee-ownership-news/resources-for-reporters#statistics。
③ 美国员工持股计划协会, http//www. esopassociation. org/explore/employee-ownership-news/resources-for-reporters#statistics。

额,即对不利用信贷杠杆的员工持股计划,每年归还贷款的减税额不得超过其工资总额的 15%,而对利用信贷杠杆的员工持股计划,这个数值为 25%。二是对每个参加员工持股计划的个人,限制其每年从中得到的收益不得超过其工资总额的 25%①。

4. 时间限制。法律规定,员工要想获得他在员工持股计划中应得的份额,或工作要满 5 年,在此期间离开企业不能得到股票或现金;或在 3 年之后获得其应有份额的 20%,以后逐年增加 20%,7 年后获得其全部份额②。

5. 股权限制。美国法律规定,对于公众公司,凡通过员工持股计划已分配到个人账户的股票,员工持股计划的参与者在所有问题上均有投票权。对于非公众公司,投票权仅限于公司的重大问题,如兼并或合并、出售资产、企业清算、公司解散、调整资本结构等,对于其他一些问题,如选举董事会等,一般由受托机构行使投票权。员工持股计划的投票权一般是一股一票,但也允许实行一人一票。至于尚未分到参与者手中的股票,由受托人或基金执行人行使投票权③。

6. 多样化投资。1986 年,美国税收改革对员工持股计划的参与者做出了一项新的规定,就是在员工接近退休年龄时,允许将其账户中的资产投资于其他行业。对于 1986 年 12 月 31 日之后从

---

①　美国员工持股计划协会,http//www. esopassociation. org/explore/employee-ownership-news/resources-for-reporters#statistics。

②　美国员工持股计划协会,http//www. esopassociation. org/explore/employee-ownership-news/resources-for-reporters#statistics。

③　美国员工持股计划协会,http//www. esopassociation. org/explore/employee-ownership-news/resources-for-reporters#statistics。

员工持股计划中得到的股票,员工持股计划必须为那些年龄接近55 岁且参与员工持股计划 10 年的员工,提供至少三个选择,使其股份的 25%(60 岁以上可提高到 50%)投资于其他行业,或将相当于这部分股票的现金直接付给员工①。

7. 利益分配。美国法律规定,员工持股计划向员工分配收益的时间必须在信托基金的法律文本中加以规定,并在 5 年之内分配完毕。如果贷款尚未全部归还,股票分配就要拖延②。

(三)美国员工持股计划的特点

美国员工持股计划主要是通过运用信贷,使员工获得本企业的股份,以此参与企业剩余利润分配和企业管理,员工以劳动者和资本所有者的双重身份与企业形成命运共同体。其具有几个特点:

1. 信用和预期劳动支付是雇员获得股份的主要形式。公司通过建立信托基金会,运用信贷制度,使公司雇员不需要用现金(过去劳动)而是用预期劳动即可取得公司股份,从而成为公司的资本工人。同时为了确保公司向贷款者还本付息,雇员在购买股份时,一般做出预期内不要求增加年薪,甚至降低年薪的承诺。如西北航空公司在实施雇员持股计划时,雇员承诺 3 年内自动降低工资,以取得 30% 的股份③。

---

① 美国员工持股计划协会, http//www. esopassociation. org/explore/employee-ownership-news/resources-for-reporters#statistics。

② 美国员工持股计划协会, http//www. esopassociation. org/explore/employee-ownership-news/resources-for-reporters#statistics。

③ Markowitz, Harry, Joseph Blasi, Douglas Kruse, "Employee stock ownership and diversification", *Annals of Operations Research*, Vol.176, No.1, 2010, pp.95-107.

2. 雇员股份管理专门化。美国法律规定,实行雇员持股计划的公司,其雇员股份必须由专门的机构——公司雇员持股信托基金会或其他公共信托机构,集中统一管理,但股份的所有权属于雇员。雇员股是通过逐步从"悬置账户"中量化得到。

3. 股权的有限性。一方面雇员拥有股份,虽然享有收益权和投票权,但它只体现在如出售资产、企业间的兼并或合并、资本结构调整等。而对公司董事会的选举、高级管理人员的聘用等问题,雇员一般不参加表决。其理由是"现代公司的管理需要专门知识";另一方面该股股份没有继承权并限制转让。员工离职或退休时,或者由雇员继续持有或者由公司收回,一般不允许自由转让。

4. 广泛性和公正性结合。一方面美国法律规定,实施雇员持股计划的公司,必须有70%的非高薪阶层员工参与,且非高薪参与者从中获得的收益至少要达到高薪阶层从中所得到的平均收益的70%,从而有利于减缓社会分配不公的现象。同时,雇员股份的大小与本人贡献的大小(即年薪高低)相结合,又体现了其公正性,有利于发挥激励作用。

5. 雇员持股与稳定人才相结合。美国法律规定,雇员持股开始的7年内,雇员不得提取和转让自己拥有的股份。如果7年内离职,则视同自动放弃本人所拥有的该公司股份。在美国这样一个人才高度流动的国家里,雇员持股对稳定公司人才有着极为重要的作用。

6. 政策支持与雇员持股的比例相结合。美国对实行雇员持股计划的公司,一般规定只有当雇员持有公司股份30%以上,才能享有政策规定的有关税收优惠。这充分体现了政府引导财产民主化的原则。

7. 雇员持股计划与养老保险相结合。美国推行雇员持股计划的初衷,很大程度上是为了着眼于创造雇员退休收入的多种来源,使雇员能因此在退休时过上一个足够富裕的生活。而这部分收入构成了社会保障体系中的一部分。一项调查表明,在美国有70%的公司将员工持股制度作为养老金的补充[①]。

二、日本的员工持股会

日本的员工持股制度是指在公司里设立员工持股会,由员工个人出资,公司给予一定的补贴,帮助员工增进资金积累,陆续进行认购本公司股票的一种制度。上市公司的股票本来是自由购买的,公司员工既可以购买本公司的股票,也可以购买其他公司的股票。他们一般根据证券交易所公布的行情,自己判断和选择股价形势看好的股票,经由证券公司自由购买。建立员工持股制度的直接原因在于股票的发行和买卖制度。日本上市公司的股票一般以1000股为买卖的基本单位,1000股以下是不能购买的。每一股的票面额为50日元,每一单位股票的面额合计是5万日元。但是,股票交易是按时价计算的,时价一般为票面额的十几倍甚至几十倍。这样,要购买一个单位的股票需要几十万日元甚至上百万日元的资金,员工个人购买一般来说并非轻而易举。建立员工持

---

① Markowitz, Harry, Joseph Blasi, Douglas Kruse, "Employee stock ownership and diversification", *Annals of Operations Research*, Vol.176, No.1, 2010, p.107.

股制度后,就可以由持股会组织员工每月从薪金里积累少数资金,集中起来以持股会的名义统一购买本公司的股票。股票由持股会持有,但按每个人出资数分别列账,这就使得员工分散出资购买股票成为可能①。

（一）员工持股会的实施内容

1. 参加者的集资方法。(1)按月积累,即按月从工资中扣缴。钱数以"份"为单位计算,一般每份为 1000 日元,并规定积份数最高限(通常为 34 份),每人可以在最高限内选定份额。如选定 30份,每月扣缴数为 3 万日元。积累份数可以变更,但每年只规定有两次固定的时间办理更改手续。如果临时发生了特殊困难,可以申请暂停积累,事后也可以再申请恢复。(2)用奖金积累,即从年中和年末奖金中扣缴。份数通常按每月扣缴份数的 3 倍计算②。

2. 参加持股会的收益方法。(1)奖励金。公司为鼓励员工持股,每份奖励 50 日元,并加入到每个参加者积累的资金中去。(2)资产运作利息。对于上市公司的员工持股会来说,每月积累随时委托证券公司购买本公司股票,不存在利息问题,非上市公司股票不能随时购买,只能等到公司增发新股时才能交易。在此期间,员工持股会积累的资金交由证券公司运作,年息通常约为5%。(3)分红和资本收益。员工购得股票之后,员工可以按股分红,股票分红率随着不同公司有所差异。上市公司分红率一般是

---

① 包小忠:《日本企业融资结构与治理结构效率》,中国社会科学出版社 2006 年版,第 128 页。

② 包小忠:《日本企业融资结构与治理结构效率》,中国社会科学出版社 2006 年版,第 197 页。

每股 5—7 日元,即面额的 10%—14%,此外,股票时价的变动,看涨的股票如果售出还可以得到资本增值的收益。非上市公司由于没有股票升值的资本收益,分红率比较高,一般是面值的 20 倍。通常情况下,非上市公司每年要尽力保住 20% 的分红率,以使持股员工得到较大分红和收益,提高员工积极性。据调查,有些公司年分红率最低为 10%,最高为 30%,还有些公司在长期实施员工持股计划中,由于经营状况良好,每股时价已为面值的 60 倍。员工持股会已成为公司大股东①。

3. 股票的认购和管理方法。员工参加持股会积累的资金用来购买本公司股票,购得的股票列入参加者台账,记清每人应得股票数。员工持股会的股票以持股会理事长的名义购买,理事长代表持股员工参加股东大会,行使表决权。上市公司员工个人持股数达到一个单位,即 1000 股后,可以以本人的名义取出,成为个人股票,分红、出售与一般上市股票相同。但也有公司限制较严,达到 1000 股后,必须在结婚、买房子等特殊情况下,才可以申请取出。非上市公司股票只有在公司增资时才能取得。所谓增资,就是通过发行新股票来筹集资金。一般增资按新股发行对象可分为三种:向原股东分摊增资、向非原股东但又有一定借贷或交易关系的特定对象分摊增资、公开招股增资。上市公司的股票经常有买入和卖出,持股会随时可以购买,不必等待增资。非上市公司的股票只能在增资时购买,即从向特定对象分摊额中购买,或从公开招股

① 〔日〕青木昌彦、〔美〕格里高利、杰克逊:《认识公司治理和组织架构的多样性》,《比较》第 31 辑,吴敬琏主编,中信出版社 2007 年版,第 127 页。

增资发行的新股票中购买。

4. 退会时股票价格计算方法。参加持股会的员工退会时,上市公司员工个人持股满 1000 股的部分,可提取个人股票,不满 1000 股的部分则按市场公开买卖的时价计算,退出现金。非上市公司的股票,全部要折算成现金取出。折算的办法采用红利还原法,即按基准分红率(惯例为 10%)来折算。假定公司前两年的平均分红率为面额 30%,每股面额 50 元,基准分红率与实际分红率为 1:3,这时的股票折价即为 50 日元乘以 3 等于 150 日元。

5. 员工持股会的组织办法。由参加员工持股会的人员组成全体成员大会,每年开例会一次,讨论持股会章程的修改、会员入会和退会、理事的选举和听取工作报告等。持股会设理事会,由理事长 1 人、副理事长 1 人、理事若干人、监事若干人组成。理事由会员大会选举产生,理事长、副理事长由理事会选举产生①。

(二)日本员工持股会的特点

1. 设立持股会。日本实行员工持股会的公司必须设立员工持股会,持股会积累的资金构成"股票购买基金"用于购股,持股会理事长代持股员工在股东大会上行使表决权②。

---

① ［日］青木昌彦、［美］格里高利、杰克逊:《认识公司治理和组织架构的多样性》,《比较》第 31 辑,吴敬琏主编,中信出版社 2007 年版,第 148 页。

② 包小忠:《日本企业融资结构与治理结构效率》,中国社会科学出版社 2006 年版,第 35 页。

2. 员工不直接投入资金。员工购股资金或者从工资中扣缴，或者从年中和年末的奖金中扣缴①。

3. 员工可获得一定奖金和利息。参加持股会的员工可得到公司奖励金、年终分红，还可获得持股会积累基金经由证券公司运作带来的利息收入②。

4. 员工可退出持股会。员工参加持股会后，因离职或其他失去本公司员工身份者，自动退出。本公司员工入会后中途要求退出者，可申请退会。退会时满 1000 股部分可将股票转入个人名下，不满 1000 股部分可按市场价出售③。

第四节　基于美国、日本员工持股制度效率的微观分析

现代企业中股东、经营者、员工等共同承担了相应的风险，也应共同分享剩余，共同参与所有权的分配。而其前提是股东、经营者、员工应相应地拥有企业的所有权。因此，在现代企业中引入员工持股制度对优化法人产权结构、形成更为有效的法人治理结构具有积极作用，是现代企业制度的一种重要实现形式。员工持股

---

① 包小忠：《日本企业融资结构与治理结构效率》，中国社会科学出版社 2006 年版，第 222 页。

② 包小忠：《日本企业融资结构与治理结构效率》，中国社会科学出版社 2006 年版，第 99 页。

③ 包小忠：《日本企业融资结构与治理结构效率》，中国社会科学出版社 2006 年版，第 201 页。

是人力资本所有者凭借其人力资本产权与企业交易的收益权证①。正是由于人力资本股份的这一特殊产权内涵,理论上使得员工持股具有特殊的效率。

一、对企业生产效率的影响

在有形资本和人力资本供给给定的条件下,员工持股计划由于改变了支付方式和工作组织结构,导致每个工人的产出增加,从而提高了工人的生产效率。员工持股还可以通过增加私人储蓄,从而增加有形资本和人力资本所占有的股份来提高工人的工作效率。另一方面,员工持股计划不是改变支付方式或工作组织结构的必要条件。员工持股公司的生产效率得到提高也可能是由于破坏资源配置的政策带来的结果。

员工持股计划通过赋予员工股份改变了支付方式,持有企业股份的工人有提高生产效率的积极性,目的在于提高股份的回报率。另外,员工持股计划还可以和利润分享计划结合起来,使员工持股计划的贡献金与企业利润相联系。当工人的工资与企业利润挂钩时,员工对于提高劳动生产率的积极性更大。通用会计办公室对川家员工持股企业和同样数目的非员工持股企业做了抽样调查,发现实行员工持股以后并没有使企业生产更有效率,也并没有给企业带来更多的赢利。但是,他们发现,有非管理层员工参与决策的企业(通过工作组和委员会的方式)的生产效率远远高于没

① ［美］舒尔茨:《人力资本投资》,梁小民译,商务印书馆2006年版,第71页。

有进行类似组织结构改变的企业。

一项对美国 48 家实行员工持股的上市公司的研究发现,当宣布某家企业实行了员工持股以后,股市会做出利好反应(例如,员工持股公司的股票价格上升趋势强于其他股票价格的上升趋势)[①]。但是如果将员工持股公司成立的头两年的赢利率同该公司所在行业的赢利率相比较,以发现它并不比行业的平均赢利率高。但是,如果实行员工持股在短期内提高了员工的补偿金,那么,在竞争性行业中,是很有可能出现暂时的赢利下滑的局面的。

一项对美国 232 家成立于 1979 年至 1989 年间的员工持股企业的研究发现,拥有大量外部投资者的员工持股企业的财务状况优于行业的平均水平[②]。实行员工持股,但是没有大量的外部投资者进入的企业财务状况则没有明显提高。上述状况的差异是因为外部投资者有极强的动力监测企业的管理。

研究发现利润分享与工人的工作效率之间是呈正比的关系。但是,由于员工持股计划的分配是滞后发生的,因此当它与利润分享计划结合时,这种正比关系将减弱。另外,员工持股计划并不是构成利润分享计划的必要条件。公司可以在不实行员工持股的情况下实行利润分享计划。但是,与员工持股计划不同的是,利润分享计划不享受任何特殊的税收政策。最后,事实表明员工持股计划对公司业绩没有负面影响。在一项对华盛顿州的公司的调查中

---

① 美国员工持股计划协会,http//www.esopassociation.org/explore/how-esops-work/learn-about-esops。

② 美国员工持股计划协会,http//www.esopassociation.org/explore/how-esops-work/learn-about-esops。

表明,65 家公司中只有 3 家(5%)承认员工持股计划有损于公司业绩①。

虽然员工持股可以提高工人的工作效率,但是员工持股也有被扭曲的情况。这是有害于经济效率的。例如,有时员工拥有所有权并不是实行员工持股计划的主要原因。实行员工持股计划的大多数是赢利公司,但是也有实行员工持股是为了挽救行将倒闭的公司。还有一类情况是,实行员工持股以避免上市公司被收购。

员工持股对于资源分配的影响,不同于它对资源总供给的影响。原则上,如果员工持股导致了私人储蓄的增加,则可以提高工人的工作效率。因此,通过增加净储蓄的方式,员工持股计划可以提高每个工人对有形和人力资本股份的投资。人们通常都认为每个工人拥有的资本数量提高以后,可以带来生产率的提高。

二、员工持股计划对收入分配的影响

持股计划对收入分配的影响主要体现在它对补偿金及计划参加人的相对收入的影响。员工持股计划可以增加参加者的税后收入,但是它最大的影响是在税前员工补偿金的构成方面。根据厂商理论,当最后一个被雇用的工人生产的产品和服务的价值等于雇用该工人所花费的成本时,公司将停止雇用工人。雇用工人的成本包括工人工资和一些附加津贴。从长远来看,员工持股计划的贡献金也许会取代其他形式的员工补偿方式。因此,除非员工

---

① 美国国家雇员持股中心,http//www.nceo.org/articles/statistical - profile-employee-ownership。

持股计划直接影响工人的生产效率,否则它们对员工的税前收入或收入分配是不会造成重大影响的。但是,员工持股计划也为公司和工人提供了一些税收优惠。这些税收优惠可以提高员工的税后补贴现值,从而提高他们在有生之年的税后收入现值。员工持股计划的贡献金可以由其他合格的养老金计划的贡献金来代替,也可以由工人的工资代替。如果是由工资代替,那么贡献金及其相应的收入可以被视为退休收入,员工在得到这部分收入时,需要交税。但是,以工资代替贡献金可以增加参加者税后补偿金及其在有生之年的税后收入的现值。关于员工持股计划对员工补偿金的影响的研究是比较少的。

全美员工持股中心的一项对在 1988 年至 1989 年间实行员工持股计划的上市公司的研究发现,42 家公司中共有 22 家公司由于实行了员工持股计划,提高了公司向所有的福利计划缴纳的贡献金总额①。员工持股计划协会在 1989 年的调查发现,13% 的员工持股计划是由现存的员工福利计划转变或者终止后形成的②。通用会计办公室的报告表明,3% 的员工持股计划是以降低工人工资作为交换条件的。最后,迈克尔·康特的研究发现实行员工持股计划的企业工人的平均收入并不比没有实行该计划的相应企业工人的平均收入高出许多,这里的收入是指工资和其他员工福利的总和。

---

① 美国国家雇员持股中心,http//www. nceo. org/articles/statistical - profile-employee-ownership。

② 美国员工持股计划协会,http//www. esopassociation. org/explore/how - esops-work/learn-about-esops。

关于财富分配，人们认为，由于员工持股计划使参加者占有企业股份，因此，它可以使私人财富得到更加平等的分配。根据以上分析，公司的贡献金并不能一定代表税前员工补偿金的增加。但是，研究还认为，私人养老金计划可以增加私人储蓄的净值。因此，员工持股计划的参加人有能力积累更多的补偿金，同时使企业所有权的分配更加平等。另一方面，事实表明用以提高个人储蓄的税收优惠仅仅能起到一些作用。另外，企业股份只代表着一小部分的企业财富。

从以上对收入的影响可以看出员工持股计划对收入分配的影响是不确定的。这种影响与参加者的相对收入有关。如果员工持股计划的参加者是属于低收入人群，那么该计划有利于形成一个较为平等的收入分配结构。但是，如果员工持股计划的参加者属于较高收入的人群，那么该计划将导致更加不平等的收入分配结构。

三、员工持股计划对资源配置的影响

完全竞争可以最有效地配置资源（资本、劳动力、土地）。但是，实践中的许多市场都不是完全竞争的市场。在与竞争模式有所偏离的情况下，政府对私人市场的干预可以提高经济效率。

经济学家已经列举出了各种与完全竞争的模式偏离的情况。例如，在一定条件下，一些买方或卖方有能力影响商品的价格，一些公司或个人有可能有"市场权力"。某些商品的价格有可能不能反映生产这些商品的真正的社会成本，也许存在正的或负的"外在性"。在某些情况下，买方和卖方有可能没有足够的信息或

平等的获取信息的途径,帮助他们做出经济决策。例如,也许存在着"不完全"或"不对称"的信息。

完全竞争模式的一个潜在假定是,买方和卖方有获取信息的平等途径,且信息的获得只需要极少的成本。大多数实行员工持股的公司都是封闭型的公司。贷方需要花费相对高的成本才能了解到封闭型公司的资信可靠度。与贷方相比,工人更容易知道他们的公司,应该如何提高公司的经营。因此,免征员工持股计划贷款的利息收入税,可以被看作是对贷方为了获取实行杠杆型员工持股计划的封闭型公司的有关信息所花费的额外成本的一种粗略补偿。但是,这种税收优惠政策同样也适用于对上市公司的贷款。如果说贷方为了获取有关封闭型公司的信息需要付出额外的成本,那么没有必要给予上市公司同样的优惠。另外,如果免征利息税是为了补偿贷方为获取封闭型公司的有关信息所付出的额外成本,那么没有必要将此政策与员工持股联系起来①。在以上情况下,政府干预都可以提高经济效率。在员工持股计划中,效率问题是需要明确是否存在与竞争模式的偏离,从而才能评判政府对私人市场的干预。

四、员工持股计划对企业监督的影响

经济学中的"寻租现象"是指一部分人利用职权寻求其不应得的利益。在员工持股的企业中,由于员工在相当程度上是为自

---

① 〔美〕大卫·艾勒曼:《民主的公司制》,李大光译,新华出版社1998年版,第145页。

己工作,"寻租"的必要性降低了。因此对大多数员工而言,监督将日益成为多余。在雇佣制下的监督是企业所有者其代表人对员工监督,即少数人对多数人监督和自上而下的监督。其监督效率要大打折扣,而且易引起被监督者的反感,结果往往使监督流于形式。而在员工持股体制下的监督,是员工作为资产所有者的劳动者的相互监督,是多数人对多数人的监督或多数员工对少数产权代理人的监督,是平等的监督①。这种监督无时不在、无处不在,简便易行、能够防微杜渐,监督成本很低。而且,员工作为生产者和经营者,对企业的情况最了解,员工作为企业的所有权人的监督最不容易出错。

在雇佣制企业中,少数人的"寻租"并不当然地损害员工的利益,因而这种寻租往往得不到来自群众的监督。而员工持股的企业里员工整体股权面临的风险和享受的利益是一定的。若有人得到了不应得的利益,或逃避了应该承担的风险,则他人就会相应失去部分得益或者承担额外风险。这是任何一个员工都不愿也不甘面临的情景。出于利益自保的需要,全体员工都会瞪大眼睛,防范个别人寻租。

五、员工持股计划对交易费用的影响

深入研究可以发现,员工持股获得的剩余收入只是增长的效益,而不是既有的效益。如果企业效率没有增长,那么,分利或分

---

① 沈文玮:《经济民主视角下的混合所有制员工持股分析》,《现代经济探讨》2015 年第 5 期。

红都是减少的工资的转化；如果企业效率增长，分利或分红才能大于减少的工资，劳资双方收益才会同时增加；如果企业效率下降，那么分利或分红就会小于减少的工资，这样的结果是资方减少了损失，而劳方增加了损失。由此可以看到，员工持股的收益与企业的绩效息息相关，同时，员工还承担着负收益的风险。因此内部人做出的任何损害企业价值的行为，都会直接影响到内部人自身的利益，反映到个人账户上。由此可以看出，员工持股既强化了对个人的激励，又促使员工之间的相互监督。在此基础上，企业内部形成了对员工个人劳动的有效评价机制，使外部性较大程度地内在化。同时，员工持股作为一种现代企业的所有权制度的选择，其高效率必须在内部交易复杂程度升高时，其效率才能表现出来。当内部复杂交易开始后，专业化经济出现，专业知识会在内部人累积，因而形成了单边或双边、多边的信息垄断。假若具有私人信息的一方不能分享企业所有权，就很难有动力运用自己的累积知识。因为一般来说，在信息不对称的条件下，运用公开知识就已足以应付监督者了。因此只有采用了员工持股等共同治理契约，让具有私人信息的各方都参与决策，分享剩余，就使当事人把企业的生存和发展当作自己的事业，一荣俱荣，一衰俱衰①。这样，当事人在决策层相互交流信息，并逐步公开自己的累积知识，从而可以大大提高企业的效率。也就是说，以信息交流为纽带，培育一个利益相关者合作的氛围，既降低了交易费用，又可获取专业化经济。

---

① [美]奥利弗·E.威廉姆森、西德尼·G.温特：《企业的性质——起源、演变和发展》，姚海鑫、邢源源译，商务印书馆2010年版，第161页。

六、员工持股制度对其他方面的影响

实施员工持股计划的动因和背景,除了引入激励机制和改善员工福利的原因外,还存在以下几种情况。

1. 雇主出卖公司由员工贷款收购;

2. 公司有两个出资者,其中一个不愿继续经营,员工买下他们的股份;

3. 总公司(或母公司)要关闭一个公司(或子公司),由员工收购;

4. 公司为了防止被恶意收购,将部分股份卖给员工;

5. 公司濒临倒闭、破产,由员工收购股份;家族公司因无合适继承人把公司卖给员工。

第五节　美国西北航空公司员工持股计划案例①

一、美国西北航空公司简介

西北航空公司是美国第三大航空公司,总资产近 50 亿美元,员工 3 万多人,主要经营美国—日本航线。20 世纪 90 年代初,美国政府解除了对航空业的管制,放开价格,取消政府补贴,再加上航空公司增加过多,市场竞争激烈,油价上涨,航空业出现了普遍亏损的局面。1990—1993 年,亏损额超过了前 20 年美国航空业

---

① 美国国家雇员持股中心,http//www.nceo.org/articles/studies-employee-ownership-corporate-performance。

赢利的总和,其中西北航空公司是亏损最严重的企业。两个私营投资者于 1989 年收购该公司后在管理方面做了些改进,但到 1992 年仍亏损严重,资产负债率达到 100%。由于债务负担沉重,企业的净收入逐年下降,1993 年公司的净收入是 1.6 亿多美元,当年除正常成本、利息支出外,需偿还本金 3.3 亿美元。按照美国的法律,当企业处于资不抵债的状况时可以申请破产保护。但公司破产受以下两个主要因素的制约:一是宣布破产后,以公司净资产偿还债务,银行和其他债权人的利益要受到损失,一大批飞行员、技师和空姐要面临失业;二是西北航空公司的主要航线在亚洲国家,东方人对"破产"难以接受,大型企业破产在美国的影响也很大,从而申请破产保护会影响正常营业。

二、西北航空公司引入员工持股计划

为了通过重整来挽救企业,经股东、员工和银行之间的多次协商,最后达成了以下重整的协议:1. 四家大的债权人(原购买公司的股东、荷兰皇家公司、澳大利亚的持股人和银行)同意再贷款 2.5 亿美元给公司,贷款协议规定一年后偿还。2. 已欠的 2.67 亿美元债务延期一年支付。3. 7000 万美元的购物款停止支付一年。4. 取消已订物资的订单。然而,重整协议并没有使公司摆脱困境。据统计,1993 年 1 月公司负债仍高达 73.6 亿美元,其中银团长期贷款 12.90 亿美元,短期循环贷款 4.93 亿美元,政府特别贷款 2.50 亿美元,其他欠款 17.80 亿美元,飞机制造公司设备租赁款 9.23 亿美元。

为了避免公司破产、员工失业,企业的债权人、股东、员工代表

（飞行员、技师、空姐三个工会）经过激烈的谈判，在相互妥协的基础上达成了调整股权结构、实行员工持股、加强公司管理、挽救企业的协议。协议的核心内容是实行员工持股计划。具体做法是西北航空公司的员工以3年内自动降低工资的方式偿还公司债务，购买公司30%的股权。由于公司员工的收入差异很大，降低工资采取的是按比例降低工资的办法。具体比例是：年薪1.5万美元以下者不降低工资；年薪2万—2.5万美元者降低5%工资；年薪3万—4.5万美元者降低10%工资；年薪5万—8万美元者降低15%工资；年薪8万美元以上者降低20%工资。

员工持股后，西北航空公司的股权结构为：公司原来两个股东持股占32.5%；员工持股占30%；荷兰皇家公司及澳大利亚和美国的两个公司分别持有公司股份14%、8.8%、7%，合计持股占29.8%；银行持股占7.7%。在30%的员工持股中，飞行员持股占42.6%；技工持股占39%；空姐持股占9%；其他地勤人员持股占9.4%。在实行员工持股的谈判过程中，员工代表提出了两个条件：一是债权人重新确认还债年限，把还债高峰由1993年推移到1997年和2003年；二是2003年全部偿还债务后，如果员工想出卖股票，公司有义务从员工手中全部回购股票。

员工持有股份为特殊的优先股，每年的红利为5%。符合条件的员工股可由优先股转为普通股，并能在股市上自由转让。公司在2003年之前可随时收回员工股，但必须提前60—90天通知职工。员工股也有投票权，由托管机构代理行使投票权。西北航空公司的员工股托管机构每年向员工通报已拥有多少股份、股票市价多少。在每次召开股东大会前，托管机构把股东大会上要表决的问题发到员工手中,员工填好意见后交给托管机构,托管机构再按员工同意与不同意的比例在股东大会上投票。由于员工持股的比例较高,员工代表就直接进入公司董事会。该公司董事会由15人组成,其中员工董事3人,分别由飞行员工会、技师工会和空姐工会选举产生。

三、西北航空公司实行员工持股后取得了成效

实行员工持股后,公司迅速扭转了亏损局面,已成为股票上市公司,股票增值很快。根据之前的协定估算,股票增值到每股24美元时,员工即可收回减少的工资,现在每股已增值到37美元,持股的员工都大大增加了一笔收入。由于员工们将新增的收入继续购买本公司的股票,目前该公司的员工持股比例已占55%,成了一个典型的员工控股公司①。

---

① 美国国家雇员持股中心,http//www.nceo.org/articles/studies-employee-ownership-corporate-performance。

第三章 其他类型的员工
持股制度

股票期权制度作为员工持股制度的特殊形式,具有不同于一般员工持股制度的特点。美国是股票期权制度的发源地,同时也是迄今为止股票期权制度比较成功的国家①。本章主要研究美国常见的股票期权制度、经营者股票期权制度和经营者层融资收购。

第一节 美国企业员工股票期权计划

在股票期权兴起之初,股票期权主要是用来激励公司高层管理人员及关键员工的。随着经济全球一体化的进程、新技术的广泛运用以及新经济的发展,越来越多的美国公司的员工股票期权开始面向多数员工或全部员工,旨在使企业价值成为员工自我价

---

① 颜延:《美国股票期权会计的发展及对我国的启示》,《财经研究》2001年第7期。

值的一部分①。

一、股票期权计划的理论基础

员工股票期权是指公司给予员工在未来一定时间内以一定价格(这种价格是契约约定的,一般不低于赠予日的市价)购买一定数量公司股票的选择权②。由于股价与公司当前业绩与未来成长性之间存在高度相关,股票期权制度使员工的部分个人收益与公司综合价值呈正比。为了能够获得最大收益,员工不仅关心公司的现在,更要关心公司的未来。股票期权制度实现了股东与员工之间的利益捆绑,能够有效抵制员工的败德行为和机会主义倾向,被形象地称为"金手铐"③。

人力资本理论的广泛传播,为员工股票期权计划的发展奠定了基础。20 世纪 50 年代,美国一些经济学家在解释美国经济成长时,发现在考虑了物质和劳动力增长后,仍有很大一部分经济成长无法解释。舒尔茨、明塞尔(Jacob Mincer)及后来的贝克尔(Gary S.Becker)等人把这一无法解释的部分归功于人力资本的作用。舒尔茨和贝克尔还因此荣获了诺贝尔经济学奖。所谓人力资本,是指知识、技能、资历、经验和熟练程度、健康等的总称,代表人

---

① [美]国家员工所有权中心编:《股票期权的理论、设计与实践》,张志强译,上海远东出版社 2001 年版,第 71 页。

② [美]国家员工所有权中心编:《股票期权的理论、设计与实践》,张志强译,上海远东出版社 2001 年版,第 72 页。

③ [美]国家员工所有权中心编:《股票期权的理论、设计与实践》,张志强译,上海远东出版社 2001 年版,第 75 页。

的能力和素质。人力资本的最大特点是它依附于人的身上,如果不加以激励,就很难使其充分发挥作用①。股票期权是一种特殊的产权制度安排,只有人力资本发挥了作用,使企业价值增大,股票期权拥有者才可能获得较好的报酬。因此,股票期权计划在激励员工特别是关键员工方面效果明显。而且,员工、企业双方在授予和接收股票期权时成本较小,容易为双方接受。股票期权在科技创业类公司中备受欢迎。

二、股票期权计划的构成和类型

(一)员工股票期权计划构成

股票期权给予员工在未来确定的年份按照固定的价格购买一定数量公司股票的权利。固定的价格称为"授予"价格、"约定"价格或"执行"价格,通常是授予时的市场价格,有时也可能比市场价格略低。获得公司股票期权的员工希望公司股票升值,这样,通过执行期权,也就是说,以较低的价格购买公司的股票,然后,按照较高的市场价格出售股票而获利。公司可以对员工通过股票期权计划购买公司股票的权利的行使时间加以规定。这被称为"等待期"的规定,通常要求员工必须为公司连续工作一定的时间,在大多数情况下为 3—5 年。然后,在股票期权没有被取消的情况下,才能依据股票期权计划购买公司股票。只有等待期期满的股票期权才可以执行,这是通常的做法。在有些情况下,

---

① 〔美〕舒尔茨:《人力资本投资》,梁小民译,商务印书馆 2006 年版,第 86 页。

只有达到一定的财务目标,股票期权才能执行,这类期权被称为"业绩期权"。

(二)股票期权的类型

美国的员工股票期权有两种基本的类型:非标准股票期权和激励性股票期权。非标准股票期权是指那些不符合美国国内税收法规优惠规定的股票期权,因而不适用税收优惠待遇①。通常,在采用非标准股票期权的情况下,公司可以灵活的设计股票期权方案。可以根据各种需要,确定奖励员工的人数和范围以及奖励期权的数量和时间等等。非标准股票期权的约定价格通常采用授予期权时公司股票的市场价格。如果需要,约定价格也可以高于或低于授予时公司股票的市场价格。等待期为3—5年,3—5年后,可以一次性全部期满,也可以分几次完成。期权经常是每年授予,而每一次期权都从授予后开始计算等待期。股票期权在授予后如超过10年通常不再有效。有些公司将这一期限缩短到5—7年。员工可以用自己的现金或者某些非现金机制来购买相应的股票。在非标准股票期权计划中,对于执行日股票市场价格与期权的执行价格之间的"价差",员工要缴纳个人所得税②。公司可以依据这一数额获得税收扣除。如果员工执行期权后持有公司的股票,在未来卖出股票时,随后的收益将按照资本收益纳税。

---

① 美国国家雇员持股中心,http://www.nceo.org/articles/statistic.al-profile-employee-ownership。

② 美国国家雇员持股中心,http://www.nceo.org/articles/statistic.al-profile-employee-ownership。

（三）激励性股票期权可以享受税收优惠待遇

激励性股票期权是另一种类型的股票期权,它符合美国国内税收法规的优惠规定,可以享受税收优惠待遇①。一般来说,在实行激励性股票期权的情况下,员工可以作如下选择:

1. 推迟税收,从执行期权之日直到出售相应的股票之前,都可以不纳税。

2. 按照资本收益的税率纳税,而不是按照一般个人所得税率纳税,在满足股票持有要求的情况下,应纳税额按照股票市场价格与期权执行价格的差额计算。

享受激励性股票期权计划的待遇,必须满足以下几个条件:

（1）持有股票的时间必须是以下两者中更长的一个。期权执行之后至少一年;或者授予股票期权之后至少两年。

（2）在任何年份,只有不超过价值 10 万美元的股票期权可以期满执行。

（3）期权的执行价格必须至少等于期权授予时公司股票市场价格的 100%。

（4）只有公司的员工才可以享受激励性股票期权。

（5）股票期权的授予必须有经过股东批准的书面计划。

激励性股票期权如不符合以上所提条件,就会按非标准性股票期权对待。

（四）员工股票期权计划操作要点

股票期权计划是股权激励中最为普遍、最为综合的形式之

①　美国国家雇员持股中心,http://www.nceo.org/articles/statistic.al-profile-employee-ownership。

一。它涉及公司法、证券法、税务法等法律,并对公司财务、资本结构有着一定的影响,同时也是薪酬政策、建立员工所有权文化的重要部分。因此大多数美国公司在设计股票期权计划时都通常制定出合格的计划文件①。并向法律顾问、财务专业人员、有关方面的专家咨询,以确定股票期权计划的结构与具体的条件和条款。一般来说,员工股票期权计划的操作应考虑如下几种因素:

1. 股票期权授予资格与数量是个首先要解决的问题。哪些人应该得到期权?期权授予的总量与每个人的数量应该是多少?期权授予的频率以及授予的时间应该如何?等等。在美国企业的实践中,这些基本的问题通常都是需要董事会来决定的,有时需要股东大会批准。在这方面要遵守有关法律如证券法、公司法等等。一般来讲,公司在决定股票期权授予的资格和额度时,有四种做法:给予所有员工、给予一定级别以上的员工、给予关键员工、按照一定的业绩标准获得股票期权的资格。

2. 股票期权的等待期与有效期。员工获得股票期权授予后,要经过一定的时间才能获得执行其股票期权或购买相应的期权股票的权利,这个过程叫作"等待期"。等待期往往从股票期权授予之日算起,当然也有从员工进入公司开始的。等待期设计要综合考虑各种因素,以达到最优的激励效果。在美国,等待期大多是3—5年。在等待期中,有的公司是采用逐步到期的办法,比如,某

---

① 王长安:《经营者股票期权问题讨论综述》,《经济理论与经济管理》2001 年第 7 期。

一员工获得 100 份期权。4 年内每年获得行权份额 25%。也有的公司采取 4 年后,一次性获得 100 份期权。在授予股票期权时,还应在协议中说明购买相应期权股票权利的有效期。股票期权必须在这个期限内执行,这个期限就是有效期。一般来说,从期权授予之日算起,期权的有效期都在 5—10 年的时间。一旦股票期权有效期到期,员工就不能再购买期权股票①。

3. 股票期权的执行。为有效管理员工股票期权计划,美国许多公司都制定了正式的政策和规定,以便规范员工执行其股票期权。一般来讲,要求员工在执行其股票期权时,要向公司提供书面的通知,以表明自己的执行意向。购买期权股票的支付方式有很多。包括现金执行;股票互换;经纪人同日销售执行等。最常见的是现金执行。至于股票的来源,执行股票期权,可以是库存股票,公司回购股票,或新发行股票等等。美国证券法在这方面给予企业较大的选择权②。

4. 期权的授予价格。大多数上市公司一般是按照授予日股票的开盘价或收盘价来确定,或授予日前几天的平均股价来确定。如果不是上市公司,那么期权的授予价格将由某种方式决定,通常是由中介机构的金融分析师给出,当期权股票出售时也以此种方式决定。当然,也有高于或低于授予日股票价格的,但要遵守有关规定。在特殊的情况下,有的公司还会调整授予价格。

---

① ［美］国家员工所有权中心编:《股票期权的理论、设计与实践》,张志强译,上海远东出版社 2001 年版,第 87 页。

② ［美］国家员工所有权中心编:《股票期权的理论、设计与实践》,张志强译,上海远东出版社 2001 年版,第 89 页。

三、员工股票期权计划的目的与用途

美国企业的股票期权计划发展到今天,已经由当初单纯授予企业最高层领导人,发展到所有经理层及关键员工,乃至所有员工。实行员工股票期权计划的目的与用途也与当初有很大不同。但无论怎样,实行股票期权向员工授予股票期权是希望将员工的利益与公司的经营状况紧密地联系起来。概括起来看,实行员工股票期权计划的目的与用途主要有以下几种。

(一)新型的报酬激励工具

传统上,企业的薪酬可分为四大部分,即工资、奖金、福利、特别奖励,或者表述为固定报酬部分、福利报酬部分、变动报酬部分、利润分享部分等。当然,这种分法不算太科学,其中不免有交叉,但我们可以从中看出一些大概来。股票期权之所以成为新型的报酬激励工具,是因为它很难归于以上几个部分。从它的产生与发展来看,它的应用只不过有几十年的历史,与上述报酬形式相比,要年轻得多。从它的操作层面上看,更加灵活多样,对企业及员工都比较适合。

(二)创造所有权文化

在美国,许多公司已逐渐认识到,创造一种所有权文化,即企业的员工要形成一种所有者的意识,像所有者一样工作和思索。员工股票期权无疑是形成所有权文化的一个有效工具。如果形成这样一种文化,将对企业的发展壮大、增强竞争力十分有帮助。从已有的研究成果来看,单纯的股票期权计划是难以形成所有权文化的,它必须与参与式管理紧密结合,才能真正创造出所有权文化[1]。

---

① 陈清泰、吴敬琏主编:《塑造企业所有权文化》,中国财经经济出版社 2001 年版,第 56 页。

（三）留住、吸引人才

在当今股票期权流行时期,不提供此类报酬激励,已难以留住、吸引人才了。尤其是在高科技公司中,这种情况更是如此。一方面,公司处于创业发展之中,资金短缺,不可能拿出很多的资金吸引人才,而公司又确实需要优秀的人才。股票期权提供了一个很好的解决方案,授予这些人才大量的股票期权,意味着以未来可能的较大利益吸引他们,并与他们共担经营风险①。另一方面,从员工的角度来讲,虽然暂时得不到较高的报酬,但因为拥有大量的股票期权,一旦公司发展起来,成为上市公司,往往手中的股票会价值不菲,从而获得巨大利益。

（四）与其他股权激励比较有明显的优势

首先,与员工持股计划比较,他没有要求相应的法律手续。在股权分配上,也有极大的灵活性,可以对关键员工实施重点激励而不受限制。其次,从公司的角度来看,它的成本被延缓到未来的某一时期。因此对发展中的公司、对创业类企业具有极大的吸引力。

四、股票期权的衍生产品

股票期权计划从其起源来讲,主要是针对高级管理人员的。但是自 20 世纪 80 年代后期以来,股票期权计划的范围呈逐渐扩大到全体员工的趋势。在高技术行业中,这种情况更加明显,比如

---

① 美国国家雇员持股中心,http://www.nceo.org/articles/statistic.al-profile-employee-ownership。

在生物技术和软件公司中,给非经营者员工的股票期权比例平均为55%①。著名的微软公司、Yahoo公司和American Online公司就实行全员股票期权计划②。此外,除了以上方式之外,还有一些其他长期激励方式,也可以说是股票期权的衍生产品,作为员工持股制度的特殊形式。

（一）储蓄股票参与计划

该计划的适用范围往往不限于公司的高级管理人员,公司正式员工都可以参加。其目的是吸引和留住高素质的人才并向所有的员工提供分享公司潜在收益的机会。

这种计划方式允许员工一年两次以低于市场价的价格购买本公司的股票。实施过程首先要求员工将每月基本工资的一定比例放入公司为员工设立的储蓄账户。一般公司规定的比例是税前工资额2%—10%,少数公司规定最高可达20%③。

与股票期权计划相比,储蓄股票参与计划的各方面特征都更像是一个储蓄计划,激励作用较小。股票期权计划是股价上扬时赢利,股价不变或下跌时没有收益;储蓄股票参与计划则是不论股价上涨还是下跌,至少有15%的收益,当股价上涨时赢利更多④。

---

① 美国国家雇员持股中心,http://www.nceo.org/articles/statistic.al-profile-employee-ownership。

② 美国国家雇员持股中心,http://www.nceo.org/articles/statistic.al-profile-employee-ownership。

③ 颜延:《美国股票期权会计的发展及对我国的启示》,《财经研究》2001年第7期。

④ 美国国家雇员持股中心,http://www.nceo.org/articles/statistic.al-profile-employee-ownership。

（二）股票持有计划

这种计划具体操作过程是,公司每年由薪酬委员会决定无偿赠予高级管理人员的股票数量,然后通过证券商从市场上购买本公司的股票,存入信托公司或者公司的留存股票账户。高级管理人员只有在退休或离职时才能获得这些股票的支配权。其显著特点是,参加股票持有计划的高级管理人员在股票升值时可以收益,在股票贬值时则受到损失。到了20世纪90年代,越来越多的公司开始使用股票期权计划来代替股票持有计划。但是,仍有一些大公司规定高级管理人员必须持有一定数量的本公司股票。以通用汽车公司为例,该公司规定:董事长需持有基本工资3.5倍价值的本公司股票。总裁、董事会其他成员需持有基本工资2.5倍价值的本公司股票①。

（三）特定目标长期激励计划

美国公司常采用的长期激励中,还有一类特定目标长期激励计划。这种计划较为常用的方法是特定目标奖金。与年度奖金相同,特定目标奖金也是一年一评,但是评定标准是前3—15年内公司战略计划既定的长期目标的实施情况。该奖金一般以现金计量,但是可能有的公司以现金支付,有的公司以股票支付。通用汽车公司在1997年设立了一次性的以净资产收益率为目标的激励计划,如果计划开始时3年内,通用汽车公司的净资产收益率达到12.5%,2000年12月31日公司将向相关高级管理人员赠予计划

---

① 美国国家雇员持股中心,http://www.nceo.org/articles/statistic.al-profile-employee-ownership。

中既定数量的公司股票。如果该目标没有达到,该计划在 2000 年 12 月 31 日自动失效①。

第二节　经营者股票期权制度

经营者股票期权制度是用来激励公司高层领导者或核心人员的一种制度安排。在其实施过程中,一般包含受益人、有效期、购买额、期权实施等几个基本要素②。经营者股票期权一直没有具有权威和非常统一的概念定义。但是,各种概念定义的内容基本上还是一致的。参考一些通用的概念和定义,所谓经营者股票期权(Executive Stock Options)是指授予经营者未来以一定的价格购买股票的选择权,即在签订合同时向经营者提供一种在一定期限内按照某一既定价格购买一定数量本公司股份的权利。在行权前,经营者股票期权持有者没有收益。在行权后,经营者股票期权持有者获得潜在收益(股市价与行权价之差),从而把未来收益与企业发展和股市紧密结合起来,这是比现金方式的奖励有更大激励作用的制度。经营者股票期权制度受益人一般是董事会的董事长、公司总裁及一些高层管理人员,再加上那些具有特殊作用的技术科研人员。有效期一般定为 3—10 年。购买额是指期权受益

---

① 美国国家雇员持股中心,http://www. nceo. org/articles/statistic. al-profile-employee-ownership。

② [美]国家员工所有权中心编:《股票期权的理论、设计与实践》,张志强译,上海远东出版社 2001 年版,第 91 页。

人根据契约可以购买股份的多少。根据企业规模大小,期权的数量也有所不同。一般而言,占总股本较小的比例,在 1%—10% 之间①。

一、经营者股票期权制度的理论基础

随着现代企业制度的逐步建立与完善,企业经营者决定了企业的经营管理水平,直接影响着企业的生存与发展。搞好企业,经营者是关键,股票期权制度作为对企业经营者的一种激励机制,对企业组织理论及企业的内部组织结构产生了深远影响。

对企业经营而言,由于委托人与代理人(即所有者和经营者)目标函数的不完全一致,代理人可能利用委托人的授权从事损害委托人利益的活动,而股票期权制度的实施,使经营者对个人效用的追求转化为对企业利润最大化的追求,从而两者目标函数趋于一致,无疑极大地促进了委托代理问题的解决②。传统薪酬制度经营者的收入与企业价值相关性较小,而与企业当期利润关联较大。如不存在长期激励,经营者通常不能从公司的长期发展中获取收益。而在经营者持股制度下,经营者往往以较优惠的价格拥有公司的股权,从而能够享受公司价值增值所带来的利益增长,同时也承担相应的风险。在经营者看来,最重要的不是已经实现的收益,而是他们持有的股权的潜在收益,从而达到经营者追求目标

---

① [美]国家员工所有权中心编:《股票期权的理论、设计与实践》,张志强译,上海远东出版社 2001 年版,第 92 页。
② [美]奥利弗·E.威廉姆森、西德尼·G.温特:《企业的性质——起源、演变和发展》,姚海鑫、邢源源译,商务印书馆 2010 年版,第 171 页。

的长期化。

新制度经济学中的产权理论,主要是关于产权的属性、产权的功能、产权的起源、产权的类型以及产权与经济效率的理论。产权理论的基本观点:1.商品或生产要素的交易是一组权利束的交换;2.产权制度是经济运行的根本基础,它决定了组织的类型和形式,也决定了经济效率的高低;3.产权制度对经济增长特别是技术进步产生重要的影响,而技术进步又是引起产权制度变革的基本原因;4.私有产权与政府干预都是可供选择的产权制度,选择的标准取决于能否使交易费用降到最低;5.通过产权学习,一个私有产权制度会产生出非常复杂、合作效率极高的组织,所以私有产权的明确界定为有效地寻找最优体制奠定了制度基础①。

产权的功能主要有两个。其一,产权是社会工具,其重要性就在于它事实上就能帮助一个人形成他与其他人进行交易时的合理预期。企业可以理解为一定法律形式所保护的契约中的一种特殊形态。其二,产权是激励机制,即产权是引导人们实现外部性内部化的激励机制。产权制度产生激励的动力表现为外部性内部化的收益大于成本时,内部化就会产生②。

科斯第一定理的基本思想是:在交易费用为零的情况下,产权不论如何界定,通过市场交易所达成的资源配置都是最优的。科斯第二定理的基本思想是:在交易费用为正值的情况下,不同权利

---

① [美]奥利弗·E.威廉姆森、西德尼·G.温特:《企业的性质——起源、演变和发展》,姚海鑫、邢源源译,商务印书馆2010年版,第275页。
② [美]奥利弗·E.威廉姆森、西德尼·G.温特:《企业的性质——起源、演变和发展》,姚海鑫、邢源源译,商务印书馆2010年版,第172页。

的安排会产生不同的效率。产权的制度安排的主要形式之一就是,企业是代替市场节省交易成本的一种形式。在企业内部,由于行政命令代替了市场交易,生产要素不同组合中的讨价还价被取消,因此会带来交易成本的节省。科斯定理的重要意义之一,在于它揭示了产权制度安排、交易费用与资源配置效率之间的关系①。从科斯定理中,我们可以推论出,不同的产权安排决定于交易费用的大小,因此可以根据交易费用的大小来选择特定的产权安排。产权制度选择的标准就是使交易费用降到最低,这也是一种组织形式得以生存的选择标准。

西方产权理论可以用来分析企业的产权结构与企业行为的关系。产权理论认为,现代公司的行为目标是追求适度利润。股份公司产权结构变化使得其股东(所有者)不能直接控制公司的行为目标,而公司高层管理者(经营者)的决策对公司的目标影响更大。导致产权结构如此变化的根本原因是大规模生产活动所引起的资本规模和交易成本的变化②。所有权的分散使股东直接经营公司的交易成本变得很高,由此出现了职业经理人和经理人市场。但这样也会产生此类问题,如果让经理控制公司,股东的利润最大化目标将受到损失,而如果让股东直接管理,交易成本又非常高。解决这一问题的原则是:如果利润损失小于交易成本则采取两权分离的形式,即让经理直接管理;反之,使用股东直接经营的形式。

---

① [美]奥利弗·E.威廉姆森、西德尼·G.温特:《企业的性质——起源、演变和发展》,姚海鑫、邢源源译,商务印书馆2010年版,第177页。
② [美]奥利弗·E.威廉姆森、西德尼·G.温特:《企业的性质——起源、演变和发展》,姚海鑫、邢源源译,商务印书馆2010年版,第191页。

所以,现代公司产权结构的一个重要特点就是在所有权分离基础上的两权分离,这一特点要求加强对经营者的行为进行激励和约束①。

二、经营者股票期权的产生与发展

经营者和股东实际上是一个委托代理的关系,股东委托经营者经营管理资产。而事实上由于股东和经营者追求的目标是不一致的,股东希望其持有的股权价值最大化,经营者则希望自身效用最大化。信息不对称,股东和经营者之间的契约不完备,因此股东和经营者之间存在"道德风险",需要依赖经营者"道德自律"之外的制度来激励和约束其行为。经营者股票期权就是一种激励企业高层领导者的制度安排。

自 20 世纪 80 年代以来,美国大力推行包括股票期权在内的经营者长期激励方式,使公司经理人员的收入水平,通过股票期权等形式与公司的长期效益相结合。在公司以股权方式激励的机制中,出现了针对公司高级管理人员的股票期权,并越来越受到重视。到 90 年代,股票期权在公司高级管理人员收入中,所占比例已达到 20% — 30%。据美国《财富》杂志对排名前 1000 家的美国公司的统计,现已有 90% 的公司实行了这一制度②。美国有一半左右的上市公司都采用了这项制度作为激励机制,并在税法和证

---

① 黄再胜:《西方企业激励理论的最新发展》,《外国经济与管理》2004 年第 1 期。
② 黄再胜:《西方企业激励理论的最新发展》,《外国经济与管理》2004 年第 1 期。

券法中给予确定,具有法律效应①。

三、经营者股票期权的作用与特点

在不同的激励方式中,工资主要根据经营者的资历条件和公司情况预先确定,在一定时期内相对稳定,因此与公司的业绩的关系并不非常密切。奖金一般以财务指标的考核来确定经营者的收入,因此与公司的短期业绩表现关系密切。但与公司的长期价值关系不明显,经营者有可能为了短期的财务指标而牺牲公司的长期利益。但是从股东投资角度来说,他关心的是公司长期价值的增加。尤其是对于成长型的公司来说,经营者的价值更多地在于实现公司长期价值的增加,而不仅仅是短期财务指标的实现。为了使经营者关心股东利益,需要使经营者和股东的利益追求尽可能趋于一致。对此,股权激励是一个较好的解决方案。通过使经营者在一定时期内持有股权,享受股权的增值收益,并在一定程度上承担风险,可以使经营者在经营过程中更多地关心公司的长期价值。股权激励对防止经营者的短期行为,引导其长期行为具有较好的激励和约束作用。

(一)理顺了三种关系

1. 理顺了公司高级管理人员与股东之间的委托代理关系。一方面可以使公司可持续发展,提高公司业绩,实现了利益最大化;另一方面给予高级管理人员预期的利益分配,形成共同的利益

---

① 黄再胜:《西方企业激励理论的最新发展》,《外国经济与管理》2004 年第 1 期。

取向。

2. 理顺了对称的收益与风险关系。公司高级管理人员在经营管理中更具有风险意识,防止企业在重大经营过程中倒闭破产,否则本人也血本无归。

3. 理顺了个人收益与资本市场的关系。由于经营者股票期权最终是在股市中套现,而在正常的宏观环境下,股价又能够比较客观地反映公司经营业绩。因此,企业高级管理人员,在任期和行权期内比较重视优化决策,减少短期行为,提高效率和创新。这种行为对公司业绩有正面作用,从而使激励显效,部分解决"64 岁问题"(国外是 65 岁退休)。

(二)经营者股票期权的几个显著特点

1. 它是一种权利,而无义务的成分。如果说有的话,那也是受益人内心发出的。它首先来源于其本人对公司的忠诚,股票期权是公司所有者赋予经营管理人员的一种特权,在期权有效期内,期权拥有者可根据自己的意愿选择决定是否购买,即行使期权(以下简称行权),公司不得进行任何强行干预。

2. 股票期权是一种未来概念,其价值只有经过经营者若干努力,企业得以发展,每股净资产提高,股票市价上涨,后期价值才真正体现出来,期权受益人才获得收益。

3. 激励与约束并存。经营者股票期权的激励逻辑是:提供期权激励—经营者努力工作—实现企业价值最大化—企业股价上升—经营者行使期权获得收益。这个过程充分体现了激励的一面。反过来看,经营者如果不努力工作,致使企业股价下跌,经营者的利益就受损。经营者股票期权也约束了经营者本人。

4.收益与风险并存。期权拥有者的收益来源于对企业未来的预期。然而,未来是不确定的,企业的未来受许多不确定因素的影响。很明显,未来的不确定使得企业可好可坏,期权拥有者也就有可能获得收益,同时也承担着风险。

(三)股票期权本身也存在明显的弊端

1.实践中,公司股价与公司长期价值并不一定完全一致,两者的相关性取决于市场的有效程度。因此,经营者为了个人利益,追求较高投资回报率,可能会过于注重短期效益,造成短期行为。在股权激励中,经营者关心的是其股票出售的价格而不是公司长期价值本身。由于激励成本的限制和经营者投资能力的限制,经营者持有股份的数量是有限的,经营者持股时间也是有限的,这些都制约了股权激励的效果。股权激励中,经营者的收入与股权的价值变动有关,而股权价值的变动不仅仅取决于经营者本身努力,同时还受到经济景气、行业发展等因素的影响。国外已经有人对经营者因经济景气而获得的巨额股权增值收益提出质疑。

2.由于经营者持股拥有所有权,其持股比例如果过大,可能会违反两权分离的原则。例如,如果经营者为了增加利润、扩大分红,确保其个人的投资收益,有可能出现经营者采取牺牲所有者或职工利益的行为,如压低职工工资等。

四、经营者股票期权的类型

(一)经营者股票期权的主要类型

经营者股票期权作为一种长期激励方案,与工资、福利、津贴等短期激励方案,共同组成使经营者利益与股东利益一致的经营

103

者报酬一体方案。根据西方国家的实践,比较成形的主要有如下几种情况:

1.经营者股票期权及其变种。经营者股票期权通常规定,给予公司内以首席执行官为首的高级管理阶层按某一固定价格(通常是现在的市场价)购买本公司普通股的权力。而且,这些经营者有权在一定时期后将所购入的股票在市场上出售,但期权本身不可转让。经营者股票期权通常是只给予经营者享受公司股票增值所带来的利益增长权。并且,这些利益增长是经营者努力产生的。在期权激励中,当股权贬值时,经营者可以放弃期权,从而避免承担股权贬值的风险①。经营者股票期权不涉及现金成本,大部分的上市公司都对广大员工给予期权奖励,包括大部分高级和中级的管理人员。然而,这些计划对于高级管理层以下职员的激励作用不是十分有效,因为低层职员对公司股票价值的影响力不是很大。

2.股票增值权是基本的股票期权的变种。股票增值权是指给予高级管理人员这样一种权利,高级管理人员可以获得规定时间内规定数量的股票股价上升所带来的收益,但是他们没有对这些股票的所有权②。例如,某个经营者拥有某公司 1 万股股票增值权。在获得该股票增值权 6 个月内,其差价收益达到每股 25 美元。这时,公司可以选择付给该经营者 25 万美元现金,这样该经

---

① [美]国家员工所有权中心编:《股票期权的理论、设计与实践》,张志强译,上海远东出版社 2001 年版,第 95 页。

② [美]国家员工所有权中心编:《股票期权的理论、设计与实践》,张志强译,上海远东出版社 2001 年版,第 112 页。

营者便无须行使增值权。

3. 虚拟股票计划。公司给予高级人员一定数量的虚拟股票，对于这些虚拟股票，高级管理人员没有所有权，但是享有股票股价上升所带来的收益，以及享有分红的权利①。

上述办法的本质是一样的，都是在有授予高级管理人员股票的情况下，将他们的收益和公司的股票股价的上升联系起来。区别在于虚拟股票计划可以享受分红。与其他以股权为基础的管理层激励方案不同，虚拟股票计划与股票增值权不要求公司扩充资本发行实际股票，而其他如经营者股票期权则是这样要求的。

（二）现股及其变种

现股即通过公司奖励或参照股权当前市场价值向经营者出售的方式，使经营者即时地直接获得股权。同时规定经营者在一定时期内必须持有股票，不得出售。这种工具通常在一些特殊情况下如公司创建时或公司要改变业务时才使用。这时，公司授予经营者的期权不仅是无条件或无限制的，而且是免费的。

股票赠予通常又分为限制性股票赠予和延迟性股票赠予。限制性股票赠予是专门为某一特定计划而设计的激励机制。所谓限制性股票是指高级管理人员出售这种股票的权利受到限制，只有规定的特定情况下才能出售②。通常的限制是时间，它规定经营者免费获得限制性股票赠予，但是在一个指定时间内，经营者不得

---

① ［美］国家员工所有权中心编：《股票期权的理论、设计与实践》，张志强译，上海远东出版社 2001 年版，第 117 页。

② 黄再胜：《西方企业激励理论的最新发展》，《外国经济与管理》2004 年第 1 期。

支配这些股票。如果在此限制期内,经营者辞职、被辞退或因其他原因离开公司,那么他将丧失这些股票;一旦限制期满,经营者没有离开公司,那他可以自由处理这些股票。在限制内,拥有限制性股票赠予的经营者和其他股东一样可获得股息,可行使表决权,这种工具的目的在于留住经营者。延迟性股票赠予实际上属于限制性股票赠予的变通形式。经营者只有在公司工作一段时期后,才可以免费获得一定数量的股票①。

此外,绩效股与绩效单位赠予是在股票赠予基础上进行了改进。在这种工具下,为了获得一定数额的免费股票,经营者不仅要在公司工作满一段时间,而且在期满后,公司在某个或数个业绩指标(一般是预先指定)如平均每股收益增长应达到一定比例。绩效单位实际上是一种承诺,通常事先设定某一个或数个绩效指标,规定在一个较长的时期(绩效期)内,如果经营者能使这些绩效指标呈一定比例增长,则绩效期满,经营者可获得一定数额的现金。绩效单位在授予前预先设定了每个绩效单位的价值(如每个绩效单位60美元)。在这种工具下,经营者的收益完全不受股市影响。绩效期满业绩出色,经营者所得也越多,而不论此时期股价是涨、是跌或不变。同时,由于涉及现金,公司支付绩效单位的费用也要从利润中提取。但是与绩效股相比,其最大可能支出在授予绩效单位前是可知的。

赠予标准主要是有以下几种:

① 黄再胜:《西方企业激励理论的最新发展》,《外国经济与管理》2004年第1期。

1. 职务。根据职务高低来进行股票期权的赠予。这是一种比较普遍的赠予方式。职务在组织中常常体现为对组织的责任。职务越高,相应的所承担的责任也越大,对组织成功贡献也越大。优点在于能够比较好地按照员工对组织的贡献程度、对公司业绩的最终影响程度来确定员工的赠予额度,在一般情况下,能够为员工所接受。其缺点为难于确定在不同职务之间的相对差别。

2. 业绩。按业绩赠予是用员工过去或当期已经实现的业绩来作为标准赠予股票期权,来期待未来的较高业绩。优点在于支持和鼓励了组织成功的因素,对提高和改善组织业绩具有非常积极的直接作用。缺点在于对于不同类型的岗位的业绩评价比较困难。

3. 能力。按照能力来进行股票期权的赠予就是采用员工的从业能力来作为赠予的标准。优点在于其符合公司设立股票期权计划的初衷,有利于员工的潜能转化为显能,有助于提高组织未来的业绩。其缺点在于对于能力的度量在目前的条件下比较困难,主观性较强。

综合以上的分析讨论,以上的赠予标准各有其使用条件和优缺点。在实践中,常常是几个因素共同决定赠予标准。

第三节　经营者层融资收购

经营者层融资收购(Management Buy Out,MBO)是杠杆收购(Leveraged Buy Out,LBO)的一种特殊形式。所谓杠杆收购就是一种通过借债所融资本购买公司股票(股权)来改变公司所有者结构、相应的控制权格局及资本结构的金融工具①。杠杆收购的主体一般可以分为三种:一是战略投资人,他们收购一家公司往往是从公司的整体战略出发,为其业务发展的总体布局服务;二是金融投资人(包括风险投资人),他们收购公司的目的是通过整合后卖出,从而获取差价收益;三是公司的管理层,他们通过收购其所在的公司来达到控制公司,从而解决其内在激励问题的目的。而当杠杆收购的主体是公司的管理层时,杠杆收购就变成了经营者层融资收购②。

一、西方经典经营者层融资收购的理论基础

委托代理理论认为,在公司所有权和经营权相互分离的情况下,由于经营者个人私利和道德风险还客观存在,经营者个人的目标函数和企业的目标函数就不可能完全一致,于是经营者就会利用制度设计中信息不对称这一缺陷去谋取个人私利,这就是所谓的机会主义行为。在一般情况下,经营者的这一机会主义行为和股东的利益是背道而驰的,或者说经营者是在损害股东利益(公司价值)的基础上实行其个人福利的,股东利益的这种受损就是经济学家们常说的"代理成本"。

"代理成本"在现代公司制企业中是客观存在的。比如说,经

① [美]国家员工所有权中心编:《股票期权的理论、设计与实践》,张志强译,上海远东出版社2001年版,第166页。

② [美]国家员工所有权中心编:《股票期权的理论、设计与实践》,张志强译,上海远东出版社2001年版,第99页。

营者为了满足个人不断膨胀的控制权欲望,可能会促使公司通过大量举债来完成某一项收购。而这一收购在商业上的价值并不大,相反会使公司因背上沉重的债务负担而面临庞大的固定开支,财务状况开始恶化,明显构成了对股东利益的损害。再比如说,经营者为了个人的荣耀,可能会在办公室装修、公务用车等方面都支出很大,而这并不是股东所需要的。代理成本还常常表现在公司的投资行为中。在某些情况下,当一项投资行为会在短期内给公司的业绩表现造成不利影响时,经营者为了获得短期业绩奖励,可能就会设法加以阻止。如某一投资项目完工投产初期,会增加公司的折旧等固定费用支出,而产出规模还不足以弥补固定支出时,就会使公司的短期盈利下降。但从长期看,随着产出的增加,单位产出的固定费用下降,盈利就会增加。

当然,股东可以通过一定的控制权分配和激励安排以及外部市场竞争来尽可能降低代理成本。但理论和实践表明,只要现代公司制下的委托代理模式维持不变,代理成本就不可能完全消除。从理论上讲,只有当所有者和经营者合二为一时,代理成本才会消失。而经营者层融资收购恰好就是实现"所有者和经营者合二为一"的一条有效途径。①

在西方经典的经营者层融资收购中,经营者层融资收购本公司的原因除了满足其控制欲望或个人自由方面的愿望外,更重要的一条是管理层感到公司实际价值事实上要高出市场估值很多。

---

① [美]奥利弗·E.威廉姆森、西德尼·G.温特:《企业的性质——起源、演变和发展》,姚海鑫、邢源源译,商务印书馆 2010 年版,第 191 页。

或者说,站在管理层的角度,他认为一旦完成收购,公司还有很大的成本削减潜力,从而可以增进盈利并提升公司价值。因此,公司价值是否有大幅提升的可能,应该是进行经营者层融资收购决策的一条最基本的商业原则,否则收购必败无疑。

二、经营者层融资收购的产生与发展

经营者层融资收购产生于20世纪70年代,并与股票市场的涨跌起伏有着非常密切的关系。20世纪60年代,以美国为代表的西方股市非常活跃,各公司股价在二级市场表现十分强劲,市场扩容速度很快,许多私人公司借此乘机上市,迅速成长为较具规模的公众公司。大规模扩容致使证券市场上各种公司鱼龙混杂,不少公司的股价表现并没有业绩支撑,泡沫程度很高。到了70年代,受经济危机和其他因素的影响,这种泡沫性股市迅速回落,市场平均市盈率由原来上百倍、几十倍下降到了几倍,相当一部分公司,包括那些有业绩支撑的公司的股票市值已经严重偏低于公司的实体价值。在这种情况下,一些战略投资人和金融投资人看到了低成本扩张或迅速增值的机会,于是掀起了杠杆收购的浪潮。这时,管理层也加入进来,通过举债融资来收购其所在的公司,经营者层融资收购由此产生①。

三、经营者层融资收购的程序和内容

经营者层融资收购和战略收购、金融收购一样,也是一项复

---

① 黄再胜:《西方企业激励理论的最新发展》,《外国经济与管理》2004年第1期。

杂的系统工程。一项成功的经营者层收购往往涉及许多具体的工作和技术环节,同时也需要包括买卖双方在内的多家当事人的参与。

（一）经营者层融资收购的程序

经营者层融资收购的程序包括收购准备、收购谈判与交易设计和收购后的整合三个阶段。

1. 收购准备。收购准备是经营者层融资收购的开始。在这一阶段经营者层首先要对自己的收购动机进行衡量,分清自己是出于对公司增值潜力的信心还是出于保住自己职位的需要。避免感情用事,一定要在商业价值下做出合理的判断。明确了收购动机并对收购的商业价值做了初步的评估之后,这时经营者层便可设立专门的收购小组,在专门顾问的帮助下发出收购要约（the offer letter）。

2. 收购谈判与交易设计。在这一阶段的工作包括:

（1）尽职调查与评价（具体包括业务调查、评价与公司战略规划及前景判断,财务调查、评价、情景分析,法律调查、法律障碍的认定及消除途径和治理结构调查与改善途径）。

（2）公司估值、确定收购方案,寻找投资人以及与卖方谈判确定最终收购价。

（3）收购方设立新公司。

（4）安排融资,收购支付与交易完成。

3. 收购后的整合。具体涉及三项内容:

（1）资产重组、现金回收与债务清偿。

（2）公司发展战略与业务重组。

（3）组织运行机制再造、制度建设、人事调整与财务控制。

（二）经营者层融资收购的参加者

在经营者层融资收购中，经营者层（the management）无疑处于主动地位，其收购动机对于收购的成败就显得非常关键。经营者层的收购动机通常有很多种，如为了控制他们自身的命运或为了从团体所有人的束缚和官僚限制中获得自由，或为了保存他们自己及其下属的工作需要等。但从一项收购的商业价值上讲，这些都并不十分的重要，重要的是经营者层应该清楚地看到，收购完成后被收购企业是否有提升价值的潜力。这种潜力可能来自两个主要方面：一是被明显低估的公司现有价值。经营者层最清楚公司能值多少钱。当一个公司市场价值低于经营者层对其估值时，经营者层便可能倾向于收购它。有的还会打算通过剥离、重组和一段时间的经营后再次上市，以求得尽可能高的市场价值。这就是为什么股市低迷时经营者层收购会集中出现的原因。二是公司有较大的成本费用削减空间。一般来说，为了说服股权持有者卖出股票，经营者层必须能在现有的市场价之上提供一个溢价，这就要求公司在私人化之后得到更大的赢利。经营者层对此是心里有数的，因为作为公司内部人，他们掌握着大量公司内部信息，他们清楚地知道公司通过成本削减等方式带来的成长空间有多大。当成本削减空间足以弥补收购溢价并能进一步获得盈利时，经营者层收购才会变得划算。

除了收购行为本身的商业价值外，经营者层本身的素质在收购中也显得非常重要。西方国家的实践证明，一般来说，经营者层的下列品质往往是获得有关各方支持、实现成功收购的重要因素。

1. 对新公司有高度的责任感；

2. 有很强的企业家特质(如决断力等)；

3. 有信心、有能力控制企业,并能在缺少各团体交互服务的援助时,仍使企业运行良好；

4. 能独立承担风险,不会在决策时受逆向效应的影响；

5. 有力量妥善处理协商过程中的受挫或成功；

6. 管理层人员少,能迅速做出决策；

7. 得到来自家庭的强有力支持。

总的来说,经营者层在收购过程中会面临来自各方的压力,一旦失败,就会背上沉重的债务负担,甚至赔上个人全部财产,并失去原有的工作和职位。因此,对经营者人员来说,在收购前尽可能地听取专业顾问的意见,并获得家庭、其他股权投资人和债权等多方的支持非常重要。与买方相对应的另一方是卖方,或者说是公司原来的所有者。卖方出售企业股权通常也有其内在的动机,从商业价值上判断,卖方的动机可能包括以下几种:

1. 清理、处置边缘业务,加强核心竞争力；

2. 认为公司估值过高,一定的溢价出售是合算的；

3. 债务负担过重,通过出售股权或清理资产回收现金以偿还债务等。

除了买卖双方外,在经营者层收购中还有一类角色相当重要的参与者,就是股权投资人(the equity provider)。当经营者层无力独自完成对公司的收购时,引入股权投资人作为投资伙伴来共同完成收购、分享所有权的情形就会出现①。

股权投资人通常是一家银行（或其他贷款人）或投资公司，也有可能是个人（如风险投资人中的天使投资人）。股权投资人从一开始就参与整个收购过程。主要包括：

1. 估计目标公司的价值。股权投资人研究很多投资机会，然后估计它们成为收购目标的潜力。

2. 参与与卖方的谈判。一般而言，卖方更愿意与股权投资人而不是直接与经营者层联系，从而使得经营者层可以避免与自己的上级面对面地谈判。股权投资人的谈判代表通常是专业的财务人员，审计人员或律师。

3. 安排融资。股权投资人安排融资有可能解决两个方面的问题：一是为其自身投资进行融资，二是帮助经营者层进行融资。有很多情况下，股权投资人除了投资外，还向经营者层提供部分融资，并以经营者层的股权作为抵押，从而在一定时期取得了新公司的控制权，甚至有可能使自己最后成为真正的所有者，虽然并不一定是其所愿意的。

4. 估计风险。在估计了交易达成的可能性之后，股权投资人的财务人员会详细估计他们要承担的风险，并在风险评价与价值评估的基础上确定收购底价。

5. 退出。收购一旦完成，经营者层便开始正常的企业经营。在这一阶段，大多数股权投资人通常只保留非执行董事的职位，并

---

① 黄再胜：《西方企业激励理论的最新发展》，《外国经济与管理》2004年第1期。

不直接干预公司的日常运营,但他们在如何增进公司价值方面会提出参考意见,并随时寻求将投资套现增值的机会。

与股权投资人不同,在经营者层收购中,作为债权投资人(the debt provider)的银行或其他贷款人最关心的是新公司的债务偿还能力。这时新公司的现金流量最为重要。而现金流的主要来源包括两部分。一是收购后清理处置不良资产或闲置资产回流现金的多少(虽然账面上是亏损的,但现金流是正的);二是新公司未来业务成长产生现金流的多少。对此,债权人需要进行大量的评估工作。此外,银行(或其他贷款人)通常会通过与管理层签订一份契约来保护自己。契约的细节内容是由谈判决定的,一般来说契约可以使银行(或其他贷款人)尽可能早地察觉企业在履行还债义务方面的任何困难和潜在困难。而且随着收购的进行,银行(或其他贷款人)会监督投资情况,看每月的会计账目是否与合同一致。当然,银行(或其他贷款人)不能干涉经营者层管理企业的自由。

此外,成功的收购通常还需要专业顾问(the advisers)的支持。这些专业顾问包括改制问题顾问、管理顾问、财务顾问、法律顾问、融资顾问和税务顾问等。当然,所有这些顾问角色可以由一家机构同时兼任,也可以由几家分别担任。专业顾问提供的服务通常包括提供收购方案、避税方案和管理顾问方案等,专业顾问同时还能协助经营者层在收购过程中解决一系列财务、法律及其他关键技术问题,从而使收购得以规范、高效运作,提高收购成功的概率。

第四节　经营者层融资收购在
我国的适用性问题

一、规范的经营者层融资收购有助于解决"所有者缺位"问题

在我国,经营者层融资收购要解决的不仅仅是委托代理问题,更重要的是要解决"所有者缺位"问题①。因为在一个所有者缺位的企业里,层层委托事实上成了无效委托,控制权分配在一定时期内严重偏向于企业管理层,信息不对称变得尤为突出,或信息在层层传导过程中发生扭曲和流失。在没有有效激励和约束的情况下,企业管理层寻求控制权回报的机会主义行为非常严重,投资领域多元化和成本费用最大化成了这些企业的基本特征。通过经营者层融资收购,管理层成为公司的所有者之后,机会主义行为的制度动因消除了,管理层作为公司新的所有者,至少可能通过两条途径来提升公司的价值。一是控制、削减成本费用;二是清理处置不良资产和非核心业务,回收现金并增强公司的核心竞争力。实现上述目标的前提条件,要求经营者层融资收购的程序和内容必须是规范的②。

---

① 黄再胜:《国有企业隐性激励双重缺位问题探析》,《经济经纬》2003 年第 6 期。
② 孙泽蕤:《中国当前经济环境下的管理层收购研究》,《财经研究》2002 年第 1 期。

二、经营者层融资收购在我国的适用性问题

经营者层融资收购在我国的应用不仅仅限于商业上的动因,制度环境仍是一个很重要的考虑因素①。由于历史和现实的原因,我国企业因所有者缺位而造成的产权残缺问题一直得不到有效解决。过去理论界和企业界都一直在围绕企业的存量想办法,但在现实的制度环境面前,这些办法都没有解决存在的问题。而经营者层融资收购的引入,使企业产权问题有了解决的可能。理论和实践告诉我们,在我国,经营者层融资收购至少可以在现有制度框架内同时合法地解决以下三个方面的问题。第一是产权问题,经营者层融资收购的实质是"用增量来改造存量,以赎买来量化产权",规范操作的话,可以避免国有资产(集体资产)流失和分割存量所带来的其他一系列问题,同时也使企业有了真正的所有者。第二,经营者层融资收购使委托代理问题也同时得到了解决,从而消除了长期困扰我国企业成本费用最大化、贪污腐败等种种机会主义行为,可以大大提高企业的运行效益。第三,这种激励安排会使得经营者尽力去改进公司的盈利并增强竞争力,被收购企业的运行素质无疑会有很大的提高。但是,经营者层融资收购一般伴随着大规模的融资,一旦失败,经营者就要背上沉重的债务负担,甚至有可能赔进其全部个人财产,并失去现有的职位。

---

① 　李宝元:《战略性激励论》,《财经问题研究》2003 年第 4 期。

三、我国与西方在经营者层融资收购方面有差别

在西方经典的经营者层收购中,其基本任务是要解决因委托代理而带来的代理成本问题。在我国,经营者层收购首先要解决的是企业的产权问题或者是改制问题,而代理成本的消除只不过是伴随收购完成而产出的一个副产品而已。此外,在西方经典的经营者层收购中,卖方和买方都是清楚的,买卖的成交在很大程度上是双方讨价还价的结果。而我国实施经营者层融资收购,卖方是不清楚的。有时,在那些产权不清的民营企业中,买方与卖方事实上就是合二为一的①。因此,成功与否的难点不在于双方的讨价还价,而在于能否构造一个在产权上完全清晰的新平台,为公司的业务重整和长远发展打下一个良好的基础。我国市场经济发展水平不高,被收购企业的资产评估问题,是实现经营者层融资收购规范操作的关键②。陈弘、朱光华分析了股票期权这一剩余分享制度安排的制度性缺陷③。股票期权这种剩余分享的制度安排,将剩余索取权的目标锁定在准剩余之上,企业的经营者在享有分享剩余的剩余索取权的条件下,可能将当期努力的大部分配置到剩余控制权的滥用之中。外部审计制度在执行实践中存在着两个重大的制度缺陷,由掌握企业剩余

---

① 贝多广主编:《证券经济理论》,上海人民出版社 1995 年版,第 203 页。

② 赵晓雷:《现代公司产权理论与实务》,上海财经大学出版社 1997 年版,第 106 页。

③ 陈弘、朱光华:《期权激励扭曲过程:过程、原因与教训》,《中国财经问题》2003 年第 1 期。

控制权的企业经营者聘用外部审计者及审计者为被审计企业提供财务咨询服务。道德约束失败是股票期权激励扭曲的另一重要因素①。

---

① 陈弘、朱光华:《期权激励扭曲过程:过程、原因与教训》,《中国财经问题》2003 年第 1 期。

第四章　我国国有企业改革历程

改革开放 40 年来,我国国有企业改革走过了一个由表及里、由浅入深的漫长历程。从"放权让利"到承包经营责任制,到现代企业制度建设,再到发展混合所有制经济,从国有企业改革的历程可以看出,围绕产权改革的制度创新是国企改革的必由之路。建设中国特色的社会主义市场经济体制,对于中国这个庞大的、工业化进程远未完成的社会主义国家而言,还需要在理论和实践层面研究探索深化产权制度改革的具体措施和改革模式。

40 年来,国有企业改革经历了复杂曲折的历程,大体上可以划分为四个时期。即,1978 年到 1992 年的"放权让利"时期、1993 到 2002 年的"制度创新"时期、2003 年到 2012 年的"国资监管体制改革"时期、2013 年至今的发展混合所有制经济时期①。在这四个时期,分别对应了不同形势下的改革任务,各自侧重于解决不同层面的矛盾和问题,为促进经济社会发展提供体制机制的支持。

----

① 肖贵清、乔惠波:《混合所有制经济与国有企业改革》,《社会主义研究》2015 年第 3 期。

第一节 "放权让利"时期(1978—1992年)

在1978年以前,在高度集中的计划经济体制下,国有企业(当时更多地称为国营企业)是执行政府计划任务指令的一个生产单位,是政府主管部门的附属物,不具有自主经营的权力,人、财、物和产、供、销都完全依靠政府计划指令和行政调拨,这使得生产和社会需求严重脱节,企业积极性严重受挫,严重制约了社会生产力的发展。

1978年,党的十一届三中全会召开后,国有企业开启了"放权让利"的改革。这个时期从改革开放之初一直到党的十四届三中全会,贯穿20世纪80年代和90年代初,大体上持续了15年的时间①。这一时期,改革主要任务是对企业放权让利,探索企业所有权和经营权的两权分离,试图引导国营单位摆脱计划经济体制的旧观念与行为的束缚,使它们能够逐步适应商品化的经营环境,完成自身的企业化改造,解决了一个个国有企业进入市场的问题。

一、相关理论研究

关于扩大国有企业自主权的问题,改革开放之前经济学界就

---

① 黄群慧:《回顾国有企业改革40年》,《中国经济学人》2018年第1期。

有过探讨。1956 年,高尚全就提出企业自主权过小,主管机关集权过多①。1961 年,孙冶方鲜明地指出在简单再生产的范围内的事情是企业的小权,国家不应该再管②。1978 年 5 月,《人民日报》转载《光明日报》特约评论员文章《实践是检验真理的唯一标准》后,全国范围内开展了关于实践是检验真理唯一标准的大讨论。在这种推动思想解放的大背景下,经济学界围绕着按劳分配问题、"唯生产力论"问题、社会主义商品生产和交换问题、价值规律问题等进行了理论讨论,针对传统体制下的国营企业的种种弊端也进行了深入的理论分析。在众多研究中,蒋一苇创造性地提出的"企业本位论"思想,成为企业放权让利的重要理论基础。

1979 年 6 月,蒋一苇在《经济管理》月刊发表《"企业本位论"刍议》,首次提出"企业本位论"思想。1980 年 1 月,在《中国社会科学》创刊号上正式发表《企业本位论》③。蒋一苇认为,中央高度集中的经济体制,实际上是把全国作为一个单一经济体、一个经济组织的基本单位,进行内部统一管理、统一核算,可以说是一种"国家本位论";而把权力下放到地方,由地

---

① 张卓元:《中国经济学六十年》,中国社会科学出版社 2011 年版,第 51 页。

② 张卓元:《中国经济学六十年》,中国社会科学出版社 2011 年版,第 51 页。

③ 蒋一苇:《企业本位论》,《中国社会科学》1980 年第 1 期;周叔莲:《关于蒋一苇同志的企业理论和企业"四自"的提法》,《经济管理》1996 年第 6 期;陈佳贵:《从"企业本位论"到"经济民主论"——蒋一苇同志关于经济体制改革的主要学术观点介绍》,《经济体制改革》1989 年第 1 期。

方作为经济组织的基本单位,进行统一管理、统一核算,这是一种"地方本位论";而企业作为基本的经济单位,实现独立经营、独立核算,这就是相对于"国家本位论"、"地方本位论"的"企业本位论"。

"企业本位论"的基本观点包括:

1. 企业是现代经济的基本单位,社会主义生产的基本单位仍然是具有独立性的企业,社会主义经济体系只能由这些独立性企业联合而成。

2. 企业是一个能动的有机体,社会主义企业既有权利,也有义务,是一个自主经营和自我发展的能动主体。

3. 企业应该具有独立的经济利益,谋求自己的经济利益是社会主义企业的动力,由企业职工"共负盈亏"也是用经济方法管理经济的根本前提。

4. 社会主义制度国家和企业的关系应该是政企分离,国家应该从外部采用经济方法对企业监督和指导,而不能直接干预日常经营活动。以蒋一苇为代表的经济学家的理论创新为国有企业波澜壮阔的改革实践探索奠定了坚实的学术基础[1]。

二、相关实践探索

1978 年到 1992 年,在国有企业"放权让利"时期,基于改革实践的主体内容,又具体划分为:1978 年到 1984 年的扩大自主权阶

---

[1]　黄群慧:《回顾国有企业改革 40 年》,《中国经济学人》2018 年第 1 期。

段；1984 年到 1989 年的推行经营承包制阶段；1989 年到 1992 年的转换企业经营机制阶段①。

1978 年 10 月，经国务院批准，四川省重庆钢铁公司、成都无缝钢管厂、宁江机械厂、四川化工厂、新都县氮肥厂和南充钢铁厂 6 家地方国营工业企业率先实行扩大企业自主权试点，拉开了国有企业改革的大幕。这些企业试点的主要做法是给企业一个增产增收的年度指标，完成指标后允许提留少量利润和给职工发放少量奖金。

1979 年 2 月，四川省制定了《四川省地方工业企业扩大企业权力、加快生产建设步伐的试点意见》，并将试点企业扩大到 100 户工业企业。

1979 年 5 月，国家经贸委等部门选择首都钢铁公司、北京清河毛纺厂、天津自行车厂、天津动力厂、上海柴油机厂、上海汽轮机厂等京津沪的 8 个企业进行扩权改革试点。

1979 年 7 月，国务院下发了《关于扩大国营工业企业经营管理自主权的若干规定》等 5 份有关企业扩权的文件，明确了企业作为相对独立的商品生产者和经营者应该具有的责、权、利，包括生产计划权、产品销售权、利润分配权、劳动用工权、资金使用权、外汇留成权和固定资产有偿占用制度等，并在全国 26 个省级区域的 1590 家企业进行了试点。

1980 年 9 月，国务院批准自 1981 年起把扩大企业自主权的

---

① 吕政、黄速建：《中国国有企业改革 30 年研究》，北京经济管理出版社 2008 年版，第 29 页。

工作在国营工业企业中全面推广,使企业在人财物、产供销等方面拥有更大的决策自主权。为了在扩大企业自主权过程中更好地解决企业多占、财政难保证的问题,山东省率先对部分企业试行将利润留成改为利润包干,企业在完成国家上缴利润任务后,余下部分全部留给企业或者在国家和企业之间分成。随后,这些包干的办法和扩大企业自主权的规定一起逐步发展成为工业经济责任制的主要内容。

1981 年 10 月,国家经贸委和国家体改办提出了《关于实行工业经济责任制的若干意见》,工业经济责任制在全国得到了迅速推广,到 1982 年底,全国有 80% 的预算内国营工业企业实行了经济责任制,商业系统也达到 35%①。国家对企业实施的经济责任制,从分配方面主要有三种类型:一是利润留成,二是盈亏包干,三是以税代利、自负盈亏。

1984 年 5 月,国务院颁发了《关于进一步扩大国有工业企业自主权的暂行规定》,从生产经营计划、产品销售、价格制定、物质选购、资金使用、生产处置、机构设置、人事劳动管理、工资奖金使用、联合经营等 10 个方面放宽对企业约束。

1984 年 10 月,党的十二届三中全会进一步明确了企业是自主经营、自负盈亏和自我发展的独立经济实体,扩大企业自主权的改革告一段落。随着对企业放权让利不断深入,一定程度上调动了企业的积极性,但是,由于利润基数确定科学性和公平性无法实

---

① 吕政、黄速建:《中国国有企业改革 30 年研究》,北京经济管理出版社 2008 年版,第 57 页。

现,存在"苦乐不均"和"鞭打快牛"现象,并且国家财政收入稳定性无法得到保证①。1983 年初,国务院决定全面停止以利润分成为主的经济责任制,全面实行"利改税"。"利改税"在 1979 年就曾在湖北、广西、上海和四川等地的部分国营企业试点,1983 年 1 月 1 日启动第一步"利改税",采用利税并存,对凡是有盈利的国营大中型企业按 55% 税率计征所得税。第二步"利改税"从 1985 年 1 月 1 日开始,全面以产品税和资金税的分类税收方式规范国营企业和政府之间的关系。但是,两步"利改税"不仅混淆了国家的政权代表和资产所有者代表角色,同时还因为税率过高等原因影响了企业积极性。于是,在首钢、二汽等企业的示范效应下,以及有关马胜利、关广梅、张兴让等企业家宣传报道影响下,1986 年承包经营责任制又被重新重视②。

1987 年 3 月,六届人大五次会议的《政府工作报告》提出在所有权和经营权适当分离的原则下实行承包经营责任制,承包经营责任制全面推行。

1988 年,国务院发布《全面所有制工业企业承包经营责任制暂行条例》,进一步规范承包经营责任制。1989 年,企业经营承包责任制得到进一步完善。在这个阶段,还有两项改革取得进展。一是国有企业领导体制从 1984 年 10 月开始从党委领导下的厂长负责制转变为厂长(经理)负责制,并在随后几年不断完善;二是

---

① 黄群慧:《回顾国有企业改革 40 年》,《中国经济学人》2018 年第 1 期。

② 黄群慧:《回顾国有企业改革 40 年》,《中国经济学人》2018 年第 1 期。

1986 年到 1988 年期间积极推进了横向经济联合和企业集团组建。虽然承包制在开始出现了"一包就灵"的现象,但由于它的不规范性和不稳定性,1989 年以后其弊端日益明显,企业利润出现下降。1989 年以后整顿经济秩序成为经济工作的主基调,政府花费大力量清理整顿公司、清理"三角债"。在这种背景下,国有企业改革中心更加强调所有权和经营权两权分离下的企业经营机制转变。在 1991 年 4 月全国人大通过的国民经济和社会发展的第八个五年计划中,明确企业经营机制转变的目标是实行政企职责分开,所有权和经营权适当分离,探索公有制的多种有效实现形式,建立富有活力的国营企业管理体制和运行机制。

　　1992 年 7 月,国务院颁布了《全民所有制工业企业转换经营机制条例》,规定了 14 项企业经营自主权。这个阶段,在具体探索企业经营机制转变中,一方面继续完善实施企业经营承包制,1990 年,第一轮承包到期预算内工业企业有 3.3 万多家,占全部承包企业总数的 90%,以此为基础,1991 年第一季度末开始签订第二期承包。另一方面积极探索租赁制、股份制等各种形式的经营机制转变模式,尤其是从 1984 年 7 月北京天桥百货股份有限公司成立以来,股份制试点日益增多,1991 年全国已经有 3220 家股份制试点企业,1992 年底有 3700 家试点企业,其中 92 家在上海证券交易所上市①。这为下一阶段建立现代企业制度奠定了很好的基础。

---

　　①　吕政、黄速建:《中国国有企业改革 30 年研究》,经济管理出版社 2008 年版,第 31 页。

第二节 "制度创新"时期(1993—2002 年)

从党的十四大到党的十六大,大体上有 10 年的时间,是国企改革的"制度创新"时期①。1992 年 10 月,党的十四大召开,会议正式确立了经济体制改革的目标是建立社会主义市场经济体制。1993 年,党的十四届三中全会通过了《关于建立社会主义市场经济体制若干问题的决定》,明确提出建设产权清晰、权责明确、政企分开、管理科学的现代企业制度是我国国有企业改革的方向。这一时期,改革的主要任务是引导国有企业确立与市场经济要求相适应的资本和产权的观念,建立现代企业制度,通过国有经济布局与结构战略性调整,初步解决了整个国有经济部门如何适应市场竞争优胜劣汰的问题,改变了国有经济量大面广、经营质量良莠不齐和国家财政负担过重的局面。

一、相关理论研究

这个时期的理论研究的主题已经从单纯企业与政府关系逐步深入到国有企业内部制度和整个国有经济的功能定位,试图从现代企业理论和所有制理论出发,分析国有企业的改革方向②。

---

① 黄群慧:《回顾国有企业改革 40 年》,《中国经济学人》2018 年第 1 期。
② 黄群慧:《回顾国有企业改革 40 年》,《中国经济学人》2018 年第 1 期。

一是深入研究所有制理论和社会主义市场经济的性质和实现形式,提出以公有制为主体、多种所有制共同发展,并引入混合所有制的概念。

二是从整体上对国有经济的性质和地位进行了深入研究,提出调整国有经济布局和结构,从整体上搞好整个国有经济,增强国有经济在国民经济中的控制力,推进国有资本合理流动和重组,促进各种所有制经济公平竞争和共同发展。

三是深入研究现代公司理论,对公司制的各种形式,包括无限公司、有限公司、股份公司、股份有限公司、上市公司等制度和规范进行了详细的研究,提出股份制是公有制的主要实现形式,国有企业应该积极推进股份制公司改革。

四是对现代产权理论的深入研究,试图将现代西方产权理论与中国国有企业改革进行结合,围绕国有企业产权是否明晰、产权主体是谁、产权如何交易等一系列问题进行了长期、大量的研究,并引发了持续的争论,最终明确现代企业制度的第一个特征是产权明晰[①]。

2003年,党的十六届三中全会提出,建立归属清晰、权责明确、保护严格、流转顺畅的现代产权制度,是完善基本经济制度的内在要求,是现代企业制度的重要基础。

五是对现代公司治理和激励理论进行了深入探讨,逐步明确了现代公司治理结构的特征,以及在委托代理理论指导下,如何建

---

① 黄群慧:《回顾国有企业改革40年》,《中国经济学人》2018年第1期。

立企业经营者有效的激励约束机制,进一步指导国有企业公司化改制过程中如何建立有效的现代公司治理结构和激励约束机制,国有企业领导体制逐步从厂长负责制转向由股东会、董事会和经理层相互制衡的现代公司治理结构。

六是对现代资本市场理论进行了深入研究,逐步构建了多层次的资本市场,在国有企业兼并重组和破产中发挥了资本市场的相应作用。

二、相关实践探索

这个时期,国有企业改革围绕两条主线展开:一是基于"单个搞活"的思路,从单一企业视角建立现代企业制度;二是基于"整体搞活"思路,从整个国有经济视角实施国有经济战略性改组。前者实践贯穿整个时期,而后者主要从 1996 年以后开始全面展开①。

1993 年,党的十四届三中全会以后,国有企业改革实践转向以建立现代企业制度为主。1994 年 11 月,国务院批准了 100 家企业开始现代企业制度试点,另外还有 2343 家地方企业进行试点。到 1997 年,100 家中有 93 家转为公司制企业,其中多元股东持股的公司制企业有 17 家。地方试点企业中 1989 家企业转为公司制企业,其中 540 家转为股份有限公司、540 家转为有限责任公司、909 家转为国有独资公司,这些公司制企业中 71.9% 的企业组

---

① 吕政、黄速建:《中国国有企业改革 30 年研究》,经济管理出版社 2008 年版,第 32 页。

建了董事会,63%的企业成立了监事会,总经理由董事会聘任占61%①。

1997年,党的十五大以后,中央提出要用3年左右的时间在大多数国有大中型骨干企业初步建立现代企业制度。根据国家统计局调查总队调查,到2001年底,所调查4371家重点企业已经有3322家企业实行了公司制改造,改制企业中有74%采用股权多元化形式,没有采用国有独资公司形式②。

在1994年到1997年这个时期,除了积极推进公司股份制改造、建立现代企业制度外,国家还启动了一系列改革措施,包括城市优化资本结构试点、积极推进试点城市国有企业兼并破产,降低切换国有债务、分离企业办社会职能,"减员增效"、实施下岗职工再就业工程,实施"三改一加强"(改组、改制和改造有机结合并加强企业内部管理),学习邯郸钢铁经验,提高管理科学化水平,探索国有资产管理有效形式,设立国有控股公司,进一步进行企业集团试点,"抓大放小"搞活国有小型企业,等等。

自1997年开始,面对日益严重的国有企业亏损问题,中央实施国有企业三年脱困的改革攻坚战。围绕3年脱困,一方面对纺织、煤炭、冶金、建材等行业进行结构调整;另一方面在1999年下半年国家开始全面推进"债转股",以减轻企业债务负担,促进企业扭亏为盈。同时,深化养老、失业、医疗等社会保障制度改革并

---

① 汪海波:《中国国有企业改革的实践进程(1997—2003年)》,《中国经济史研究》2005年第3期。

② 中国社会科学院工业经济研究所:《中国工业发展报告(2013)》,经济管理出版社2013年版。

推进下岗职工再就业。1995 年 9 月党的十四届五中全会、1997 年党的十五大报告、1999 年党的十五届四中全会都不断强调从战略上调整国有经济布局和抓大放小的方针,发挥国有经济的主导作用。党的十五届四中全会指出,国有经济需要控制的领域,包括涉及国家安全的行业、自然垄断性行业、提供重要公共产品和服务的行业,以及支柱产业和高新技术产业中的重要骨干企业。

2002 年,党的十六大在坚持继续调整国有经济布局和结构的改革方向的同时,进一步明确关系到国民经济命脉和国家安全的大型国有企业、基础设施和重要自然资源等,要由中央政府代表国家履行出资人职责。在这个方针指导下,国有经济布局和结构不断调整和优化,国有经济活力、控制力和影响力不断增强。同时,这些战略性调整也为下一步国有资产管理体制改革奠定了实践基础①。

第三节 "国资监管体制改革"时期
(2003—2012 年)

这个时期以 2003 年国资委成立为标志,到党的十八大召开,共 10 年时间,是"国资监管体制改革"发展时期②。这一时期国有

---

① 黄群慧:《回顾国有企业改革 40 年》,《中国经济学人》2018 年第 1 期。
② 黄群慧:《回顾国有企业改革 40 年》,《中国经济学人》2018 年第 1 期。

资产监管体制改革取得了巨大突破,国有企业改革进入到以国有资产管理体制改革推动国有企业改革的发展时期,改革的主要任务是由国资委负责监督管理国有企业,实现国有资产保值增值目标,解决了以往的国有经济管理部门多、机构臃肿、监管效率低下的问题。

2002 年 10 月,党的十六大提出了毫不动摇地巩固和发展公有制经济,毫不动摇地支持和引导非公有制经济,尤其强调继续调整国有经济布局和改革国有经济管理体制两项重大任务,整个时期在这两方面取得了积极进展。

一、相关理论研究

这个时期经济理论界围绕国有企业和国有经济改革的问题的研究更加具体,主要集中在以下几个方面。

1. 在所有制方面,对股份制进行了更加深入的研究,混合所有制经济日益成为一个重要的研究课题,对大力发展混合所有制经济、使股份制成为公有制的主要实现形式成为基本共识。

2. 在国有经济定位方面,围绕如何推进国有资本集中于关系到国家安全、国民经济命脉等重要的战略性领域进行了大量的研究。

3. 在国有资产管理体制方面,深入讨论了"多龙治水"的国有资产管理格局的问题,以及在国资委管人、管事和管资产相统一的新国资监管体制下,如何实现国资委有效监管国有资产与充分发挥企业积极性相结合。

4. 在垄断行业改革方面,对如何放松管制、提高垄断行业的市场竞争度以及推进电信、电力、铁路、民航等行业的改革重组等问题进行了理论和实证研究。

5. 在产权改革方面,针对产权改革尤其是经理层融资收购等方式是否会引发国有资产流失,进而是否是私有化进行了大争论,相关争论客观上延迟了产权改革的推进,但进一步规范了国有企业产权改革,完善了相关的法律法规①。

二、相关实践探索

按照党的十六大提出的改革方向,这个时期的国有企业改革的进展主要体现在以下几个方面。

1. 国有资产管理体制的重大变革。新的国有资产管理体制坚持了"国家所有、分级代表"的原则,中央和地方分别成立专门的国有资产监督管理机构履行出资者职能,管人、管事和管资产相统一,坚持政企分开、所有制和经营权分离,企业自主经营。2003年5月,国务院颁布《企业国有资产监督管理暂行条例》,2006年颁发《地方国有资产监管工作指导监督暂行办法》。到2006年底,从中央到地市全部组建了国有资产监督管理机构,出台了1200多个相关监管规章和条例,涉及企业产权管理、企业资产和财务监督、企业负责人业绩考核和选聘薪酬制度、法律事务管理等各个方面。2007年,国务院下发《关于试行国有资本经营预算的意见》,国有资本经营预算制度初步建立。

---

① 吕政、黄速建:《中国国有企业改革30年研究》,经济管理出版社2008年版,第73页。

2.国有经济布局和结构调整取得积极进展。一批特大型国有企业重组部分资产在国外上市,通过主辅分离和改制推进了一大批大中型企业重组。2006年底,国务院国资委出台《关于推进国有资本调整和国有企业重组的指导意见》,明确了中央企业集中的关键领域和重组的目标。党的十七大进一步明确通过公司制股份制改革优化国有经济布局,随后国有企业进一步集中。到2006年,全国国有工商企业数量为11.9万家,已经比1998年减少了一半。中央企业的数量已经从2003年的196家降低到2012年的112家①。

3.垄断性行业国有企业改革继续深化,几大垄断性行业形成了多家竞争的市场格局。例如,2002年,国家电力监管委员会成立,电力行业按照厂网分开、竞价上网的思路从国家电力公司分拆出国家电网、南方电网和五大发电集团。又如,2003年,93个机场归地方管理,国家民航总局的九大航空公司和服务保障企业联合重组为国航、南航和东航三大运输公司和三大服务公司,2007年,空管职能与行业监督职能分离。

4.国有企业公司制股份制改革进一步推进,混合所有制经济已经有了长足发展。到2012年,我国工业企业中股份有限公司已经达到9012家,各类有限责任公司已经达到65511家,混合所有制工业企业数量占规模以上工业企业单位数的26.3%,资产占44.0%,主营业务收入占38.8%,利润总额占41.8%。截至2012

---

①　汪海波:《中国国有企业改革的实践进程(1997—2003年)》,《中国经济史研究》2005年第3期。

年底,中央企业及其子企业引入非公资本形成混合所有制企业,已经占到总企业数的 52%。中央企业及其子企业控股的上市公司共有 378 家,上市公司中非国有股权的比例已经超过 53%。地方国有企业控股的上市公司 681 户,上市公司非国有股权的比例已经超过 60%①。

第四节 "发展混合所有制"时期
(2013 年至今)

2013 年 11 月,党的十八届三中全会会议审议通过了《中共中央关于全面深化改革若干重大问题的决定》(以下简称《决定》),第一次将混合所有制经济确立为我国基本经济制度的重要实现形式。提出"国有资本、集体资本、非公有资本等交叉持股、相互融合的混合所有制经济,是基本经济制度的重要实现形式"。将混合所有制经济提高到基本经济制度的高度来认识,这在党的文件中还是第一次。《决定》指出要"积极发展混合所有制经济"。这是在对我国公有制和基本经济制度的有效实现形式经过漫长的探索之后,对社会主义市场经济发展方向做出的重大决策。以党的十八届三中全会召开为标志,国企改革进入了一个发展混合所有制经济的全新时期。

---

① 中国社会科学院工业经济研究所:《中国工业发展报告(2013)》,经济管理出版社 2013 年版。

2017年10月,党的十九大报告提出:"经济体制改革必须以完善产权制度和要素市场化配置为重点,实现产权有效激励、要素自由流动、价格反应灵活、竞争公平有序、企业优胜劣汰。"完善产权制度是新时代经济体制改革的重点,并强调要"实现产权有效激励"。党的十九大报告提出"深化国有企业改革,发展混合所有制经济",并把这项改革与培育具有全球竞争力的世界一流企业结合起来,指明了下一步国有企业改革的重心和方向,有利于把产权合理配置提高到一个新的水平。

一、相关理论研究

在我国经济发展进入新常态的背景下,如何进一步推进国有企业与市场经济体制的融合,理论界在这个阶段需要回答以下四方面重大问题:

一是在社会主义市场经济体制中,国有经济应该有怎样的功能定位和布局? 是否需要动态调整?

二是与计划经济体制下单一国有制相比,市场经济体制下国有经济的主要实现形式是什么? 尤其是国有企业主要以怎样的所有权结构形式存在?

三是中国庞大的国有经济,在市场经济体制条件下应该建立怎样的国有经济管理体制?

四是作为国有经济的主要微观主体的企业,在市场经济条件下为了保证自己的竞争力,应该具有怎样的治理结构和运营机制?

以党的十八届三中全会通过的《决定》为导向,理论界在这四个问题上形成了共识。关于国有经济的功能定位和布局,在明确坚持公有制主体地位、发挥国有经济主导作用的前提下,准确界定不同国有企业的功能,国有资本运营要服务于国家战略目标,重点提供公共服务、发展重要前瞻性战略性产业、保护生态环境、支持科技进步、保障国家安全。

关于国有经济的主要实现形式,要积极发展混合所有制经济。关于国有经济管理体制,提出完善国有资本管理体制,以管资本为主加强国有资产监管。关于国有经济微观制度基础,要推动国有企业完善现代企业制度,健全协调运作、有效制衡的公司法人治理结构。这实质上明确了新时期我国国有经济改革的重大任务①。

二、相关实践探索

为深入贯彻落实党的十八届三中全会精神,2015 年 8 月 24 日,中共中央国务院发布《关于深化国有企业改革的指导意见》及相应配套文件,这意味着新时期全面深化国有企业改革的主体制度框架初步确立。2015 年 9 月 24 日,国务院正式发布《关于国有企业发展混合所有制经济的意见》,各领域国有企业改革向纵深探索。

(一)国有企业功能界定与分类工作正式启动

2015 年 12 月,《关于国有企业功能界定与分类的指导意见》出台,与之相配套的《中央企业功能界定与分类实施方案》于 2016 年 8 月颁布。各地方政府普遍开展了对国有企业的功能界定工

① 黄群慧:《回顾国有企业改革 40 年》,《中国经济学人》2018 年第 1 期。

作,并积极研究制定和出台国有企业分类监管办法。按照国资委对国企的分类,主要分为商业类和公益类两类企业,商业类中又划为商业一类和商业二类。商业一类涵盖的企业是指处于充分竞争领域中的企业,而商业二类是指处于关系到国民经济命脉的重要行业和关键领域的企业,或是处于垄断行业、经营专营或承担重大任务的企业。公益类企业则以社会效益为导向,主要是以保障社会民生、提供社会公共产品和服务为主的企业。对于同类型的国有企业,将会有不同的国资监管机制、混合所有制改革方案、公司治理机制以及国有经济战略性调整方向等。

（二）中央企业结构调整与重组逐步展开

党的十八大以来,国资委通过强强联合、优势互补、吸收合并、共建共享,推动了对 28 家中央企业的重组整合,国资委监管的中央企业已经调整到 99 家。2016 年下半年,按照国务院的要求,中央企业内部压缩管理层级的改革有所提速,按计划将完成 3 年减少 20% 的法人单位数的总体目标,大多数央企管理层级由目前的 5—9 层减至 4 层以下[1]。

（三）国有资产监管体制改革稳健前行

2015 年 10 月,国务院印发了《关于改革和完善国有资产管理体制的若干意见》,对推进国有资产监管机构职能转变、改革国有资本授权经营体制、提高国有资本配置和运营效率、协同推进相关配套改革提出原则性的要求。时隔一年半,又发布了《国务院国

---

[1]　黄群慧:《回顾国有企业改革 40 年》,《中国经济学人》2018 年第 1 期。

资委以管资本为主推进职能转变方案》,明确了国资监管事项,迈出了从以管企业为主的国资监管体制向以管资本为主的国资监管体制转变的重要一步。此外,还推进一批国有资本投资运营公司试点,这些试点公司在战略、集团管控与业务板块授权等方面作了有益的探索。

(四)混合所有制改革有序推进

2015 年 9 月,发改委牵头起草的《关于国有企业发展混合所有制经济的意见》和《关于鼓励和规范国有企业投资项目引入非国有资本的指导意见》正式颁布。2016 年 2 月,财政部、科技部、国资委联合印发了《国有科技型企业股权和分红激励暂行办法》。2016 年 8 月,国资委、财政部、证监会联合印发了《关于国有控股混合所有制企业开展员工持股试点的意见》。截至 2016 年底,中央企业及其下属企业中混合所有制企业占比将近 70%,省级国有企业及其下属企业中混合所有制企业占比达到 47%①。石油、电力、电信、军工等重点行业和领域均有个案式的改革探索。2017 年 9 月,中国联通混合所有制改革方案正式实施。

(五)现代企业制度日趋完善

首先,国有企业党建工作持续发力,中央企业全部开展了集团层面章程修订工作,实现了党建工作要求进章程。其次,国务院办公厅颁布《关于进一步完善国有企业法人治理结构的指导意见》提出,到 2017 年底前,国有企业公司制改革基本完成;到 2020

---

① 黄群慧:《破除混合所有制改革的八个误区》,《经济日报》2017 年 8 月 4 日。

年,国有独资、全资公司全面建立外部董事占多数的董事会。目前,102家中央企业中已有83家建立了规范的董事会;88%的省级国有企业已经建立了董事会,外部董事占多数的企业占比13.1%。最后,国资监管部门向建有规范董事会的国有企业,陆续下放发展决策权,经理层成员选聘权,业绩考核权和薪酬、职工工资分配及重大财务事项等重要权限,促进了这些企业加快完善市场化经营机制的步伐。2017年世界500强企业中,中国大陆企业已经达到109家,其中64家属于国有企业,中央国资委监管企业达到48家。但是,这些企业还很难说是真正的世界一流企业。

40年来,在改革理论上实现了一个又一个的突破。商品经济,"两权"分离,市场经济,股份制,企业破产、兼并、出售,资本、资本市场和资本增值,土地和劳动力商品化、劳动力市场,按资本、技术等生产要素进行分配,公有制实现形式多样化,使股份制成为公有制的主要实现形式,现代产权制度、人力资本、技术产权资本化,现代企业制度建设,混合所有制经济是基本经济制度的重要实现形式等。伴随着上述认识上一次次飞跃,实现了国有企业改革制度的变迁。

第五节　国有企业改革历程
揭示的重要规律

经过40年的国有企业改革,国有企业经营机制发生了重大变化,大部分已经进行了公司制、股份制改革,初步建立起现代企业制度,公司治理结构逐步规范,大多数国有企业已经成为自主经营的市场主体,以国有经济为主体的单一的微观经济结构已经得到显著改观,多种所有制共同发展的混合经济结构已经确立。国有企业改革实践揭示了许多重要规律。

一、混合所有制经济是基本经济制度的重要实现形式

从我国所有制结构演变的过程可以看出,混合所有制经济包括了两种不同性质的经济成分,两种所有制形式之间不是非此即彼、彼进此退的关系;不是相互冲突、相互矛盾的关系;两者你中有我、我中有你,打破了不同所有制之间相互隔绝的状态,实现了两者的共同发展。混合所有制经济相比单一所有制形式,有利于打破公私对立的僵化思想,形成规范的现代企业制度,是"多种经济成分共同发展的微观体制平台"[①],体现了我国基本经济制度中多种经济成分共同发展的精神内涵。正是在这个意义上,我们说混合所有制经济是基本经济制度的重要实现形式。

混合所有制经济是基本经济制度的重要实现形式还因为其能够实现社会利益的最大化。公有制经济和非公有制经济代表了不同性质的利益主体。随着改革的深入进行,不仅公有制经济和非公有制经济之间有着不同的利益诉求,而且在不同所有制形式内部也存在着不同的利益主体。公有制经济有国有和集体之分,国

---

① 谢鲁江:《混合所有制经济:三重意义上的体制平台》,《学术前沿》2014 年第 3 期。

有企业有中央企业和地方企业之分,非公有制经济则有民营企业、外资企业、个体工商户等不同的形式。混合所有制经济可以吸纳不同的利益主体,将不同的利益诉求内部化,减少公有制经济和非公有制经济之间的摩擦与冲突,通过彼此的共存共赢,最终实现社会利益最大化。

二、发展混合所有制经济是完善市场经济体制的必然要求

寻找公有制和市场经济相适应的公有制实现形式,使国有企业成为合格且具有发展活力的市场主体,一直是社会主义市场经济体制改革的重点所在,也是完善基本经济制度的必然要求。国有企业改革多年,虽然内部的管理体制和经营机制发生了重大变化,企业盈利能力大为增强,但是一些制约企业发展的深层次问题仍没有解决,单一的国有股权难以形成多元化的股权结构,即使国有股是由不同的企业主体控制,由于所有权都是国家所有,仍然是单一性质的股权结构。而要成为合格的市场经济主体,就必须建立现代企业制度,建立有效的公司治理结构。通过引入非国有资本等战略投资者,形成多元化的股权结构,才能使国有企业克服产权主体虚置、委托代理关系不明的弊端,最终使国有企业成为合格的市场主体。

处理好政府与市场的关系是完善社会主义市场经济体制的一项重要任务。政府往往借助于对国有企业的控制,干预企业的微观经济活动。通过对国有企业的混合所有制改革,可以规范政府和国有企业的关系,减少政府对企业微观事务的行政干预,有利于

正确处理政府与市场的关系。发展混合所有制经济还可以使企业也摆脱了政府的影响,按照市场需求来组织企业的生产经营活动,实现企业效益的最大化。

混合所有制经济有助于实现资源在市场上的自由流动。为了实现市场在资源配置中起决定性作用,借助于混合所有制经济,能够使国有企业和民营企业成为平等的市场主体,实现资源、资本和信息等的自由流动和自由组合。混合所有制经济有助于打破各种所有制形式的身份界限,消除各种所有制形式之间孤立并存、相互封闭、区别对待等不合理体制机制和政策导向,终结不同所有制差别性的经济政策和管理体制,使资源配置和竞争环境更加公平合理①。特别是党的十八届三中全会提出要使市场在资源配置中发挥决定性作用以后,市场的作用得到进一步的强化,混合所有制经济的发展适应了这种新的时代要求。

三、发展混合所有制是新形势下深化国有企业改革的必然要求

国有企业改革的目标是建立适应市场经济发展的市场主体。党的十九大明确提出要深化国有企业改革,发展混合所有制经济,培育具有全球竞争力的世界一流企业。发展混合所有制经济有助于现代企业制度的真正确立和有效运行,有助于增强公有资本的控制力,有助于多种经济形式共同发展。

---

① 周林生:《发展混合所有制经济是市场机制必然要求》,《南方日报》2013 年 12 月 30 日。

（一）发展混合所有制经济有助于建立和完善现代企业制度

国有企业改革的重要目标之一是建立健全现代企业制度。与其他所有制经济形式相比，混合所有制经济更有助于现代企业制度的建立。混合所有制经济的主要特征是产权主体的多元化。国家、集体和个人都可以成为企业的投资主体，不同性质的产权主体组成的股权结构更容易形成相互监督、相互制衡的公司治理结构，使国有企业的委托代理问题得到彻底解决。有助于打破原有企业内部利益格局，防止国有企业内部人控制现象的出现，从而形成"产权清晰、责权明确、政企分开、管理科学"的现代企业制度。以电信行业为例，国际电信行业在深刻认识到单一产权结构产生的弊端基础上，已经有包括美国、法国、德国、英国等在内的 50 多个国家的电信业引入多元化的投资主体，基本上形成了电信企业产权多元化的格局[1]。这种多元化的产权格局使现代企业制度的运转更有效率，企业的效益得到明显提升。

（二）发展混合所有制经济有助于增强公有资本的控制力

今后发展混合所有制经济不是国有企业引入民间资本的单向混合，国有资本也可以进入民营企业，实现混合所有制改革的双向混合[2]。混合所有制经济一般采用股份制的形式。早在党的十五大报告中已经指出，股份制有利于扩大公有资本的支配范围，增强

---

[1] 王春晖：《混合所有制产权是中国电信业改革的最优选择》，《南京邮电大学学报（社会科学版）》2014 年第 1 期。

[2] 卫兴华、郭召鹏：《从理论和实践的结合上弄清和搞好混合所有制经济》，《经济理论与经济管理》2015 年第 1 期。

公有制的主体作用①。混合所有制经济通过吸收不同性质的所有制资本进入企业,进一步扩大了国有企业融资的范围。从 20 世纪 90 年代开始,逐步允许和鼓励民间资本和外资参与国有企业改革,混合所有制经济由此发展起来。目前,我国的上市公司中有一部分就是由国有资本参股控股的,它们是典型的混合所有制经济。根据国务院国资委的统计,至 2012 年底,国有控股上市公司 953 家,占我国 A 股上市公司数量的 38.5%②。在这些混合所有制企业中的国有资本,可以产生放大功能,扩大了国有企业融资的数量和范围。

（三）发展混合所有制经济有利于各种所有制形式相互借鉴、优势互补、共同发展

在市场经济条件下,国有企业和民营企业各有自己的优势和劣势。国有企业一般来说企业规模较大,管理制度相对健全,技术、信息、金融等资源较为雄厚,但也存在着效率相对低下、企业委托代理链条较长等问题。民企的优势主要表现在产权界定清晰、机制较为灵活、企业创新能力较强、市场反应敏锐等优势,但也存在企业规模较小、治理结构不完善、管理制度不规范、金融资源获取较难等弊端。采用混合所有制可以通过取长补短,实现优势互补。混合所有制企业通过引入民间投资者,实现股权多元化,解决了国有企业委托代理关系中所有者缺位的问题。非公有制经济的

---

① 《十五大以来重要文献选编》(上),中央文献出版社 2011 年版,第 19 页。

② 刘泉红:《以混合所有制经济为载体深化国企改革》,《前线》2014 年第 2 期。

所有权主体明确,更加关注企业的效率和长远发展,他们参与企业的决策,可以有效制约国有企业管理者的短期行为,提高企业的决策质量和水平①,促进企业经营效率的提高。发展混合所有制经济有助于打破国有企业的行政性垄断,使各类企业平等竞争,提高国民经济的整体效益。通过这条途径,民营企业也获得进一步发展壮大的空间,解决了民间资本投资渠道狭窄、发展空间受限的问题,两者在融合的基础上能够共同发展。

四、员工持股制度是发展混合所有制经济的重要途径

总的来说,混合所有制经济是在股份制的基础上实现的不同性质的所有制的融合。推进混合所有制经济改革,实行员工持股是一条重要的途径②。员工持股是一种有效的企业激励手段。持股的国有企业员工成为企业真正的所有者,员工能够分享企业的收益,极大地调动了企业员工的积极性。实行员工持股的国有企业还有利于改善企业原有的产权结构。通过实行员工持股,可以形成多元化的投资主体,使原有国有企业所有权虚置的弊端得到根除。持股员工作为企业的股东可以参与企业的管理、监督企业的运行,使企业的法人治理结构更加完善。

(一)相关政策综述

发展混合所有制经济的形式多种多样,实践探索的空间广阔。

---

① 刘泉红:《以混合所有制经济为载体深化国企改革》,《前线》2014年第2期。

② 肖贵清、乔惠波:《混合所有制经济与国有企业改革》,《社会主义研究》2015年第3期。

党的十八届三中全会通过的《决定》，明确指出了一种重要的形式即企业员工持股，"允许混合所有制经济实行企业员工持股，形成资本所有者和劳动者利益共同体"①。

2014年5月8日，国务院以国发〔2014〕17号印发《国务院关于进一步促进资本市场健康发展的若干意见》。意见指出，引导上市公司通过资本市场完善现代企业制度，鼓励建立市值管理制度，以及完善股权激励制度、允许按规定通过多种形式开展员工持股计划。

2014年6月，证监会出台了《关于上市公司实施员工持股计划试点的指导意见》，对于当今上市国有企业来说，《指导意见》为其进行股权激励指明了道路。如果说之前的《决定》明确了支持员工持股计划政策的话，那么《指导意见》就让国有企业看到了推进员工持股计划的机遇。

2015年1月12日，国资委全面深化改革领导小组第十八次全体会议召开，此次会议审议通过了《关于混合所有制企业实行员工持股试点的指导意见》。该《意见》是顶层设计方案"1+N"中的"N"个国有资产改革顶层方案的配套政策之一。指导意见中提出，员工持股主要应在商业一类的企业中进行，商业二类和公益类企业一般不应推行。同时，员工所持股份应以增量为主，持股人员主要应属于科技、业务骨干和经营管理方面的员工。

2015年8月24日，《中共中央国务院关于深化国有企业改革

---

① 《十八大以来重要文献选编》（上），中央文献出版社2014年版，第515页。

的指导意见》(以下简称《意见》),提出要"探索实行混合所有制企业员工持股"。2015 年 9 月,国务院《关于国有企业发展混合所有制经济的意见》提出按要求实行混合所有制企业员工持股。

2016 年 10 月,国务院印发《关于国有控股混合所有制企业开展员工持股试点的意见》。

2017 年 10 月,党的十九大提出了完善产权制度,建立有效激励机制,发展混合所有制等要求。2017 年 11 月,为深入贯彻落实党的十九大精神,国家发改委等 8 个部委下发通知,作出了中央和各地员工持股试点企业的数量不受原规定限制的安排。

从上述政策综述可以看出,无论政府还是企业对发展混合所有制的重要意义已形成共识,目前员工持股制度是发展混合所有制较为成熟的实现路径之一。员工持股制度作为一种将企业的部分所有权授予企业的员工,使其不仅具有获得劳动报酬的权利外,同时也可以享受所有者的资本所得的权利,这对于解决我国国有企业中的出资主体缺位的问题具有现实意义。在推进国有企业混改过程中,通过稳妥推进员工持股制度实现混改。员工持股主要采取增资扩股、出资新设等方式,优先支持人才资本和技术要素贡献占比较高的转制科研院所、高新技术企业和科技服务型企业开展试点,坚持激励和约束相结合的原则,支持对企业经营业绩和持续发展有直接或较大影响的科研人员、经营管理人员和业务骨干等持股。

(二)实施员工持股制度的典型案例

在改革实践的情况来看,许多国有企业通过实施员工持股制度,实现了混合所有制改革。如:深圳金地集团员工持股案例。

1. 企业简介。金地集团的前身是成立于 1988 年 1 月的"深圳市上步区工业村建设服务公司",当时只是一家既执行企业功能又执行部分政府职能的公司,主要从事福田区最大的工业开发区上步工业村的规划、建设及管理。1992 年以前,工业区的开发和管理工作没有纳入正轨,公司管理也出现了杂乱无章的局面。1992—1993 年两年间公司进行了调整和整顿,企业面貌发生了很大的改观。先后投入资金 2300 多万元,完善了工业区的配套设施。原来的工业区建设服务公司也转变为实体化的经营管理企业,确定了以"房地产为支柱工业为主导,商贸、服务配套发展"的企业构架。1993 年,企业实现销售收入 2460 万元,利润 814 万元。1994 年开始试行内部员工持股制度,成为深圳市被列入首批现代企业制度试点企业的第一家区属国有企业。2001 年在上海证券交易所上市(600383.SH),是中国最早上市并完成全国化布局的房地产企业之一。目前,金地集团连续 14 年蝉联"中国蓝筹地产"、连续 14 年跻身"沪深房地产上市公司综合实力 10 强",2017 年位列中国房地产企业销售排行榜 TOP10。金地集团总股本在上市前是 9000 万股,2017 年达到 451458.36 万股,扩张了 50 多倍,营业收入和净利润分别达到 377 亿元和 68.4 亿元,分别是上市前的 153 倍和 84 倍①。

2. 员工持股计划。金地集团在实施股份制改造过程中,设计了 2530 万股作为内部员工持股的股份总额,每股面值为 1 元。并规定员工持股总值不得超过总股本的 30%。实行员工持股制度

———————————

① 数据来源:中信万通数据库。

后,公司总股本中约70%为国有股和法人股,约30%为内部员工股。在内部员工股的总量中,70%供现有员工认购,30%作为预留股份,用于奖励公司优秀人员和新增员工认购。员工持股计划采取动态持股的方法,每年持股额度动态计算(如职务升贬、岗位业绩优劣都影响持股额度),业绩超过了考核标准,公司的利润多了可以继续认股,达不到考核标准则必须退一部分股份。深圳金地集团便采用这种方式。但这要求员工持股计划中设置预留股份,由法人机构保管,成为股份的蓄水池。

金地集团实行员工持股的资金通常有三个来源:一是员工个人出资认购公司股份,占资金来源的35%—50%。二是公司为员工个人提供贷款,专用于认购公司股份,大体占资金来源的35%。贷款本息从企业分红中扣回。利率参考同期住房贷款利率。三是从公司的奖励基金和福利基金中提出一部分直接奖励给企业的优秀员工。企业现职员工购股资金中的35%由员工个人出资,35%由公司贷款给员工,30%由工会从公益金中支出。以后员工购股,将采取50%由员工个人出资,50%由公司贷款的办法。

员工持股的运作内容涉及以下几个方面:(1)内部员工持股首先要由员工本人提出申请,由员工持股管委会审查持股资格和持股限额。除部门经营者以上管理人员必须足额认购外,其余员工以自愿为原则。(2)高层经营者的个人持股数量不能超过员工持股总量的10%。(3)内部员工股不转让、不交易、不继承。员工离开企业后,所持股份由管委会收购。回购款交员工本人或法定继承人或指定受让人。(4)员工持股管委会对持股员工建立持股账户。该员工持股管委会的性质为社会法人(工会),以社团法人名义参与企业的利润分配,然后再对持股员工进行二次分配。预留股份的红利作为员工持股管委会的准备金,可以用于回购员工股,也可用于二次分配。

3.案例评析。金地集团实行员工持股的资金来源有一部分是公司为员工提供的贷款,吸收了美国企业实行员工持股的财务杠杆办法。这一点是值得充分肯定的。中国企业要实行员工持股,由公司为员工提供贷款,探索比较切实可行的办法。在美国许多企业实行员工持股时,是因为员工降低了工资,以此作为交易,换取贷款或股权。而金地集团为员工提供购股贷款,似乎有些"福利化"的味道。员工直接出资与企业内部贷款相结合的办法,好处是可以防止员工轻率决策,毕竟动用个人积蓄对员工个人来说是件大事;坏处是可能造成制度转移的缓起步,即开始乃至很长一段时期内,员工实际持股的数量太少,起不到太大的激励作用。

企业对持股会(管委会)预留股份的做法似乎有点问题。特别是预留股份的分红形成的准备金,可以对员工持股进行二次分配是不对的。关键不是用什么资金支付的,关键是谁支付的。谁出资谁受益,是股份经济的原则。其中从集体到个人的逻辑也是明显的。

(三)推行员工持股对发展混合所有制经济的作用

1.员工持股制度有利于建立清晰的产权结构。员工通过持股计划购买公司股票,使企业职工得到了公司股权,可以实现从被雇佣者到企业股权所有者的身份转变,同时员工持股制度改善并优化了公司的持股比例,改变了以前企业股东单方持股的局面。员工持股计划改变了企业的整体产权结构,而产权结构的多元化对于优化企业的所有权结构会起到很大的促进作用。员工持股计划使员工和企业形成了共同的目标,同时彼此的利益也开始紧密相连。这一制度形成了员工和企业各自明确和具体的责任和义务,他们会为了企业的经营和发展各尽其职,从而提高了企业的资产运营效率①。

2. 员工持股制度有利于建立高效的企业治理结构。企业的所有权模式通过员工持股进行了重新组合,使新成为企业股东的员工和其他股东之间形成了有效的制约和制衡,通过持股,员工可以对企业不当的经营管理提出质疑,不但节省了管理的人力成本,而且对企业的治理结构的完善也有很大作用。在推进混合所有制改革的同时,积极稳妥地实行员工持股计划,持股员工成为企业的股东,基于自身利益的天然机制,会对管理者的滥权行为进行监督。同时,作为企业"内部"人员的员工,积极参与企业民主管理,可以弱化经营者的信息优势,在削弱"内部人"控制力方面将会发挥有效的作用。国有经济混合所有制改革的目的之一,就是要在国有经济实体内形成协调运转、有效制衡及科学的治理结构。毫无疑问,稳妥推行员工持股,将会有效提升企业的监督机制,使企业的治理机制更新升级。

3. 员工持股制度有利于实现政企分开。员工持股有利于摆脱政企合一的局面。以往企业决策的制定,往往仅限于决策层,有时犯形而上的错误,与基层脱离。员工持股,员工与企业形成共生关

---

① 沈文玮:《经济民主视角下的混合所有制员工持股分析》,《现代经济探讨》2015 年第 5 期。

系,企业决策的正确与否牵涉员工利益,在决策中员工有一定发言权。

4.员工持股制度有利于激发员工的工作积极性。员工通过参与员工持股计划,变成了具备双重身份的人群,即员工是公司的劳动者同时也是企业资产的所有者,员工从企业获得的相关利益会和企业的发展和前途密切地联系在一起,并通过股权这种形式表现出来,这种形式能够提升员工对企业的忠诚度,也能够更大地激发员工的工作积极性和创造性。科技型企业实施员工持股制度效果更明显①。

5.员工持股企业范围选定在商业一类的竞争类企业。员工持股选择在商业一类即处于充分竞争类企业中实施,是因为商业二类和公益类企业,关系到国计民生,实施员工持股可能无法准确衡量改革给企业带来的实际效益。

---

① 张衔、胡茂:《我国企业员工持股的发展困境与现实选择》,《社会科学研究》2015年第1期。

第五章　我国员工持股制度
发展历程

我国员工持股计划是在国有企业产权制度改革过程中逐步发展起来的一种股权制度安排。自 20 世纪 80 年代中期启动以来，经历了大力推广的阶段，也数度被叫停，有成功的经验，也有失败的教训，员工持股制度的先进性和复杂性并存。

第一节　我国员工持股制度的发展历程

我国企业员工持股制度，经历了自下而上、曲折发展的过程，大体上可以分为五个阶段①。总体上看，我国员工持股制度在上述各个阶段都进行了许多有益的探索，既有经验又能教训，为推动员工持股制度的规范和发展发挥了积极作用。

---

① 黄速建、余普：《企业员工持股的制度性质及其中国实践》，《经济管理》2015 年第 4 期。

一、1978—1986 年为第一阶段

从党的十一届三中全会至党的十三大前夕,员工持股制度发展以自发性为主。党的十一届三中全会提出党的工作重心转到以经济建设为中心。在农村,实行联产承包责任制后,解放出来的生产力创造了"以资带劳、技术入股、合作经营"等方式,采取集资或技术入股的办法,兴办了一批集体企业。无论是乡镇企业,还是城市街道兴办的集体企业,其股权基本属于本企业员工。企业管理主要由持股员工选举产生经营班子,分配方式主要采取了工资收入加资本收入。出资形式主要有现金、房屋、生产工具、劳动力、技术等。

在这一阶段,对于改革开放中涌现出来的上述现象,党中央国务院给予了适时指导和政策支持。1979 年,国务院《关于发展社队企业若干规定(试行草案)》中规定:"可从大队、生产队公积金中提取适当数量的入股资金,以解决社队企业资金短缺扩大生产能力。"1984 年,中共中央一号文件《关于 1984 年农村工作的通知》中指出:"鼓励农民向各种企业投资入股。"同年,国家体改委在常州市召开的城市经济体制改革试点工作座谈会的《纪要》中,针对城市集体企业和国营小企业放开搞活的问题,提出"允许员工投资入股,年终分红"。1985 年,国务院办公厅转发的国家体改委《全国城市经济体制改革试点工作座谈会纪要》明确:"试点企业可选择少数大企业试行吸收本企业员工入股,但需要对股息分红办法做出适当规定,部分小型全民所有制企业,可以通过发行股票等方式转化为集体所有。"

这一阶段企业员工持股制度的实践,得到了工作和政策方面

的指导和支持,有效地激发了广大人民群众在生产实践中的工作热情和创造性。

二、1987—1991 年底为第二阶段

这一阶段从党的十三大召开到邓小平同志南方谈话前夕,其特点是以探索性为主。党的十三大提出:"改革中出现的股份制形式,包括国家控股和部门、地区、企业之间参股以及个人入股,是社会主义财产的一种组织形式,可以继续试行。"此后各地股份制试点企业迅速增多,各级地方政府为了加快企业股份制改革的步伐,也相应制定了发展企业股份制的相关办法。如深圳市颁布了《深圳特区国营企业股份化试点暂行规定》,允许企业将一部分国有股权出售给个人。上海市也发布了《上海市股票管理暂行办法》,其他部分省市也相继发布了有关管理办法。各地在企业股份制改制中不断探索并创造各种形式的企业员工持股制度,但也出现了将国有资产通过股份无偿分给经营者、员工个人和集体的现象,还出现部分国企在改革中向员工发行"还本付息"的股票①。为此,国家体改委及时颁布了相关政策:"全民所有制企业擅自将国有资产在股改中无偿分给经营者、员工个人和集体的要全部收回","企业员工持有的还本的限期股票改为不退股,允许在企业内部转让"。1990 年,在国务院批准的国家体改委关于《在治理整顿中深化企业改革,强化企业管理的意见》中明确:"企业

---

① 傅生励:《企业内部职工持股亟待规范》,《中国企业报》1998 年 6 月 23 日。

内部员工持股的股份制不再扩大试点,凡是已经搞了的要完善提高,逐步规范化。"

在这一阶段,企业员工持股试点是伴随着企业股份制改革进行的。据不完全统计,到 1991 年底,全国各类股份制试点企业3220 家(不包括乡镇企业中的股份合作制,中外合资,国内联营企业),其中有 2751 家实行企业员工持股制度,达 85.4%。在股权结构上,企业员工个人持股约 3 亿元,占总股金的 20%左右①,企业员工持股制度试点成为企业股份制改革中采用的主要形式。当时人们对股份制和员工持股制度的认识普遍比较简单,在实践探索中存在着一些不规范、不完善的问题。其间有些地方政府颁发了规定或办法,但收效不大。

三、1992 年初—1994 年 7 月为第三阶段

这一阶段从邓小平同志南方谈话到《公司法》的实施,试点性是其主要特点。邓小平同志南方谈话充分肯定了股份制,党的十四大提出建立社会主义市场经济体制的目标之后,国家开始了全面性的企业股份制改革试点。1992 年 2 月,国家体改委负责人在回答记者有关股份制问题时指出:"有计划、有步骤地扩大企业内部员工持股的股份制,各地可选择一些基本建设或技术改造项目已列入国家计划而资金有缺口的企业,向本企业内部员工发行股票筹措资金。"同年,经国务院批准,国家体改委发布了《股份制试

---

① 黄速建、余普:《企业员工持股的制度性质及其中国实践》,《经济管理》2015 年第 4 期。

施办法》、《股份有限责任公司规范意见》等法规。在《股份制试点办法》中,对企业员工持股明确做出规定:"不向社会公开发行股票的股份制企业内部员工持有的股份,采用记名股权证形式,要严格限定在本企业内部,在其转成社会公开发行股票时,内部员工持股的股权证,应换发成股票,并按规定进行转让和交易,转化为有限责任公司的内部员工持有的股份可转为员工合股基金。"

在 1992 年颁布的《股份有限公司规范意见》中规定:"采取定向募集方式设立的公司,经批准可以向内部员工发行不超过 20% 总股本的股份。采取社会募集设立的公司,本公司员工认购的股份不得超过向社会公开募集股份总数的 10%。"1993 年颁布的《定向募集股份有限公司内部员工持股管理规定》中规定:"定向募集公司员工内部持股发行的股份比例由过去在《股份有限公司规范意见》中规定的总股本的 20% 下调至 2.5%,内部员工持股的定向募集公司转为社会募集公司时,内部员工持有的股份从配售之日起满三年后才能上市转让。"1994 年 2 月,国家体改委、国务院证券委联合发布了《关于社会募集股份有限公司向员工配售股份的补充规定》中规定:"社会募集股份有限公司可以在国家批准发行的额度内按 10% 的比例向本企业员工配售,并明确这部分内部股在本次发行股票上市后 6 个月内可上市转让。"随后,各地对股份制试点表现出了空前的热情,定向募集方式设立的股份公司急剧增加。据 1995 年的统计数据,这一阶段定向募集公司已达上万家①。

---

① 国务院体制改革办公室:《中国经济体制改革年鉴(1995)》,中国财政经济出版社 1996 年版。

各地在企业员工持股试点过程中出现了不少问题。如内部股社会化、黑市交易等①。1994 年初,鉴于当时经济发展过热,企业员工持股试点中出现的问题,为了加强宏观调控,国务院在《关于继续加强固定资产投资宏观调控的通知》中规定:"在国家体改委等部门制定的企业发行内部员工股实行规范管理的新办法出台前,暂停内部员工股的审批和发行工作。"1993 年 7 月,国家体改委发出了《关于清理定向募集股份有限公司内部员工持股不规范做法的通知》,1994 年 6 月,发出了《关于立即停止审批定向募集股份有限公司并重申停止审批和发行内部员工股的通知》,重申立即停止审批和发行内部员工股。由此,我国企业通过定向募集进行员工持股的工作暂停了,公开募集股份并上市的企业员工持股仍在进行。这一阶段,随着国家政策法规的出台,企业员工持股试点不断走向制度化,为今后我国企业员工持股制度的实践打下了良好的基础。

四、1994 年 7 月—2013 年 10 月为第四阶段

这一阶段时间从 1994 年 7 月《公司法》的实施到党的十八大前,其主要特点是规范和发展。1994 年 7 月,《公司法》正式实施,使股份制试点进入依法设立和规范发展的新阶段。这一时期,中央政府层面没有针对内部职工持股的专门规定,部分地方政府结合本地区经济社会发展和国有企业股份制改革实践,做

---

① 王晋斌:《解析内部职工持股计划制度设计》,《经济研究》2001 年第 7 期。

了相应的规定。作为全国改革开放的"排头兵"和"试验场"，1994年9月，深圳发布了《关于内部员工持股制度的若干规定（试行）》，随后用3年时间完成了57家企业的内部员工持股试点，另有正在进行改制的企业110家，总体取得了较好的改革效果①。其中，"金地模式"的成功引起了社会上的普遍关注。1997年9月，又在前期试点工作基础上发布了《深圳市国有企业内部员工持股试点暂行规定》，全面推行员工持股制度。1998年5月，国家工商管理总局明确了职工持股会或工会代持职工股份的合法地位。但是，由于股份公司公开发行股票时职工股不经过摇号中签过程，职工股对股票二级市场造成一定的冲击，1998年11月，证监会颁布了《关于停止发行公司职工股的通知》。

《公司法》出台后，尽管国家没有相应的政策法规对内部员工持股制度方面做出规定，但是，部分地方政府和有关部门结合经济社会发展的实际和国企股份制改革实践的需要，各自做出了相应的规定。如：1994年下半年，深圳市体改办下发了《深圳市国有企业内部员工持股试点暂行办法》，1997年4月，深圳市颁布了《深圳市国有企业内部员工持股试点暂行规定》。1994年11月，上海市体改委等6部门下发《关于公司设立员工持股会试点办法》；1995年，市总工会下发《关于公司设立员工持股会的若干试行意见》；1998年3月，上海市国资办、市总工会联合下发《关于逐步完善和规范本市员工持股会的若干意见》。1994年6

---

① 深劳：《深圳市内部员工持股制度聚焦》，《创业者》1998年第7期。

月,经国务院同意,外经贸部和国家体改委下发了《外经贸部股份有限公司内部员工持股试点暂行办法》,1997 年 6 月,两部委对该暂行办法作了修改,同时民政部、国家工商局、国家体改委、外贸部联合就企业员工持股会登记管理问题做出了暂行规定。此外,北京、天津、陕西、吉林、山东等省市也分别就企业员工持股问题做出了规定或办法。这些规定和办法是在总结本地区、部门实践经验和借鉴了国外的一些有效做法的基础上形成的,对规范和发展我国企业员工持股制度的实践起了积极的指导和推动作用。

1999 年 9 月,党的十五届四中全会提出:"在企业改革中实行以按劳分配为主体的多种分配方式,形成有效激励和约束机制,允许进行股权分配方式的探索。"这一时期各地对股票期权的实践热情很高,以股权激励为核心员工持股有了较大发展。期权(股票认股权)被国企改革的先行者们所注意,并在一定范围内展开了实践,如在上海、深圳、北京、武汉等地。为落实好党的十五届四中全会精神,国家有关部门制定了相关规定。2002 年 12 月,证监会发布的《上市公司收购管理办法》开始实施,实施管理层收购的国有企业数量迅速增长。但是,由于缺少必要的制度约束和有效监管,企业管理层收购中很快出现了很多问题。2003 年底开始,财政部、国资委、证监会连续出台文件,对管理层收购提出了严格的政策约束。2005 年 4 月,国资委、财政部联合印发《企业国有产权向管理层转让暂行规定》的通知,针对国有企业管理层收购潮中暴露出来的各种问题,进行了以制度规范为重点的体系完善。2005 年以来,我国政府出台了一系列政策文件,要求进一步优化工持股制度,规范企业实践,员工持股实践开始迅速"降温"①。2012 年 8 月,证监会发布《上市公司员工持股计划管理暂行办法(征求意见稿)》,但是此次的征求意见稿在资金来源、持有期、持股数量等方面限制太多,市场反应不及预期。

五、2013 年 11 月至今为第五阶段

这一阶段从党的十八届三中全会召开至今,从中央到地方对规范和发展员工持股制度已高度关注。2013 年 11 月,《中共中央关于全面深化改革若干重大问题的决定》(以下简称《决定》)提出:"国有资本、集体资本、非公有资本等交叉持股、相互融合的混合所有制经济,是基本经济制度的重要实现形式。"第一次将混合所有制经济提高到基本经济制度的高度来认识,这在党的文件中还是首次,同时指出:"要积极发展混合所有制经济。"《决定》明确指出了重要的实现形式:"允许混合所有制经济实行企业员工持股,形成资本所有者和劳动者利益共同体。"从我国实践情况来看,混合所有制经济一般采用股份制的形式,实行员工持股是一条重要的途径②。2014 年 6 月,中国证监会发布《关于上市公司实施员工持股计划试点的指导意见》(以下简称《指导意见》),再次重启了员工持股计划。2015 年 8 月 24 日,《中共中央、国务院关于深化国有企业改革的指导意见》(以下简称《意见》)继续提出要

---

① 王晋斌:《解析内部职工持股计划制度设计》,《经济研究》2001 年第 7 期。

② 肖贵清、乔惠波:《混合所有制经济与国有企业改革》,《社会主义研究》2015 年第 3 期。

"探索实行混合所有制企业员工持股"。2015 年 9 月 24 日,国务院正式发布《关于国有企业发展混合所有制经济的意见》。2016 年 10 月,国务院印发《关于国有控股混合所有制企业开展员工持股试点的意见》。由此,员工持股计划作为一项基础性制度安排,成为混合所有制改革的重要途径。

2017 年 10 月,党的十九大提出了完善产权制度是新时代经济体制改革的重点。党的十九大报告指出:"经济体制改革必须以完善产权制度和要素市场化配置为重点,实现产权有效激励、要素自由流动、价格反应灵活、竞争公平有序、企业优胜劣汰。"2017 年 11 月,为深入贯彻落实党的十九大精神,按照完善产权制度,建立有效激励机制,发展混合所有制等要求,国家发改委等 8 个部委下发通知,作出了中央和各地员工持股试点企业的数量不受原规定限制的安排。在新形势下,适应全球新技术革命潮流对产权制度的深刻影响,发掘和释放员工持股应有的制度潜力,提高混合所有制经济的发展水平,成为这一阶段的重要任务。

第二节 内部员工持股的几种类型

在我国员工持股制度发展的历史过程中,出现过不同类型的内部员工持股制度,具有不同的含义和特点。

一、定向募集公司中的内部员工股

定向募集公司内部员工持股是指依据《股份有限公司规范意

见》和国家体改委《定向募集股份有限公司内部员工持股管理规定》等有关法规,设立的股份制企业向内部员工发行的股份。这是在 1992 年党的十四大提出建立社会主义市场经济体制设想,股份公司得以较大发展的情况下发展起来的。当时,我国 70% 以上的企业员工持股公司都是这种形式①。定向募集方式形成的内部员工股,主要是由员工投资形成,其比例为占总股本的 20% 以内,后调整为 2.5%(不排除个别地区超过了这个比例),3 年后在企业内部员工之间转让,内部员工股以股权证的形式由证券经营机构或股权证托管中心负责托管②。员工除享受股份分红之外,很少参与企业的经营管理,基本上属于"受益券"的性质,但又没有"受益券"能保证收益的特点,很多定向募集公司内部员工持有股份并未分红。这种形式的内部员工股在《公司法》生效之后,按照国务院《关于原有有限责任公司和股份有限公司依照〈关于做好原有股份有限公司规范工作的通知〉的要求》,规范成非上市公司形式的内部员工持股。其中,一部分形成上市公众股,一部分成了有限责任公司的股权。

二、非上市公司中的内部员工持股

这种形式的内部员工股是依据《公司法》,以发起设立方式成立的公司向内部员工发行的那部分股份形成的。其中,相当一部

①　丁长发:《职工持股制度的理论研究与实证分析》,厦门大学 2002 年,博士学位论文,第 36 页。
②　王晋斌:《解析内部职工持股计划制度设计》,《经济研究》2001 年第 7 期。

分是由定向募集公司经规范后转变过来的。《公司法》生效后，各地各部门分别制定了相应的内部员工持股管理办法，如深圳、上海、北京、天津、外贸部等。这些管理办法对企业内部员工股发行范围、内部员工持股会的管理体制、方式、资金来源、分配方式、持股比例等做出了详细的规定①。如《深圳市国有企业内部员工持股制度试点暂行规定》中规定，员工持股会由持股员工选举产生，负责员工股的集中托管和日常管理工作，并以工会社团法人的名义办理工商注册登记，是公司的股东之一，可以派代表进入董事会、监事会。持股会的持股比例，可根据企业的性质不同，在公司总股本中占35%—50%或者更高一些，而外贸部规定为20%以下。在资金来源方面，深圳市规定，可个人出资、公司非员工股东担保向银行或资产经营公司借款，或由公司公益金划为专项资金供给员工购买，利率参照同期银行贷款利率，但员工投入部分在资金来源中占比必须高于60%②。外贸部则规定必须个人全部出资。上海市规定员工出资，允许使用可分配工资结余折股、提取部分公益金折股，以及公司划出专项资金贷给员工持股会、贷款本息在日后公司分红中扣除。非上市公司的内部员工持股是我国内部员工持股制度实践中内容比较丰富、形式多样、制度相对完善、各地比较重视的一种形式。已成为我国企业员工持股会制度实践的主要形式③。

---

① 邹海峰：《中国职工持股制度研究》，中国经济出版社2011年版，51页。

② 深劳：《深圳市内部员工持股制度聚焦》，《创业者》1998年第7期。

③ 邹海峰：《中国职工持股制度研究》，中国经济出版社2011年版，53页。

三、上市公司中的内部员工持股

我国证券市场形成之初,采用了向本公司员工发行内部员工股的方式,增强员工对公司的责任感。这种形式的员工股主要是依据《股票发行与交易管理暂行条例》和《定向募集股份有限公司内部员工持股管理规定》实施发行和管理。公司以募集设立时向企业内部员工发行的那部分股票,其比例为占向公众发行额度的10%以内,纳入新股发行额度,并在配售 6 个月后上市。定向募集公司转为公众公司的公司股份,上市流通 3 年之后员工股可按比例上市。由于我国股票一级、二级市场间存在着较大的价差,内部员工股往往在上市后被抛售,带有浓厚的福利色彩,股权激励作用基本上无从谈起。这种形式的内部员工股资金来源主要以个人现金投资,上市前主要由员工个人持有(部分公司由公司统一管理),基本上不参与公司的经营管理,主要以获取股票市场上买卖差价的收益为主。1998 年,中国证监会发布了《关于停止发行公司员工股的通知》,股份有限公司公开发行股票一律不再发行公司员工股①。

四、股份合作制中的内部员工持股

20 世纪 80 年代初期,股份合作制企业是在我国农村经济改革取得成功的基础上建立起来的。它是由农民在创办乡镇企业时首创的一种"资合性"和"人合性"相结合的资产组织形式,20 世

---

① 王晋斌:《解析内部职工持股计划制度设计》,《经济研究》2001 年第 7 期。

纪 80 年代中期被运用于国有中小型企业的改革。从 1983 开始,连续十几年中央一号文件和党的代表大会报告都对股份作制这种企业组织形式给予充分肯定①。特别是党的十五大报明确指出,"目前城乡大量出现的多种多样的股份合作制经济,改革中的新生事物,要支持和引导,不断总结经验,使之逐步完"。改革开放以来,各地有关部门结合本地区本部门的实际情况,别制定了关于股份合作制企业的相关政策和实施办法。1997 7 月,国家体改委在总结了各地区各部门的相关规定和办法以实践经验的基础上,颁发了《关于发展城市股份合作制企业的导意见》。股份合作制企业内部员工持有的股份,依据上述文神和法规,经历了自发到规范发展的历程。这种形式的内部持股,主要是企业员工投资和改制企业将部分资产经过合法形成员工共同拥有的财产②。员工投资一般占企业资产总 50% 以上,有的达 100%。它们仅限于本企业内部有条件地转这部分员工股主要是通过股份红利取得收益。员工在企业经理上居主导地位,实行一人一票制。一般情况下,企业内部员持股管理形式和企业的治理结构形式合二为一。这种形式的内部员工股基本没有上市的机会。

五、新时期内部员工持股制度

党的十八届三中全会后,我国企业内部员工持股制度进入了

① 王亚平:《关于规范股份合作制改制的几点思考》,《财经问题研究》1998 年第 5 期。

② 王亚平:《关于规范股份合作制改制的几点思考》,《财经问题研究》1998 年第 5 期。

规范发展的阶段。在这一时期,上市公司员工持股代表了我国企业员工持股制度发展现状和总体水平。科技型企业员工持股反映了我国员工持股制度的发展趋势。本书将分别在第六章和第七章就上述两个方面的问题进行专门阐述。

第三节 股份合作制

股份合作制是我国员工持股制度的形式之一,在我国经济发展的历史过程中具有重要地位。改革开放以来,在我国农村和城市,股份合作制这一新型的集体经济组织形式蓬勃兴起,这是我国经济体制改革中出现的新生事物,是人民群众在改革实践中的创造①。从 1994 年 7 月《公司法》正式实施至 2001 年底,大量股份合作制企业通过规范改制为股份有限公司,建立了产权清晰、权责明确、政企分开、管理科学的现代企业制度。

一、股份合作制的产生和发展

(一)股份合作制是农民群众在改革实践中的创举

1. 股份合作制在我国首先产生于农村,它是以家庭联产承包责任制为主要内容的农村经济改革进一步深化的产物。党的十一届三中全会以后,我国农村集体经济组织实行家庭联产承包责任

---

① 黄继刚:《职工持股与国企多元化改革》,《经济管理》2001 年第14 期。

制为基础、统分结合的双层经营体制,它彻底打破了过去长期严重制约生产力发展的"一大二公"的经济模式,调动了农民承包经营的生产积极性,促进了农利经济的发展,增加了农民的收入,并使农民有了一部分资金积累。随着农村经济的发展,富裕起来的农民纷纷创办家庭企业和联户企业。这些企业有的是资金联合,有的是劳动联合;有的联合办农业,有的则联合办工业。这些不同形式的经济联合促进了农村经济的发展。但是随着市场经济的发展,以家庭或联户为单位的小规模经营已越来越不能适应经济发展的要求。主要体现在:(1)单家独户、作坊式的小型化经营,必须导致交易费用增大和经济效益下降;(2)靠手工劳动起家的家庭企业或联户企业,设备陈旧,技术落后,竞争能力差;(3)家庭企业或联户企业小本经营,融资又困难,导致发展资金严重不足;(4)家庭企业或联户企业人才奇缺,招聘困难,严重制约企业的发展。为了解决这些矛盾和困难,必须选择适合经济发展要求的新的企业组织形式。集资入股,合作经营,就成为家庭企业或联户企业现实的选择。20 世纪 80 年代初期,股份合作制经济应运而生,浙江的温州地区,安徽的阜阳地区农民自发办起了一批股份合作制企业。农村股份合作制的产生,是我国农村继家庭联产承包责任制之后,中国农民在改革实践中的又一创举。

(二)实行股份合作制克服了家庭企业或联户企业的局限性

实行股份合作制在几个重要方面为农村经济的进一步发展创造了有利的条件。

1.有利于资金积累和规模经营;

2.有利于技术更新和人才开发;

3.有利于实行科学管理,提高企业管理水平;

4.有利于获得国家政策支持下的宽松的外部环境。

(三)党中央和国务院及时支持了农民的这一首创精神

早在1985年党中央在第一号文件中就明确提出:"股份合作值得提倡",鼓励和扶持股份合作制发展。1993年,党的十四届三中全会通过的《关于建立社会主义市场经济体制若干问题的决定》中又明确提出:"乡镇企业是农村经济的重要支柱。要完善承包经营责任制,发展股份合作制,进行产权制度和经营方式的创新,进一步增强乡镇企业的活力。"在党中央和国务院的大力支持下,各地群众大胆探索,积极推进股份合作制,股份合作制得到了迅速发展,当时已成为农村集体企业的主要组织形式之一。据农业部门统计,到1997年底,农村股份合作制企业已达117.3万户,占乡村企业总数的45%①。

二、城镇集体企业股份合作制的兴起和发展

随着我国经济体制改革的不断深入发展,城镇集体企业大胆借鉴农村经济体制改革的经验,试行股份合作制。

(一)实行股份合作制是城镇集体企业深化改革的客观要求

长期以来,城镇集体企业归属各级行政部门管理,其中很多按

---

① 　国务院体制改革办公室:《中国经济体制改革年鉴(1997)》,中国财政经济出版社1998年版。

照国有企业的管理模式管理城镇集体企业。因此,人们把城镇集体企业称为"二国营"。这种管理体制存在许多弊端。一是许多行政部门把城镇集体企业的隶属关系和产权归属混为一体,把城镇集体企业的资产视为部门所有。它们凭借行政权力,随意平调城镇集体企业的资产,使城镇集体企业的产权失去保障;二是各级行政部门以所有者身份管理城镇集体企业,把城镇集体企业的生产经营权操纵在自己手里,使城镇集体企业难以行使生产经营自主权;三是在分配上照搬国有企业的工资奖金制度,由行政有关部门核定工资标准和工资形式,企业缺乏分配自主权;四是城镇集体企业的领导干部一般由行政主管部门委派,而不是由员工民主选举产生,民主管理权丧失。由于长期按照国有企业管理模式管理城镇集体企业,使城镇集体企业逐渐失去活力。为了摆脱"二国营"的管理模式,充分发挥城镇集体企业的优势,增强城镇集体企业的活力,城镇集体企业进行了自负盈亏、还权于企业、推行承包经营责任制等一系列改革。但是,由于这些改革并未触动城镇集体企业的产权制度,"二国营"模式没有从根本上破除。

(二)城镇集体企业深化改革需要解决的深层次问题

城镇集体企业深化改革需要解决的深层次问题是改革企业产权制度,转换企业经营机制,建立集体经济有效实现形式。解决这一问题可供选择的产权制度安排存在以下几种形式:

1.合作制。一部分城镇集体企业产权结构简单,公共积累不多,采用了合作制。但很多城镇集体企业产权主体已多元化,需要采用股份制的某些做法,以协调资产所有者之间的关系,这些企业已不能采用合作制。

2.股份制。少数已具一定规模的城镇集体企业可以改制成股份制,但大多数小型城镇集体企业不具备实行股份制的条件,因此,股份制不是一般城镇集体企业体制改革的方向。

3.合伙制。合伙制属于私有制。为了保持公有制在国民经济中的主体地位,大多数城镇集体企业不宜改制为合伙制。

4.股份合作制。城镇集体企业实行股份合作制是企业制度的创新,在产权制度上,它把共同共有与按份共有结合起来,理顺了城镇集体企业的产权关系;在经营上,它把转换经营机制和民主管理结合起来。因此,实行股份合作制成为城镇集体企业深化改革的主要选择。我国大多数城镇集体企业按照合作制的原则,采用股份制的某些做法,改制为股份合作制企业。

但是,城镇集体企业股份合作制的兴起和发展,也经历了一个曲折的过程。早在20世纪80年代中期,辽宁的沈阳、江苏的盐城、福建的南平等地区,积极探索城镇集体企业改革的有效途径,把股份合作制引入城镇集体企业,使城镇集体企业经营机制的运转出现转机,取得了明显效果。为此,不少地区纷纷仿效试行。后来由于对股份合作制的认识不一,加上试点企业外部环境比较差,使股份合作制试点工作遭受挫折,真正坚持下来的为数不多。

1992年初,邓小平南方谈话发表后,为了深化企业改革,搞活国有小企业,各地股份合作制试点工作掀起高潮。从1992年起,上海先后选择了十多家国有小企业进行股份合作制改制试点,股份合作制发展进入了新的发展阶段。据不完全统计,至1997年底,全国城镇已有股份制企业14万家,注册资金783亿元。其中,上海城镇股份合作制企业 6000 余家,注册资金 33 亿元①。

三、股份合作制的性质和特征

（一）股份合作制的性质

在 20 世纪 90 年代,对股份合作制存在着不同的看法,有的人认为股份合作制是合作制的一种形式,也有的认为股份合作制是股份制的一种形式,还有的认为股份合作制是合伙制,属于私有制。因此,明确股份合作制的内涵,正确认识它的性质,就成为实行股份合作制需要解决的重要问题。

在当时,股份合作制是我国经济体制改革出现的新生事物,它是按照合作制的原则,吸取股份制的某些做法,实行劳动联合与资金联合相结合的一种新型的集体经济组织形式,是符合我国国情的社会主义公有制的实现形式。党的十五大报告指出:"公有制实现形式可以而且应当多样化。一切反映社会化生产规律的经营方式和组织形式都可以大胆利用。要努力寻找能够极大促进生产力发展的公有制实现形式。"实行股份合作制是对公有制实现形式的积极探索,旨在寻求劳动者与企业资产直接结合,企业利益与员工利益紧密联系的有效形式。股份合作制经济,员工投资入股,对企业资产拥有所有权,是个人所有制;对联合起来的资产共同享有占有权、支配权和使用权,并在分配中提留公共积

---

① 国务院体制改革办公室:《中国经济体制改革年鉴（1997）》,中国财政经济出版社 1998 年版。

累,又是一种共同所有制,即公有制。因此,股份合作制经济比较好地实现了公有制与个人所有制的有机统一,它是一种能够比较好地促进生产力发展的公有制实现形式。对于在新时期以推行员工持股制度为重要途径,推动混合所有制发展具有重要借鉴意义。

(二)股份合作制的基本特征

股份合作制作为一种新型的集体经济形式,具有以下基本特征。

1. 在联合形式上,实行劳动联合与资金联合相结合。在股份合作制企业中,员工共同出资、共同劳动、共享利益、共担风险。企业员工具有双重身份,既是劳动者,又是所有者,员工同企业资产直接结合在一起。

2. 在产权结构上,实行集体共同所有与员工个人所有相结合。股份合作制企业一般设计员工集体股和员工个人股。员工集体股是本企业的员工以共有资产(原有的积累资产或新提取的公积金)折股或向本企业投资所形成的股份,它属于员工共同所有。同时,在自愿的基础上,鼓励员工个人入股。员工之间的持股数可以有差距,特别是企业经营者可以多持股,但不宜过分悬殊。员工个人股归员工个人所有。这样,股份合作制企业就把集体共同所有与员工个人所有结合起来。

3. 实行按劳分配与按资分红相结合。企业员工的工资奖金的分配,遵循"效率优先、兼顾公平"的原则,实行按劳分配。企业的税后利润,按规定提取公积金、公益金后,有的企业在税后利润中按一定比例,实行按劳分红,余下的税后利润按股分红。员工集体股的分红,用于补充员工社会保障费用及企业扩股等。员工个人股份得的红利,是对投资者的物质鼓励,是合法收入。

4. 实行民主管理,员工享有平等权利。股份合作制企业实行民主管理,企业重大工作由股东大会讨论决定。企业员工股东大会一般实行"一人一票",或者采取"一人一票"和"一股一票"相结合的表决制,员工享有平等权利。

上述特征,显示出股份合作制是兼有股份制某些特点的合作经济,是集体经济的一种有效的组织形式。股份合作制既不同于股份制,也不同于合作制和合伙制。

(三)股份合作制与股份制的区别

1. 劳动者身份不同。股份合作制企业是以劳动者联合为基础,资金联合从属于劳动者;股份制企业则是资金联合为基础,劳动者从属于资金所有者。

2. 资金募集方式不同。股份合作制企业以本企业员工集资入股为主,不发行股票;股份制企业可采取发行股票的形式,以向社会集资为主。

3. 表现形式不同。股份合作制企业把劳动合作与资金合作结合起来,员工既是所有者,又是劳动者;股份制企业的股票持有者,一般同企业的劳动相分离。

4. 表决权不同。股份合作制企业员工不论入股多少,一般一人只有一票表决权,或者采取"一人一票"和"一股一票"相结合。股份制企业的股东表决权取决于股份多少,一人可拥有多票表决权。由此可见,股份合作制同股份制有本质的区别,不能把两者混同起来。

（四）股份合作制与合作制的区别

1.联合的内涵不同。股份合作制企业是劳动联合与资金联合相结合,合作制企业的本质是劳动联合。

2.出资目的不同,股份合作制企业员工入股具有投资性质,合作制企业员工入股只是作为取得社员资格的条件。

3.股权结构不同。股份合作制企业的产权主体可以是多元化的,合作制企业的产权主体比较单一。

4.管理机构不同。股份合作制企业的权力机构是股东(代表)大会,合作制企业的权力机构是社员(代表)大会。

（五）股份合作制与合伙制的区别

1.企业经济性质不同。股份合作制企业的资产,实行共同共有和按份共有,属于社会主义公有制经济;而合伙制企业是合伙人私有财产的联合,属于私有制经济。

2.劳动者地位不同。股份合作制企业的员工既是劳动者,又是所有者,他们是企业的主人;而合伙制企业的劳动者不是出资者,而是被雇佣者,不是企业的主人。

3企业管理的性质不同。股份合作现制企业实行民主管理,劳动者享有平等权;而合伙制企业则由少数合伙人或其代理人进行管理,劳动者没有管理企业的权利。

4.法律地位和承担的民事责任不同。股份合作制企业是企业法人,以本企业全部资产承担民事责任,企业股东不承担股份之外连带责任;而合伙制企业不是企业法人,出资合伙人以各自的财产承担民事责任,合伙者承担连带无限责任。

第四节 经营者持股

　　员工持股制度包括普通员工持股和经营者持股,经营者持股是我国员工持股制度的重要形式。由于经营者在企业治理结构中具有特殊地位和作用,因此经营者持股问题无论当前还是未来,都是产权制度中一个关键和重要的问题。2015 年 8 月 24 日,中共中央国务院正式发布《关于深化国有企业改革的指导意见》,提出支持对企业经营业绩和持续发展有直接或较大影响的科研人员、经营管理人员和业务骨干等持股。2016 年 2 月,财政部、科技部、国资委颁布《关于印发〈国有科技型企业股权和分红激励暂行办法〉的通知》中要求:"本办法所称股权激励,是指国有科技型企业以本企业股权为标的,采取股权出售、股权奖励、股权期权等方式,对企业重要技术人员和经营管理人员实施激励的行为。"

　　以期权、期股为核心的经营者激励约束机制,已成为当前国内企业特别是一些国有控股上市公司研究探讨的热点问题①。由于这一制度可以较好地解决股东与企业高级管理人员之间的委托代理矛盾和产权虚置问题,可以提高企业的长远发展水平、吸引优秀人才等,愈来愈受到中央和各地政府的重视。目前不论是国有控

---

　　① 姜涛:《混合所有制企业员工持股规范化发展问题研究》,《理论导刊》2016 年第 1 期。

股是合所有制企业,还是上市公司,股票期权被视为一种激励员工尤其是激励企业高级管理人员的一种有效方式①。

一、经营者股票期权的现实发展

为了解决企业高级管理人员激励不足和约束软化的问题,2002年,上海、武汉、北京等地开始在部分企业试行企业高级管理人员的期股激励,取得了一定经验。从实践的情况来看,它们一般具本操作程序为:国有企业的高级管理人员用奖金或现金购入一定数量的期股,期股在一定期限内不予兑现。期股未到期前,高级管理人员只拥有分红权和配股权,没有表决权和转让权。

(一)上海实施股票期权的具体做法

1. 实施范围包括具有成长性或具有发展潜力的国有资产控股的有限责任公司、股份有限公司和国有独资公司。实施的对象主要是董事长和总经理。

2. 经营者拥有股份的主要途径:

(1)将经营者的部分奖金转化为企业股份;

(2)股本结构中设立岗位股(即干股),经营者只享有红利分配,不具有所有权;

(3)经营者出资购买,可以采取一次性付款、分期付款或部分赊账的办法;

(4)对经营业绩特别显著的经营者,可在调整股本结构时直

---

① 姜涛:《混合所有制企业员工持股规范化发展问题研究》,《理论导刊》2016年第1期。

接奖励企业股份；

（5）设立虚拟股,让业绩突出的经营者享受红利；

（6）让一些对本企业发展有突出贡献的、得到各方面认同的经营者,享有经营者无形资产折股权；

（7）当经营者任职期满并达到经营目标时,可以按经营者任职初与企业的约定,以经营者任职初企业每股净资产价格,购买一定数量的企业股份。

3.经营者股份红利兑现与股份变现的办法。企业经营者所获得的股权红利,首先应用于归还购买企业股份的赊账部分。剩余部分除了少量现金兑现外,主要应以"挂账"形式存放在企业里,在企业增资扩股时挂账部分转化为企业股份。企业经营者任期届满并达到契约规定的目标,按契约规定其所拥有的股份,可以按当时的每股净资产值变现,也可以保留适当比例的股份在企业,并按年度正常分红。经营者任期不满要求离岗的,其所拥有的股份变现要按契约规定作适当的扣减。

（二）北京市实施期股激励的办法

1.实施范围包括建立现代企业制度的、以国有企业或国有资产授权经营公司为主体、投资设立的股份有限公司和有限责任公司。对象主要是董事长和经理。经过公司出资人或董事会同意,公司其他高级管理人员应以现金投入获得股权形成经营者群体持股。经营者群体持股比例一般为公司总股本的5%—20%。其中董事长、经理的持股比例应占经理者群体持股总额的10%以上。

2.期股股权的形成及获取方式是在国有企业的改制过程中,由出资者通过协议转让给经营者持股权的方式形成期股股权。在公司制企业,经营者可以通过增资扩股和国有股及其他股份转让的方式形成期股股权。

3.经营者期股红利兑现和期股变现。经营者的期股每年所获红利按协议规定全部用于补入所认购的期股。企业经营者在该企业任期届满,若不续聘,经考核其业绩指标达到双方协议规定的水平,可按协议规定,在任期届满2年后,将其拥有的期股按届满当时经评估后的每股净资产值变现,也可保留适当比例的股份在企业按年度正常分红。经营者任期未满主动要求离开,或在任期内未能达到协议规定的考核指标水平,均属于违约行为,应按照权限对等的原则,取消其所拥有的期股股权及其收益,其个人现金出资部分也要做相应扣减。

(三)武汉实施股票期权的具体做法

武汉市在对国资公司所属的全资公司和控股企业的法定代表人的报酬实行年薪制(由基薪收入、风险收入、年功收入三部分组成)的基础上,将经营者年薪中的风险收入部分实行股票期权激励办法。其具体做法是:上市公司法定代表人的风险收入由企业在收到国资公司业绩评定书后的三个有效工作日内交付国资公司,国资公司将其中30%以现金兑现。国资公司在股票二级市场上按该企业年报公布后一个月的股票平均价格,用当年企业法定代表人的70%风险收入购入该企业股票。期股到期前,这部分股票的表决权由国资公司行使,且股票不能上市流通,但企业的法定代表人享有期股分红、增配股的权利。该年度购入的股票在第二年国资公司下达业绩评定书后的一个月内,返还上年度风险收入总额的30%给企业法定代表人。第三年以同样的方式返还30%,

剩余的10%积累留存。以后年度的期股的累积与返还依此类推。已经返还的股票,企业法定代表人拥有完全的所有权。企业法定代表人调动、解聘、退休或任期结束时,按离任审计结论返还股票(或股份)期权的累积余额。

从以上三地实践的情况看,由于许多条件还不成熟,存在诸多的制约因素。高级管理人员一般无力购入足够多的期股,高级管理人员所承担的风险不够大,激励强度仍然不够。有的国有企业不是股份公司,以股票作为激励的基础不宜操作。2005年4月,国资委、财政部联合印发《企业国有产权向管理层转让暂行规定》的通知,针对管理层收购热潮中暴露出来的各种问题,对相关制度进行了规范和完善,对管理层收购提出了严格的政策约束。但是,实践中有些典型案例表明,经营层持股及融资收购值得深入研究和规范发展。

二、四通集团经营者层融资(MBO)收购案例

(一)企业简介

四通集团是比较大的民营高新技术企业之一,曾经被产权问题困扰。1984年5月16日,中国科学院7名科技人员向北京市海淀区四季青乡借款2万元,并挂靠四季青乡下海创办了"四通新技术开发有限公司"。虽然注册为"集体所有制",但四通创业者一直恪守"自筹资金、自由组合、自主经营、自负盈亏"的原则。它对内对外都强调自己是"民办企业",无上级主管,以区别于"官办集体企业"。到1998年底,四通集团经过15年的发展,资产规模已达42亿元,净资产15亿元,利税1亿多元,在全国电子百强企

业□排名第六①。

（二）经营者层融资收购的背景

四通集团下属 58 家公司,随着公司经营的不断扩展,以及公司经营人员包括当初创业人员的变化,公司产权却越来越模糊。产权主题虚置,不仅使公司海外融资困难,更重要的是公司缺乏有效的监督机制,造成投资项目广种薄收,人才流失严重等一系列问题。为了解决这一问题,四通最终决定引进 MBO 方式,即经营者层引用借债所融资本杠杆收购自己所服务的公司的部分股份,使管理层得以所有者和经营者合一的身份重组公司。

（三）具体做法

先由公司管理层和内部员工成立员工持股会,然后分别由原四通集团和员工持股会以及外部股权投资人出资成立"北京四通投资有限公司",其中原四通集团和员工持股会分别出资 4900 万元和 5100 万元。通过北京四通投资有限公司购买在香港上市的香港四通以及原四通集团系统集成、信息家电、软件开发等资产,达到以清晰的增量调动模糊的存量的目的。总之,四通改制模式就是在我国当时政策法律框架下,引进 MBO 方式,同时进行四通的产权重组、业务重组和机制重组。通过产权清晰的新四通收购原四通的资产,调动模式的存量,不仅解决了产权混乱的问题,同时结合员工的持股,调动了员工的积极性,增强了企业的凝聚力。

（四）案例评析

四通经营者层融资收购取得成功,为我国众多被产权所困的

---

① 郭雷:《管理层收购中国实践:企业改制与员工持股操作指南》,电子工业出版社 2004 年版,第 3—11 页。

民营企业通过 MBO 方式解决产权问题探索出了一条路子。通过设立员工持股会,推行员工持股,建立新的产权主体,明晰了企业产权,并通过业务重组为公司未来发展搭建了新的组织平台。四通模式的顺利实施,需要有一个完善的企业家市场,通过企业家市场进行 MBO 设计,从而确定给谁期股,给多少股份。同时,需要金融法规的配套支持,企业家很难一次性拿出足够的钱认购规定的股份,企业推行 MBO 离不开金融机构的支持。同时,还应借鉴国外的经验,给推行员工持股的企业融资方面一定的税收优惠。

第五节　员工持股公司制

当前,我国员工持股主体的类型主要有自然人直接持股、持股会持股和员工持股公司持股(也称外部转持股)三种。员工持股公司制是指员工通过投资设立具有独立法人资格的公司,其反过来对员工所在企业进行投资,员工间接地对其所在企业享有股权;或员工通过委托共同的受托人,由受托人运作员工购股资金,如信托持股。这种形式既解决了有限责任公司的股东人数限制问题,也避免了持股会形式下的持股会独立民事主体资格问题[1],目前是一种比较好的员工持股制度。对于完善公司治理结构、增强员工的劳动积极性和企业的凝聚力、留住公司骨干人才、建立现代公

---

[1]　蒋建湘:《国企混合所有制改革背景下员工持股制度的法律构建》,《法商研究》2016 年第 6 期。

司制度、有效弥补投资主体缺位所带来的监督弱化、内部人控制等问题，具有十分重要的意义。混合所有制经济一般采用股份制的形式。员工持股公司制有助于推动混合所有制改革和发展。

一、浦东大众员工持股典型的案例

（一）企业简介

上海大众公用事业（集团）股份有限公司成立于 1991 年 12 月 24 日，原名是上海浦东大众出租汽车股份有限公司（简称浦东大众），是全国出租汽车行业中第一家股份制公司。浦东大众于 1993 年 3 月 4 日在上海证券交易所正式挂牌上市（股票代码：600635），2003 年 5 月，公司更名为大众公用。2016 年 12 月 5 日，公司 H 股在香港联交所主板挂牌交易。经过 20 余年的发展，公司从一个与上海浦东开发开放共同起步，在业内率先上市的交通运输企业，发展成为公用事业与金融创投齐头并进的投资控股型企业[1]。

（二）以员工持股会为主体成立员工持股公司

1997 年 2 月，代表浦东大众及其母公司大众出租的 2800 余名员工的员工持股会，从员工中筹集 7000 万元资金，组建了大众企业管理有限公司（简称"大众企管"），并由大众企管受让了原第一大股东大众出租持有的浦东大众法人股 20.08% 股权共 2600 万股，专让价格为 4.3 元/股（每股净资产 3.58 元）。在受让的 11180 万元资产中，其中 7000 万元由员工出资，其余 4180 万元由

---

① 中信万通数据库：2016 年上市公司数据资料。

大众企管向银行贷款。大众出租另将所持剩余的部分股权分别转让给煤气公司(5.02%)和另一子公司(2.01%)①。

（三）员工持股会的组成和运行

公司员工持股会是由参与受让公司股份的员工自愿参股组成的。持股会会员是持股会的股东，但会员个人不直接享有公司股权。持股会以工会社团法人名义独立承担民事责任，并代表持股会全体会员行使股东权利。员工持股会资金来源为员工出资和持股会投资收益。持股会初始的持股及以后增加对公司股份持有比例，通过以下途径获得股份来源：公司其他股东转让的股份；公司增资扩股时认购公司发行的新股（配股）；公司其他股东放弃配股的余额。持股会会员大会是持股会的最高权力机构，负责选举和更换理事会成员，审议批准理事会的报告，审议批准持股会增资方案、投资方案和收益分配方案等事项。理事会由持股会会员大会选举产生，为持股会的常务办事机构，对会员大会负责，主持持股会日常事务工作，如办理会员入会、退会手续、收缴会员认购资金，办理会员转让股份等工作。会员转让股份，均由通过持股会办理转让手续。会员转让股份的价格，统一按上年末公布的每股净资产值确定，并通过持股会办理现金转让手续。持股会理事及公司董事、监事、总经营者任职期间，不得转让所持股份。

（四）员工持股公司（大众企管公司）的运行

大众企管公司以员工持股会为主体，实质上是一家民营企业，

---

① 王晋斌、李振中：《内部职工持股计划与企业绩效——对西方和中国企业案例的考察》，《经济研究》1998 年第 9 期。

持有浦东大众 20% 以上的股份,这样就形成了浦东大众是由一家民营企业控股的上市公司。浦东大众员工持股会股份总额 6800 万股,每股面值 1 元。持股会股份不能上市流通,员工如有需要可将股份转让给持股会或购买股份;转让价统一为上年末的净资产值。持股会设理事会和会员大会;行使和体现员工的权益和要求,按照充听取广大员工的意见,再以占股 20.08% 的第一大股东身份到股东大会上参与表决程序。

（五）案例评析

1. 由于大众企管公司的投资者全部来源于大众集团的员工,而管理公司经营效益大部分来自浦东大众,因此员工与企业更具有利益相关性,尤其是经营者持股较多,更具有激励性。

2. 成立员工持股会以来的两年中,大众企管公司的资产规模与股东权益都取得了较大的增长。大众企管公司的资产主要分布在三个方面,即对浦东大众控股的长期投资、出租汽车为主的固定资产投资和资本市场的短期投资。对浦东大众的控股从 1997 年 5 月的 2600 万股,经过连续实施送股和配股,2000 年已达 10306 万股。出租汽车数量也有较大增长。大众企管公司的股东权益,即 2300 名公司员工的权益,从 1997 年 4 月的 7000 万元经过不到两年的努力,到 1998 年底已经达到 10853 万元,增幅达 55%①。两年来,大众企管公司虽然没有向股东分配过现金红利,但员工股东可以通过股权内部转让的方式得到同样的现金分红。

---

① 王晋斌:《解析内部职工持股计划制度设计》,《经济研究》2001 年第 7 期。

二、员工持股公司制与股份合作制的比较

员工持股公司制与股份合作制都是以员工持股成为企业产权主体为共同特征,但是在改制过程中,这两种模式的设立条件、适用范围、股权结构、公司治理等方面都有很大的差别。在实践中,员工持股公司制基本保持了股份合作制的"内核"①,又具有较大的灵活性,因此在实施员工持股制度过程中被越来越多的企业采用。

(一)员工持股公司制的形式

员工持股公司制是采纳股份合作制员工自愿入股的基本做法,组织员工持股会,并按照《公司法》的规范要求组建的现代公司制的企业组织形式。具体分为两种形式:

1. 含员工持股会的有限责任公司。企业组织员工持股会,代表持有内部员工股的员工行使股东权利,形成一个以工会社团法人名义承担民事责任的组织,并由员工持股会与本单位法人股或其他社会法人股,以及企业内外自然人股(包括企业经营者)组成的有限责任公司。它具有股份合作制和现代企业制度的基本特点,设立条件灵活。

2. 含员工持股会的发起式股份有限公司。企业组织员工成立员工持股会,并以员工持股会作为发起人之一与其他发起人共同发起设立的股份有限公司。它具有投资主体多元化、产权清晰、法人治理结构完备、股权转让规范等特点,是员工持股公司的一种类型。

---

① 谷照明:《产权改革与员工持股》,北京大学出版社 2002 年版,第189 页。

根据上海市有关文件规定,在上海市内设立的有限责任公司(不含中外合资的有限责任公司)和发起设立的股份有限公司内均可建立员工持股会,工会负责内部员工持股管理,代表持股员工行使股东权利,同时以公司工会社团法人名义承担民事责任。文件还规定,内部员工股是由公司员工自愿出资,通过公司员工持股会统一管理的特定股份。一是规定可设立员工持股会的企业只有有限责任公司和发起式股份有限公司;二是管理和行使员工持股会权利的是公司工会;三是它是一种特定的股份,同股份制上市公司员工持有的股份是不同的。前者由员工持股会统一管理和运作,后者则在按规定上市时,持股者可自行决定在证券市场上自由买卖。由此可见,员工持股是一种投资行为,而不是一种集资行为,员工所投入资金即转化为公司股份,成为公司的法人财产,投资人注入的资金在公司终止之前不能抽回,承担着以出资额为限的风险责任,同时依法享有经营管理决策等各项股东权利,持股员工个人的权利是通过一定的形式加以表达,并由持股会代为行使。

（二）股份合作制与员工持股公司制的异同

股份合作制与员工持股公司制,两者有不少共同点,但又存在着重大的区别,以下作具体介绍:

1.股份合作制与员工持股公司制的主要共同点。持股者都是本企业的员工,员工既是企业的劳动者,又是企业的投资者,都要以各自的出资额为限承担风险责任,享受相应的权益。从这个角度讲,员工持股公司制和股份合作制都能构筑起员工与企业的命运共同体,培育员工在企业中的主人翁意识,提高员工对企业的关切度,从而增强企业的活力。国有企业资产国家所有,劳动者与企业虽无利益上的根本冲突,但也缺乏利益上直接结合的激励机制。采用股份合作制或员工持股公司制的形式,让员工拥有企业中的一部分或大部分生产资料,从经济上把员工与企业利益结合在一起,有利于实行政企分开,使企业真正成为市场经济中的竞争主体。

2.股份合作制与员工持股公司制的不同点。

(1)企业性质不同。股份合作制一般是指以合作制为基本特征、采用股份制一些做法的集体所有制企业的实现形式,员工以自然人的身份持股,成为企业的股东。员工持股公司制是指按《公司法》构建的有限责任公司和发起式股份有限公司,员工投资参加持股会,而员工持股会是以工会社团法人名义成为企业的投资主体之一,企业为混合所有制。

(2)适用范围不同。股份合作制一般只适用于中小型的国有企业和集体企业改制以及新办的中小企业。而员工持股公司制适用范围广,中小型企业可用,大中型企业也适用;国有、民营以及混合所有制都可以用。

(3)股权结构不同。股份合作制企业,要求员工持股比例不能低于股本金总额的51%,吸纳外来股比重低,规定外来自然人不超过股本总金额的10%。而员工持股公司制员工持股的股金限制在企业资本金总额的49%以内,剩余的51%可以是外来法人股或企业内外的自然人持股,两者比例没有具体规定,企业经营者群体可以不参加员工持股会,而以自然人作为企业的投资主体之一①。

---

① 张衔、胡茂:《我国企业员工持股的发展困境与现实选择》,《社会科学研究》2015年第1期。

（4）员工身份不同。股份合作制企业的员工一般来说都是企业的股东，既是劳动者，又是出资者，投资入股人数要求占企业在岗员工总人数的90%以上。而员工持股公司制持股员工本人不以自然人身份成为企业股东，以员工持股会作为产权主体，成为企业的股东之一，企业不强调员工双重身份。每个企业只可成立一个持股会，员工入会以自愿为原则，没有比例限制，实践中则是有50个以上员工参加即可建立员工持股会。

（5）员工参与决策的形式和程度不同。股份合作制企业，持股员工可以股东身份或推荐股东代表参与企业决策，一般股东人数、意见分散，存在参与决策和对经营者制约力度小的弱点。而员工持股公司制，员工参加持股会后，持股会的管理机构以员工持股产权代表的统一身份参加股东会，有利于在股东会上形成大股东、员工持股会、经营者群体、企业外来股代表多方相互制衡的决策机制。

（6）员工享受的政策不同。国有企业改制为股份合作制，可在国有资产中扣除离退休员工医药费等五项费用，作为改制后企业承担原企业承担的社会义务的补偿。集体企业改制为股份合作制，可将企业存量资产部分实行"共同共有"，作为补偿企业离退休员的费用；部分实行"按份共有"，记入在职员工个人名下，作为分红的依据。员工持股公司制的员工则不能享受这些政策。但是员工持股的资金来源可以采用多元化方式，包括员工出资、公司可分配工资（奖金）结余折股、公司提取部分公益金折股等，或者通过公司划出专项资金贷给员工持股会，贷款本息在日后公司分红中扣除①。

　　研究表明,各种员工持股形式均有优劣,混合所有制企业员工持股形式需要多样化。相关的法律法规和制度设计应允许各企业根据实际情况,综合运用各种形式,取长补短。

---

　　①　刘军胜:《混合所有制企业员工持股制度探讨》,《企业管理》2015年第 3 期。

第六章　我国上市公司员工持股制度

　　上市公司员工持股计划是指上市公司根据员工意愿,通过合法方式使员工获得本公司股票并长期持有,股份权益按约定分配给员工的制度安排。员工持股计划的参加对象为公司员工,包括管理层人员。党的十八届三中全会以后,我国上市公司员工持股计划的政策体系不断完善,与非上市公司相比,员工持股计划这种产权组织形式在上市公司中取得了较大发展,实施效果已逐步显现。

第一节　我国上市公司员工持股计划的发展现状

一、相关理论研究

　　国外学者对上市公司员工持股计划的发展问题,进行了大量的理论和实证研究,但结论并不统一。有的学者认为,上市公司实施员工持股计划,可以向证券市场传递积极信号,推动股票价格上涨,提升股东财富①。但也有学者发现,大规模的员工持股将产生严重的"搭便车"现象,一些公司管理层甚至借机变激励为福利,反而导致员工持股计划降低了股东财富②。还有一些学者认为,员工持股计划与股东财富之间不存在显著的相关关系③。近年来,国内学者对我国上市公司员工持股计划的实施效果进行了许多研究。方重等分析了我国上市公司员工持股计划的实践情况,发现不同公司在员工参与范围、管理模式等方面存在差异,体现了实践中员工持股计划的多样性④。张望军等研究员工持股计划对企业绩效的影响,发现实施员工持股计划的公司,其市值增速和负债增速均显著高于未实施员工持股计划的公司;科技、媒体和通信行业公司实施员工持股计划能显著提高公司的现金流量增速和盈利增速⑤。章卫东等运用事件分析法研究上市公司公告员工持股计划对股票价格的影响,发现员工持股计划公告后,公司股票将获得正的累计超额收益率;不同方式的员工持股计划,其宣告效应存

① Thouraya Triki, Loredana Ureche-Rangau, "*Stock Options and Firm Perfoemance: New Evidence from the French Market*", *Journal of International Financial Management and Accounting*, Vol.23, No.2, 2012, pp.154-185.

② M. L. Weitzman, D. L. Kruse, "*Profit Sharing and Productivity*", in *Paying for Productivity*, A. S. Blinder (ed.), Brookings Institution, 1990, pp. 54-65.

③ Michael Conte, Arnold S.Tannenbaum, "*Employee-owned companies: is the difference measurable?*", *Monthly Labor Review*, No.7, 1978, p.23.

④ 方重、汪忠新、康杰:《上市公司员工持股实践》,《中国金融》2016年第 7 期。

⑤ 张望军、孙即、万丽梅:《上市公司员工持股计划的效果和问题研究》,《金融监管研究》2016 第 3 期。

在一定差异①。袁静娴分析了上市公司公布的员工持股计划实施方案后发现,创业板及中小板的民营中小规模企业对实施员工持股计划比较积极,主要利用员工薪酬及自筹资金,通过竞价转让和认购非公开发行方式获得公司股票的所有权,其中大部分上市公司通过委托第三方资产管理机构对员工持股计划进行管理②。高榴补充了2014年7月—2016年6月我国上市公司实施员工持股计划后提出了发现的问题,比如,保障持股员工的股东权利机制还有待完善,信息披露要求有待强化,重复征税、税率过高影响员工持股积极性,持股过度短期化有违改革初衷等问题③。

综上所述,以往文献主要研究我国员工持股计划的现状及其对公司绩效的影响,较少探讨员工持股计划本身的可持续发展问题。本章将着重分析我国上市公司员工持股计划的特点及存在不足,并有针对性地提出对策建议,以期为完善企业员工持股制度、实施员工持股计划可持续发展提供参考。

二、我国上市公司员工持股计划的发展现状和实施效果

（一）发展现状

20世纪80年代初,我国国企改革步入"放权让利"、"两权分

---

①　章卫东、罗国民、陶媛媛:《上市公司员工持股计划的股东财富效应研究——来自我国证券市场的经验数据》,《北京工商大学学报(社会科学版)》2016年第2期。

②　袁静娴:《我国上市公司员工持股计划实施概况》,《时代金融》2015年第5期中旬刊(总第624期)。

③　高榴:《我国上市公司员工持股计划的特点、问题及改进对策》,《南方金融》2016年第11期。

离"的探索阶段,但资金匮乏在很大程度上掣肘了企业的发展。为此,部分企业进行股份制试点,向员工出售企业股份。1992 年 5月 15 日,国家体改委发布《股份有限公司规定意见》,正式对定向募集公司和社会募集公司的内部持股做出规定。此时的上市公司员工持股计划侧重于短期的员工福利计划,没有形成一种通过员工参与公司管理及合作的长期组织形式,内部员工股与流通股"同股不同权",在股份发行与上市过程中滋生出很多利益输送现象。20 世纪 90 年代中期,部分企业在发行内部职工股过程中出现了问题①。1998 年 11 月 25 日,证监会发布《中国证监会关于停止发行公司职工股的通知》,规定股份有限公司公开发行股票一律不再发行公司职工股。中国证监会紧急叫停了内部职工股,员工持股计划前后存续了 6 年时间就停止了。此后,员工持股计划在我国基本处于停滞状态。

2013 年 11 月,党的十八届三中全会在《中共中央关于全面深化改革若干重大问题的决定》中作出了积极发展混合所有制经济的重要部署,并明确提出"允许混合所有制经济实行企业员工持股,形成资本所有者和劳动者利益共同体"。中外企业产权制度改革和发展的理论和实践证明,实施员工持股计划是实现混合所有制的重要途径,而且将其作为一项基础性制度安排对我国证券市场发展有着至关重要的作用。2014 年 6 月,中国证监会发布《关于上市公司实施员工持股计划试点的指导意见》(以下简称

---

① 王晋斌:《解析内部职工持股计划制度设计》,《经济研究》2001 年第 7 期。

《指导意见》），为我国上市公司实施员工持股计划提供了政策依据。2016 年 8 月 18 日，国资委、财政部、证监会三部门联合印发了《关于国有控股混合所有制企业开展员工持股试点的意见》，明确了国有企业员工持股试点的原则、实施方案，并详细规定了参与试点的企业条件、持股员工范围、出资方式、入股价格、持股比例等关键问题。自 2014 年 6 月《指导意见》正式发布，截至 2017 年 12 月末，我国已有 710 家上市公司发布了员工持股计划，占上市公司总数的 20%①。

（二）实施效果

主要从员工持股计划对公司财务状况的影响来分析实施效果。选择 2014 年 7 月至 2017 年 6 月底期间，公布员工持股计划的 100 家公司为样本公司，分析比较公布员工持股计划的当季与前一季度重要财务指标的变化情况②。

1. 样本公司的市值增速以及负债增速明显高于公布员工持股前。对比员工持股计划公布前后相关财务指标的数据，结果显示，样本公司的平均资产增速比公布前平均增长了近 3 个百分点；平均负债增速也略高于公布前的平均水平。表明公布员工持股计划的公司更有能力使市值上涨，而且使用杠杆能力变强。

2. 实施员工持股计划对科技型企业改善财务状况的效果更明显。通过对比科技型公司公布员工持股计划前后的有关财务数

---

① 数据来源：Wind 数据库。
② 高榴：《我国上市公司员工持股计划的特点、问题及改进对策》，《南方金融》2016 年第 11 期。

据,结果显示,在杠杆增速、每股现金流、流量增速、净资产收益增长率以及主营业务收入增长率等方面,公布员工持股计划后均出现程度不同的增长,而且明显高于其他行业的平均水平。其主要原因是科技型企业具有高投入、高成长、高风险以及高收益的特点,与传统的"现金+红利"的薪酬方式相比,员工持股既有长期激励的特点,当期又不发生现金流出,且高成长带来的盈利预期空间大,激励效果比较好。

3. 实施员工持股计划可以改善国有控股上市公司盈利能力。样本公司中的 13 家国有控股公司实施了员工持股计划,这些公司的净资产收益增长率以及主营业务收入增长率,均高于发布员工持股计划前的平均水平。在一定程度上说明实施员工持股计划改善了盈利能力。但是,公布员工持股计划的国有控股公司仅有 13 家,占比小,而且有的公司经营状况存在非经济因素,所以这个结论还需要更多样本、更长时间的验证。

三、我国上市公司推行员工持股计划的主要目的

通过对样本公司员工持股计划方案的文本分析,总结出这些公司实施员工持股计划的主要目的,具体如下:

第一,改善公司股权和治理结构,提升公司治理水平。通过员工持股计划,对过于集中的股权进行分散,使其达到一个合理的水平,将所有权分享到员工,将有助于推进企业管理和决策的民主化,并且对企业的经营和决策起到监督的作用。此外,股权的分散化也有助于保护小股东利益,有利于上市公司长期持续和稳定地成长与发展。

第二,建立和健全长期有效的激励约束机制。通过员工持股计划,员工获得了分配企业剩余利润和享受企业发展红利的权利,企业通过这种方式来达到激励员工的作用,提高员工的工作积极性及对企业的忠诚度。与其他激励方式相比较,持股计划的锁定期都比较长,员工不能在短期内通过买卖股票获得利差,避免了员工股的短期效应。

第三,吸引和保留人才。在现代企业中,人力资本已成为其最重要的竞争力之一,尤其对于人力资本密集的新兴高科技和技术创新型公司,对吸引和保留优秀人才的需求更为强烈,而这些行业又具有高风险、高成长、高风险的特点,这些公司推出的员工持股计划的长期性及其对于未来收益的高预期,对优秀人才而言比其他方式具有更加强大的吸引力。

第四,建立企业与员工之间的利益共享和风险共担机制,提高职工的凝聚力和公司竞争力。企业在发展的过程中,会受到宏观经济波动的影响,也会受到市场竞争的冲击,同时要承担经营和决策风险等,因此,企业的经营成果不仅仅包含获取利润,还有可能遭受经济损失,而通过员工持股计划,将公司与员工的利益绑定在一起,在企业的经营中共同享受和承担公司发展中带来的收益和损失。

第五,实现股东、公司和员工三方利益的趋同,充分调动和发挥员工的积极主动性。通过持股计划,员工将成为公司股份的所有者,达成了公司、股东与员工利益的一致,特别管理人员的持股将在一定程度上降低委托代理成本。

四、主要特点

通过对发布的员工持股计划方案和实施情况进行分析研究，总结出了这些公司实施员工持股计划的特点。

(一)民营控股企业更倾向于实施员工持股计划

已发布员工持股计划的 710 家上市公司中，632 家为民营控股企业，占比 89%；国有控股企业及其他为 78 家公司，占比 11%。民营控股企业占比远远高于国有控股企业[①]。民营控股企业推动和实施员工持股计划，已逐步成为自身发展的内在要求。主要原因在于民营控股企业尤其是家族企业，为了确保企业的持续发展，需要吸引和留住优秀人才，而员工持股计划提供了相应的制度机制。随着国有企业员工持股试点的启动，预计未来实施员工持股的国有和国有控股企业比例将逐步上升。

(二)制造业类公司实施员工持股计划的积极性高

按照申万一级行业分类，在发布员工持股计划的 710 家上市公司，所涉行业覆盖了 16 个门类，行业分布广泛。其中，所占比例最大的两个行业分别是制造业 477 家与通信、电子、计算机以及传媒等高科技和技术创新型公司 84 家，两者合计 561 家，占比 79%[②]。近年来，战略新兴产业、智能制造、信息通信业快速发展，高技术制造领域具有明显的技术密集型、智力密集型特征，吸引人才、留住人才、激励人才成为不少公司的迫切需求，因而上述领域的上市公司实施员工持股计划的比例较高。国务院发布的《中国

---

① 数据来源：Wind 数据库。
② 数据来源：中信万通数据库。

制造2025》纲要中所提出的大力发展现代制造业和"人才为本"的思想发挥了重要的指导作用。

（三）高管和核心员工持股比例较大

多数公司将员工持股计划的实施对象限定在高级管理人员、技术人员和核心员工这个范围内。在710家发布员工持股计划的公司中，有504家面向高级管理人员、技术人员和核心员工，206家面向全体员工①。与普通员工相比，高级管理人员、技术人员和核心员工对公司业绩提升和持续发展更为重要，成为上述出现现象的主要原因。

（四）员工持股规模差异较大、持股比例相对较低

在公布员工持股计划的710家上市公司中，预计员工持股总金额的平均值为1.59亿元，其中最高值为80亿元，最低值为220万元。预计总金额超过1亿元的上市公司有277家，占比为39%②。员工持股规模受到公司规模与预计持股比例双重因素的影响。员工持股比例低于5%的上市公司有近675家，占比约95%③。前期较低的员工持股比例也为今后分步开展多期员工持股计划留下空间。

（五）股票来源以二级市场购买、认购非公开发行股票为主

员工持股计划的股票来源包括非公开发行股票、二级市场购买、大股东赠予、上市公司回购等多种方式。从710家发布员工持股计划的情况来看，通过二级市场购买、认购非公开发行股票是员

---

① 数据来源：中信万通数据库。
② 数据来源：中信万通数据库。
③ 数据来源：中信万通数据库。

工持股计划的股票来源主要渠道,共有 682 家公司采用这两种方式,占比为 96%①。

(六)资金来源以员工自筹资金为主

员工持股计划资金仅来自员工薪酬及自筹资金的公司 533 家,占比约为 75%②。在员工没有获得其他财务资助的情况下,上市公司一般以折价购买股票的优惠来吸引员工参与持股计划。另一种方式为公司控股股东或实际控制人为员工持股计划提供配套资金。采用这种方式的公司有 129 家,占比为 18%。如某公司的控股股东以其持有股票向证券公司申请质押融资,向员工持股计划提供资金,融资资金与自筹资金的比例为 3∶1,继而委托该证券公司设立定向资产管理计划,从二级市场购买标的股票③。另外,还有通过设立集合资产管理计划和上市公司提取奖励基金等方式作为员工持股计划的资金来源。

五、我国上市公司员工持股计划实施中存在的主要问题

(一)持股员工的股东权利保障机制有待完善

部分公司的员工持股计划方案将股票表决权等股东权利授予持有人管理委员会。持有人管理委员会易受上市公司高级管理人员以及大股东的影响,在大股东为员工持股计划提供股票来源或资金支持的情况下,这种现象尤为突出。持有人管理委员

---

① 数据来源:中信万通数据库。
② 数据来源:中信万通数据库。
③ 皮海洲:《员工持股计划之"大北农模式"值得推崇》,《金融经济》2014 年第 19 期。

会可能与大股东行动一致,在审议关联交易以及重大事项时,难以保持其独立性,可能损害公司及其他股东的利益。同时,《指导意见》规定员工持股计划持有上市公司的股票上限为10%,而《公司法》规定,单独或者合计持有上市公司10%以上的股东才享有在一定条件下的股东大会召集、派生诉讼权等重要权利。因此,员工持股计划在保障持股员工的股东权利方面存在一定的缺陷。

（二）重复征税、税率过高降低员工持股计划的吸引力

如果大股东向参与员工无偿赠予或者定向转让持股,按照税法有关规定,转让限售股取得的所有属于财产转让所得,应按20%的税率征收个人所得税。同时,员工获得了大股东赠送或定向受让的股份后,按照税法有关规定也要缴纳个人所得税。对于上市公司通过提取奖励基金作为资金来源的员工持股计划,其实质相当于公司向员工发放一笔薪酬①。若按照个人薪酬所得来征税,最高税率可达45%,较重的税负在一定程度上削弱了员工持股计划的吸引力。

（三）持股过度短期化有违改革初衷

多数上市公司的员工持股计划将锁定期定为《指导意见》规定的最低期限,且存续期总体偏短,可能导致公司及管理层行为短期化,难以达到通过员工持股使员工利益与公司长远利益紧密联系的改革初衷。

---

① 陈虹:《员工持股计划的会计及税务处理》,《财务与会计》2015年第12期。

（四）集合资产管理的部分现行规定与员工持股计划实践不相适应

员工持股计划运作最常见的形式是采用集合资产管理模式。但集合资产管理的一些规定不适应员工持股计划实践，在一定程度上限制了员工持股计划的发展。一是账户开立规定不一致。《指导意见》规定，员工持股计划管理机构应当以员工持股计划的名义开立证券交易账户。而如果员工持股计划通过设立集合资产管理计划的方式实施，按照《证券公司集合资产管理业务实施细则》第二十九条规定，应当以资产管理计划的名义开立证券账户。上述两方面规定相互有所抵触。二是员工持股计划的参与人数受限。《证券公司集合资产管理业务实施细则》第五条明确规定，合格投资者及客户人数不得超过 200 人。部分公司的员工持股计划参与人数拟超过 200 人，为了满足"不突破 200 人上限"的监管要求，在实际操作中可能由符合合格投资者条件的部分员工作为委托人签订资产管理合同，但这不符合《证券公司集合资产管理业务实施细则》第十六条对客户信息真实性的要求。现行有关集合资产管理计划对参与人数的硬性规定在一定程度上限制了员工持股计划的员工覆盖范围。

第二节 我国上市公司员工持股计划的构成要素和政策体系

一、激励对象及认购资格

上市公司关于员工持股计划的激励对象与认购资格的问题，

证监会《关于上市公司实施员工持股计划试点的指导意见》（证监会公告［2014］33号）中，对员工持股计划所包含的激励对象进行了界定。"员工持股计划是指上市公司根据员工意愿，通过合法方式使员工获得本公司股票并长期持有，股份权益按约定分配给员工的制度安排。员工持股计划的参加对象为公司员工，包括管理层人员。"在《指导意见》的界定中，员工持股的范围较为广阔，不仅包括公司员工，同时也包括管理层人员。《指导意见》规定："独立董事和监事会应当就员工持股计划是否有利于上市公司的持续发展，是否损害上市公司及全体股东利益，公司是否以摊派、强行分配等方式强制员工参与本公司持股计划发表意见。"监事并没有被上述《指导意见》的员工持股范围排除在外，而目前已经公布的上市公司员工持股计划中也有监事的身影，既为监督者又为参与者的监事，是需要考虑的问题。

二、股权设置及持股比例

上市公司关于员工持股计划的股权设置及持股比例问题，证监会《关于上市公司实施员工持股计划试点的指导意见》（证监会公告［2014］33号）规定员工持股计划的规模为："上市公司全部有效的员工持股计划所持有的股票总数累计不得超过公司股本总额的10%，单个员工所获股份权益对应的股票总数累计不得超过公司股本总额的1%。员工持股计划持有的股票总数不包括员工在公司首次公开发行股票上市前获得的股份、通过二级市场自行购买的股份及通过股权激励获得的股份。"2008年，中国证券监督管理委员会上市公司监管部发布的《股权激励有关事项备忘录2

号》规定,公司如无特殊原因,原则上不得预留股份。确有需要预留股份的,预留比例不得超过本次股权激励计划拟授予权益数量的10%,2015年12月,证监会发布的《上市公司股权激励管理办法(修订征求意见稿)》放宽了对预留权益的限制,在执行过程中,很多公司认为比例偏低,不能满足上市公司后续发展引进人才的实际需要,此次修订将该比例由10%提高至20%。

三、持股价格

(一)股票期权

中国证券监督管理委员会发布的《上市公司股权激励管理办法(试行)》(证公司字〔2005〕151号)第24条规定,上市公司在授予激励对象股票期权时,行权价格不应低于下列价格较高者:1.股权激励计划草案摘要公布前一个交易日的公司标的股票收盘价;2.股权激励计划草案摘要公布前30个交易日内的公司标的股票平均收盘价。

(二)限制性股票

中国证券监督管理委员会上市公司监管部2008年发布的《股权激励有关事项备忘录1号》对限制性股票的价格有如下规定:

1.如果标的股票的来源是存量,即从二级市场购入股票,则按照《公司法》关于回购股票的相关规定执行。

2.如果标的股票的来源是增量,即通过定向增发方式取得股票,其实质属于定向发行,则参照现行《上市公司证券发行管理办法》中有关定向增发的定价原则和锁定期要求确定价格和锁定期,同时考虑股权激励的激励效应。(1)发行价格不低于定价基准日前 20 个交易日公司股票均价的 50%;(2)自股票授予日起 12 个月内不得转让,激励对象为控股股东、实际控制人的,自股票授予日起 36 个月内不得转让。

3. 员工持股计划认购上市公司非公开发行股票,依据《上市公司证券发行管理办法》第 38 条,《上市公司非公开发行股票实施细则》第 9 条、第 22 条的规定,发行价格不低于定价基准日前 20 个交易日公司股票均价的 90%,限售期限不低于 36 个月。

在《上市公司股权激励管理办法(修订征求意见稿)》中,对授权价格、行权价格的定价要求予以放宽,完善了股票定价机制。在简政放权、市场化改革的大背景下,为鼓励公司自治,充分发挥上市公司、股东、激励对象的主观能动作用,本次修订对授予价格、行权价格不作强制性规定,仅作原则性要求,鼓励公司从本身价值出发灵活选取定价方式,给予公司更多的灵活空间。

4. 国有控股上市公司持股价格确定的特殊处理。除证监会对上市公司股权激励的统一管理之外,国务院国资委对国有控股上市公司也具有监管效力。2008 年 6 月,证监会出台的《关于规范国有控股上市公司实施股权激励有关问题的补充通知(征求意见稿)》中,上市公司激励对象行使权利时的业绩目标水平,"不得低于公司同行业平均业绩水平(或对标企业 75 分位值),凡低于同行业平均业绩(或对标企业 75 分位值)水平以下的不得行使"。这是国有上市公司在操作股权激励计划时需额外注意的方面。

四、持股期限

(一)员工持股计划的持股期限

根据证监会《关于上市公司实施员工持股计划试点的指导意见》(证监会公告〔2014〕33号)的规定,每期员工持股计划的持股期限不得低于12个月,以非公开发行方式实施员工持股计划的,持股期限不得低于36个月,自上市公司公告标的股票过户至本期持股计划名下时起算;上市公司应当在员工持股计划届满前6个月公告到期计划持有的股票数量。证监会未对限制性股票的持股期限做出强制性要求。《上市公司股权激励管理办法(修订征求意见稿)》对分期行权进行了进一步明确,后一行权期的起算日不得早于前一行权期的届满日,且各行权期的行权比例不得超过激励对象获授股票期权总额的50%,以增加股票期权的长期激励效应。

(二)国有控股企业员工持股期限

根据国资委发布的《关于国有控股混合所有制企业开展员工持股试点意见》的规定,实施员工持股,应设定不少于36个月的锁定期。在公司公开发行股份前已持股的员工,不得在公司首次公开发行时转让股份,并应承诺自上市之日起不少于36个月的锁定期。锁定期满后,公司董事、高级管理人员每年可转让股份不得高于所持股份总数的25%。对于员工持股计划36个月股份锁定期的强制要求,也体现了国有控股混合所有制开展员工持股的内在驱动导向,在于留住核心人才,使之在较长的时间内持续为企业工作,反映了长效激励的导向。

五、股权与资金的来源

（一）上市公司关于员工持股计划股权与资金的来源

证监会《关于上市公司实施员工持股计划试点的指导意见》（证监会公告［2014］33 号）有以下规定：

1. 员工持股计划可以通过以下方式解决所需资金：（1）员工的合法薪酬；（2）法律、行政法规允许的其他方式。

2. 员工持股计划可以通过以下方式解决股票来源：（1）上市公司回购本公司股票；（2）二级市场购买；（3）认购非公开发行股票；（4）股东自愿赠予；（5）法律、行政法规允许的其他方式。

如：龙净环保（股票代号：600388）的员工持股计划。在该计划中，其资金来源为公司专门设立的一个"奖励基金"：以该公司2013 年度的净利润为基数提取 10%奖励基金，作为首期员工持股计划的资金；之后每一会计年度，均以公司上一会计年度净利润为基数，提取 10%的奖励基金进入员工持股计划资金账户。这一奖励基金计划提取 10 年，即 2014 年至 2023 年。该方案已经获得证监会批准，正在实施过程中。

中国证券监督管理委员会上市公司监管部发布的《股权激励有关事项备忘录 2 号》关于股份来源问题进行了补充说明："股东不得直接向激励对象赠予（或转让）股份。股东拟提供股份的，应当先将股份赠予（或转让）上市公司，并视为上市公司以零价格（或特定价格）向这部分股东定向回购股份。然后，按照经我会备案无异议的股权激励计划，由上市公司将股份授予激励对象。上市公司对回购股份的授予应符合《公司法》第一百四十三条规定，且必须在一年内将回购股份授予激励对象。"

（二）国有企业员工持股股权与资金来源

国务院国有资产监督管理委员会《关于规范国有企业职工持股、投资的意见》（国资发改革〔2008〕139号）规定，国有企业不得为职工投资持股提供借款或垫付款项，不得以国有产权或资产作标的物为职工融资提供保证抵押、质押贴现等；不得要求与本企业有业务往来的其他企业为职工投资提供借款或帮助融资。《关于国有控股混合所有制企业开展员工持股试点意见》规定，员工入股应主要以货币出资，并按约定及时足额缴纳。按照国家有关法律法规，员工以科技成果出资入股的，应提供所有权属证明并依法评估作价，及时办理财产权转移手续。上市公司回购本公司股票实施员工持股，须执行有关规定。

试点企业、国有股东不得向员工无偿赠予股份，不得向持股员工提供垫资、担保借贷等财务资助。持股员工不得接受与试点企业有生产经营业务往来的其他企业的借款或融资帮助。从出资方式而言，除了传统的货币出资，还允许员工以科技成果出资，这对于科技型企业的员工而言，既可减轻员工的资金压力，又可以体现科技型企业在技术产权资本化方面的特殊优势。

实践中资金来源的几种方式，除了员工个人自筹资金，企业或银行向员工提供的用于员工出资的专项贷款等方式外，许多企业采取了企业奖励基金的方式。即企业从上一年度的结余中提取一定比例的奖励基金，依照员工的业绩水平、贡献大小等因素，分配给员工作为购买股权的基金。这种方式对员工的吸引力较大，也减轻了员工的压力，但考虑到员工的人力资本特性，还需要采用其他股权管理方式防止员工短期内出售股权套现，造成公司股权频繁互动。同时,还应当在考核中设置合理的标准,对待同等贡献同等业绩的员工,应当保证交易的公平。

六、绩效考核

(一)上市公司股权激励计划绩效考核指标设定

1. 中国证券监督管理委员会上市公司监管部 2008 年发布的《股权激励有关事项备忘录 1 号》对行权指标设定问题进行规制,要求"公司设定的行权指标须考虑公司的业绩情况,原则上实行股权激励后的业绩指标(如:每股收益、加权净资产收益率和净利润增长率等)不低于历史平均水平"。

2. 中国证券监督管理委员会上市公司监管部发布了《股权激励有关事项备忘录 2 号》(2008 年 3 月 17 日),又一次提到了绩效考核指标的设定:"公司根据自身情况,可设定适合于本公司的绩效考核指标。绩效考核指标应包含财务指标和非财务指标。绩效考核指标如涉及会计利润,应采用按新会计准则计算、扣除非经常性损益后的净利润。同时,期权成本应在经常性损益中列支。"

3. 中国证券监督管理委员会上市公司监管部发布的《股权激励有关事项备忘录 3 号》(2008 年 9 月 16 日)三次提到了行权或解锁条件问题:"上市公司股权激励计划应明确,股票期权等待期或限制性股票锁定期内,各年度归属于上市公司股东的净利润及归属于上市公司股东的扣除非经常性损益的净利润均不得低于授予日前最近三个会计年度的平均水平且不得为负。"但《上市公司股权激励管理办法(修订征求意见稿)》放宽了绩效考核指标等授权条件、行权条件要求,完善了综合评价机制。为鼓励公司自治,充分发挥市场作用,此次修订取消公司业绩指标不低于公司历史水平且不得为负的强制性要求,原则性规定相关指标应客观公开,符合公司的实际情况,有利于体现公司竞争力的提升。

(二)国有控股上市公司股权激励绩效考核指标的设定

国务院国有资产监督管理委员会企业分配局《关于规范国有控股上市公实施股权激励有关问题的补充通知(征求意见稿)》中,详细介绍了设置考核体系、业绩指标的方法。同时,该方法较为合理地提出了参考指标,以及为重点指标提出了参照值,在实践中有很大的借鉴意义,无论是上市公司或非上市公司,均可以此指标体系为参考。

七、股权管理

(一)上市公司股权管理相关规定

证监会发布的《关于上市公司实施员工持股计划试点的指导意见》(证监会公告[2014]33号)中,提出了管理要求。

1.参加员工持股计划的员工应当通过员工持股计划持有人会议选出代表或设立相应机构,监督员工持股计划的日常管理,代表员工持股计划持有人行使股东权利或者授权资产管理机构行使股东权利。

2.上市公司可以自行管理本公司的员工持股计划,也可以将本公司员工持股计划委托给下列具有资产管理资质的机构管理:(1)信托公司;(2)保险资产管理公司;(3)证券公司;(4)基金管理公司;(5)其他符合条件的资产管理机构。

3.上市公司自行管理本公司员工持股计划的,应当明确持股计划的管理方,制定相应的管理规则,切实维护员工持股计划持有人的合法权益,避免产生上市公司其他股东与员工持股计划持有人之间潜在的利益冲突。

4. 员工享有标的股票的权益。在符合员工持股计划约定的情况下,该权益可由员工自身享有,也可以转让、继承。员工通过持股计划获得的股份权益的占有、使用、收益和处分的权利,可以依据员工持股计划的约定行使。参加员工持股计划的员工离职、退休、死亡以及发生不再适合参加持股计划事由等情况时,其所持股份权益依照员工持股计划约定方式处置。

5. 上市公司委托资产管理机构管理本公司员工持股计划的,应当与资产管理机构签订资产管理协议。资产管理协议应当明确当事人的权利义务,切实维护员工持股计划持有人的合法权益,确保员工持股计划的财产安全。资产管理机构应当根据协议约定管理员工持股计划,同时应当遵守资产管理业务相关规则。

6. 员工持股计划管理机构应当为员工持股计划持有人的最大利益行事,不得与员工持股计划持有人存在利益冲突,不得泄露员工持股计划持有人的个人信息。

7. 员工持股计划管理机构应当以员工持股计划的名义开立证券交易账户。员工持股计划持有的股票、资金为委托财产,员工持股计划管理机构不得将委托财产归入其固有财产。员工持股计划管理机构因依法解散、被依法撤销或者被依法宣告破产等原因进行清算的,委托财产不属于其清算财产。

《上市公司股权激励管理办法(修订征求意见稿)》在已有股权管理制度的基础上,强化了内部监督与市场约束,进一步完善了股权激励实施程序、决策程序相关规定。

（二）国有企业员工持股的股权管理

新出台的《国有控股混合所有制企业开展员工持股试点意见》对于股权管理有以下要求："股权管理主体。员工所持股权一般应通过持股人会议等形式选出代表或设立相应机构进行管理。该股权代表或机构应制定管理规则，代表持股员工行使股东权利，维护持股员工合法权益。股权管理方式。公司各方股东应就员工股权的日常管理、动态调整和退出等问题协商一致，并通过公司章程或股东协议等予以明确。股权流转。持股员工因辞职、调离、退休、死亡或被解雇等原因离开本公司的，应在12个月内将所持股份进行内部转让。转让给持股平台、符合条件的员工或非公有资本股东的，转让价格由双方协商确定；转让给国有股东的，转让价格不得高于上一年度经审计的每股净资产值。"

具体来说，在国有企业实施员工持股，主要有以下四个目的：一是建立利益共享、风险共担的长效激励约束机制。将劳动关系与资本投资挂钩，使员工利益与企业利益紧密结合；二是吸引和留住人才。充分调动员工积极性、主动性和创造性，更好地发挥人力资本的重要作用，保持核心人才队伍的稳定性，为企业发展提供重要的组织保障和人才支撑；三是进一步优化国有企业股权结构。完善公司治理机制，形成有效制衡，防止内部人控制，减少决策失误，使企业股权更加合理、机制更加完善、决策更加科学，建立更加符合市场经济发展规律的体制机制；四是将员工持股作为重要的混合方式，以此助推混合所有制改革。

第三节　上海国际港务集团员工
持股计划案例分析

一、企业简介

上海国际港务（集团）股份有限公司（简称上港集团，股票代码：600018）目前是我国大陆最大的港口企业，是货物吞吐量、集装箱吞吐量均居世界首位的综合性港口。主营业务包括集装箱码头、散杂货码头、港口物流和港口服务四个板块。上港集团先后经历了上海港务局、上海国际港务（集团）有限公司改制，由上海市国资委、招商局集团"招商国际"等五家单位作为发起人发起设立，经国家商务部批准，于2005年6月28日正式成立。集团于2006年10月26日在上海证券交易所正式挂牌上市。集团股票自上市以来市值稳步攀升，市场反应良好。据上港集团2014年年报显示，上海国资委直接及间接持有上港集团65.32%的股份。作为一家经营性国有控股公司，截至2014年12月31日，在职员工共有19000余人，其中操作人员11000余人，约占员工总数的59%①。因此，该公司属于典型的劳动密集型企业，如何有效地实施员工激励关系到公司的经营前景与竞争优势。随着上海国际航运中心建设持续推进及上海自贸区范围进一步扩大，该公司面临着良好的发展环境。

---

① 数据来源：中信万通数据库。

二、上港集团员工持股计划方案分析

上港集团员工持股方案的大体内容如下:2014 年 11 月 18 日,上港集团发布公告,董事会通过第一期员工持股计划,将以非公开发行 A 股股份的方式实施,发行价格为 4.33 元/股,发行不超过 42000 万股,锁定期为 36 个月。此员工持股计划定向募集资金不超过 181860 万元,其中集团董事长等 12 位管理层人士累计持股占 1%,其余 99%的股份由 1.6 万多名员工认购,所募集的资金在扣除发行费用之后会全部用于偿还银行贷款。这次的员工持股计划,采用非公开定向增发,发行之后员工持股比例约为实际流通 A 股的 2%①。本节从上港集团员工持股的实施过程、设计机理、特点分析和完善方向四个方面介绍员工持股方案的内容。

(一)实施过程

1. 上港集团员工持股计划实施时间表。

序号	时 间	内 容
1	2014 年 11 月 15 日	董事会审议通过《上港集团 2014 年度员工持股计划(草案)(认购非公开发行股票方式)》等议案。
2	2014 年 12 月 6 日	股东大会投票通过 2014 年度员工持股计划(草案)。
3	2014 年 12 月 23 日	中国证监会受理了公司非公开发行股票的申请。
4	2015 年 3 月 6 日	公布非公开发行股票相关事项进展:公司董事、监事和高级管理人员参加员工持股计划认购价为 4.33 元/股,共认购 420 万股,其资金来源为员工持股计划持有人的自筹资金。

① 张望军、孙即、万丽梅:《上市公司员工持股计划的效果和问题研究》,《金融监管研究》2016 年第 3 期。

续表

序号	时　间	内　容
5	2015 年 4 月 3 日	非公开发行 A 股股票的申请获得中国证监会发行审核委员会审核通过。
6	2015 年 5 月 5 日	收到中国证监会关于非公开发行股票申请的核准批文。
7	2015 年 5 月 16 日	公告由于 2014 年度利润分配方案的实施,本次非公开发行股票发行价格由 4.33 元/股调整为 4.18 元/股。
8	2015 年 5 月 26 日	完成非公开发行 A 股股票目标,共发行 41849.5 万股,募集资金 174930910 元,由受托管理该员工持股计划的资管机构长江养老设立专项产品予以管理。
9	2015 年 6 月 5 日	发布非公开发行股票发行结果股份变动公告。

2. 上港集团 2014 年度员工持股计划草案。

序号	要　素	描　述
1	股票数量	不超过 4.2 亿股。
2	发行类别	A 股。
3	发行股票资金总额	不超过 18.186 亿元。
4	募集资金用途	偿还银行贷款。
5	发行方式	非公开发行。
6	参与对象	上港集团总部及下属相关单位员工共 1.6 万人参与该持股计划,其中高管 12 人。
7	发行价格	4.18 元/股。
8	资金来源	参与对象的合法薪酬及其他合法方式自筹资金。
9	锁定期	36 个月。
10	委托管理机构	委托长江养老保险股份有限公司设立"长江养老—上港集团员工持股计划专项产品"进行管理。

（二）员工持股计划设计机理

针对上港集团 2014 年度员工持股计划草案,对员工持股计划的遵循原则、发行方式、参与对象、认购价格、资金规模及使用方向、管理模式六个方面剖析上港集团员工持股计划的主要内容。

1. 员工持股计划的遵循原则。上海港务集团的员工持股计划遵循依法合规、自愿参与及风险自担原则。上港集团实施员工持股计划的原则是公司自主决定、员工自愿参加,公司不会以摊派、强行分配来强制员工参与。在认购份额上,上港集团遵循指导意见的规定"单个员工所获股份权益对应的股票总数累计不得超过公司股本总额的 1%",即在这个范围内,员工认购股份的数量可由员工自行决定。上港集团在公告中也强调,员工持股必须自愿认购。上港集团的员工持股计划面向全体员工,甚至包括集团旗下餐饮企业的服务员。当然,因为在股票来源、资金来源等方面完全面向市场、公开透明,在认购时不可避免地会产生一定的市场风险。为此,集团面向员工进行了详细的方案介绍和风险提示,同时在认购时,本着对员工负责的精神,采取了两次确认的方式。有些认购金额较多的,连员工家属也要确认。家属二次确认,是为用真金白银来投票的"民意测验",发行结果显示,有不少人选择顶格认购（15 万股）,这表明员工对公司发展前景抱有坚定的信心。

2. 发行方式的选择。上港集团在实施定向增发方案之前,也曾经考虑过其他激励措施,比如股权激励方案。但是因为股权激励的范围有限制,只能仅仅是管理层和核心技术团队,不能够包括大范围的员工。如果采用这种限制性股票的方式,依照法律规定,管理层人员能够以对折的价格得到企业股票。可是如果这样一来，在股价本就偏低的时候再打对折，而且只能由高管买入，是不利于国有资产的保值增值，对其他企业职工来讲，也是很难以接受的。另外，如果实施了股权激励，那么现有股东让渡股权也是很有可能的。再加上相关制度规定员工持股原则是存量不碰，而发行限制性股票是一种存量改革，而定向增发正好与制度相吻合并能做大增量。另外，股权激励不能够给企业带来新的资金，它是股东和股东的交换，但是这次的定向增发就为上港集团募集了18亿元资金，为企业的发展注入了新的活力。另外，上港集团也处于一层颇为实际的考虑，即定向增发的审批手续相对股权激励来讲相对简单，这样公司对时间的进度也就更有把握。此外，从市场的角度来看，发行限制性股票来实行股权激励，对成长初期的企业可能更为适合。这样的企业具备的条件是，首次大股东要将公司发展的责任置于高管，另外，因为是成长初期，企业的估值一般相对较高，将来股价的走势更能够对公司的高管形成比较严格的约束机制。所以，对于上海港务集团这样相对成熟型的企业，不论从哪些方面来讲，通过定向增发做大增量是最好的办法，这样能够充分确保企业的股东、高管以及职工的互惠共赢。

3.定增对象的选择。按上港集团《2014年度员工持股计划》，共有16082名员工成为上港集团员工持股激励方案的受益对象，其中包括集团管理层12名高管。受益面占到上港集团公司员工总人数的70%，是近年来实施员工持股计划受益面最大的企业①。

---

① 张望军、孙即、万丽梅：《上市公司员工持股计划的效果和问题研究》，《金融监管研究》2016年第3期。

在具体操作上,上港集团表示要激励到位,就要在保证覆盖面的同时,还能够恰当体现不同岗位员工做出的贡献。按照认购方案,上港集团董事长等 12 名集团管理层人员累计持股占 1%,共持股420 万股,每个高管平均持股 35 万股,每个持股高管平均须出资151. 55 万元;其余 99% 的股份由 1. 6 万多名员工认购,平均每人持股约 2. 6 万股,每个持股员工平均须出资 11. 16 万元。这就在大范围激励面的同时又确保了能按贡献分配,不至于造成以前人人持股的"大锅饭"现象。同时,考虑不同层级的员工所能够承受风险能力的不一样,上港集团对不同岗位设定了持股的最高额度。对于集团高管最高每人不得超过 40 万股,中层领导每人不超过30 万股,普通员工每人最高不超过 15 万股。上港集团的方案,不是简单地将企业利益与员工利益捆绑在一起,而是将企业高管、员工与企业形成公共体,这样管理层提升企业管理水平更容易取得共识。

4. 认购价格的设定。此次定价设定方式如下:非公开发行的发行价格不低于定价基准日(上港集团第二届董事会第三十三次会议决议公告日)前 20 个交易日公司 A 股交易均价的 90%,此价格的设定是相对较为合理的,相当于 2014 年 2 倍的市净率(市净率指的是每股股价与每股净资产的比率)。本次员工持股计划的定增价为 4. 33 元,不会涉及国有资产流失。同时,比起二级市场购买,考虑到员工对购买价可能比较敏感,打九折的价格对于员工来说会更具有吸引力。

5. 募集资金规模及使用方向。作为第一次员工持股筹资,相对规模还是比较稳妥保守的,募集资金不超过 18. 168 亿元,并且也为以后的计划推出和筹资开辟了道路、预留了空间。对于筹集的18亿元资金的用途,根据上港集团员工持股计划草案,在扣除发行费用后,将委托给资产管理计划进行专项管理,募集的资金将会用于偿还银行贷款。由上港集团季度报表可知,到2014年第三季度,集团的流动资产为172.83亿元,流动负债为189.92亿元,其中负债中短期借款就达到了88.90亿元,处于相对较高的水平。另外,考虑到上海港务集团在2011年度的公司债券回售工作也已经展开,长期借款方面达到了95.03亿元,整个集团的还款压力比较大[①]。在银行借款越收越紧的情况下,以员工持股计划的方式募集资金确实是缓解公司资金紧张的一个很好方式。

此次员工持股计划的募集资金对改善上港集团的负债结构能起到较大的促进作用,通过有效利用所筹集资金,充分发挥其使用效益,有利于集团经营规模的不断扩大,同时营业收入和利润也会相应地有所增长,从而使集团的盈利能力得到进一步提升。上港集团的员工持股计划使员工和企业利益更为紧密地联系在一起,有助于建立和完善员工和企业的利益共享机制,从而增强企业活力和员工凝聚力,改善公司治理水平和结构,使企业能够长期、稳定、健康发展。

6. 管理模式的选择。此次员工持股计划在管理模式上也有新的探索。首先,上港集团此次员工持股计划全体持有人组成持有人大会,制定《持有人大会章程》;其次,依据《章程》民主选举产生持有人大会的常设机构——员工持股计划管理委员会,代表员工

○　数据来源:中信万通数据库。

行使合法的股东权利；为增加管理的透明度，本次员工持股计划委托长江养老保险股份有限公司设立"长江养老——上港集团员工持股计划专项产品"进行管理，有助于降低风险，保障员工利益的实现。

三、上港集团员工持股计划特点分析

（一）为促进国有企业混改进行了有益的探索

上港集团的员工持股计划不仅是上海国资混合所有制改革的第一单，也是全国范围内深化国有企业改革的重点案例。本次上港集团的员工持股计划，不仅对自身来说意义重大，而且为其他国有企业实施混合所有制改革进行了路径探索，具有重要的借鉴意义。

（二）授予对象体现广泛性和公正性

上港集团的员工持股方案涉及72%的员工，覆盖了上港集团中高层员工和大多数普通员工，与其他主要考虑高管和骨干的股权激励方案形成了鲜明对比，凸显了此次员工持股方案激励面的广泛性。在保证高管和核心人才激励有效性的同时，中高层员工的积极性也能得到激发，有利于员工和企业形成利益共同体，促进企业效益的改善。另外，高管认购的份额仅为员工持股计划总份额的1%，其他员工合计认购份额占总份额的99%，有效避免了管理层"一股独大"引发的自利行为，实现了众多一线员工从人力资源到人力资本的识别与激励过程。这样的制度设计体现了该公司劳动密集型的行业特点。同时，员工获得股权的多少，又与本人的能力、对企业所作的贡献相结合，体现了其公正性，有利于充分发挥激励作用。

（三）影响持续时间长

此次员工持股计划设置了较长的激励期限。上港集团本次员工持股计划的存续期为 48 个月,从员工将股票登记至其名下开始计算。其中前 36 个月为锁定期,后 12 个月为解锁期。该持股期限较一般的股权激励期限长,可以在相当长的一段时间内较好地将公司长期利益与员工绑定,有助于平衡企业的短期业绩和长期发展之间的关系,从而建立起公司与员工"风险共担、利益共享"的机制。此次员工持股计划可以从相对较长的时间上保证相关项目实施与运营的稳定性,同时结合锁定期后的员工持股安排,很有利于稳定上港集团的核心持股人员。

（四）有效绑定企业与员工利益

本次员工持股方案向总部及下属相关单位 1.6 万人定向发行了 8 亿元股票,覆盖了集团 72% 的员工。这次员工持股计划很好地将员工的利益诉求和企业效益绑定在一起,使员工的归属感和责任心得到增强,从而能够使员工的生产积极性得到有效调动,将这些为化的激励转化为实际的生产力。同时,此次员工持股计划没有对解锁设置相应的考核标准。结合覆盖面广泛的参与对象,有利于避免由普通员工承担公司决策失误的不利后果,从而在实质上起到长期激励员工的效果。这对于劳动密集型企业形成长期竞争优势也具有重要的推动作用。

（五）资金来源及去向明确

上港集团本次员工持股资金来源十分明确,全部为员工薪酬所得和自筹资金;同时募集资金用途也极为清晰,扣除发行费用后,其余资金全部用于偿还贷款。明确的资金用途使资金的运作方向更有方向性,丰富了资本补充渠道,同时提高了集团的资本实力和市场竞争力。

四、案例评析

作为国内员工持股计划先发先试的大型国有企业,上港集团的员工持股计划还是较为谨慎的。在保证稳妥起见下,这已经是国有企业员工持股迈出的一大步。上港集团的员工持股计划还有很多完善和改进空间。

(一)持股比例扩大化

相对于将近90%的国有股,上港集团目前员工持股尽管覆盖面比较大,但1.8%的持股比例还是很低。进一步提高员工持股比例,对优化股权结构和完善公司治理都有积极意义。

(二)股票来源多元化

上港集团员工持股计划的股票来源完全依靠定向增发,在结构上较为单一。其实可以考虑将企业超额利润的一部分,转化为股票提供给员工,用来激励员工。当然,现阶段国有企业员工持股的条件比较苛刻,这一方面在今后的实践中可以不断改进。

(三)员工持股常态化

目前来讲,国有企业的员工持股计划大多是一次性计划,长期的激励效果可能不够明显。未来的持股计划可以面向长期化、常态化,尝试滚动推出,这样不仅可以避免激励短期化,也能够让新员工参与进来,共同促进企业发展。

第四节　广日股份员工持股计划案例分析

一、企业简介

广州广日股份有限公司是由广州广日集团有限公司投资控股的 A 股上市公司,证券代码 600894,注册资本 85995 万元。公司作为国内电梯制造历史最悠久的企业之一,以电梯业务为核心,向上下游产业链延伸。公司经过近四十年的发展,形成了以电梯整机制造、电梯零部件生产及物流服务三大业务板块为主的产业一体化经营格局,并引入国际化高端合作项目向相关产业领域拓展,成为科技研发实力和市场竞争能力突出的大型企业集团。

二、广日股份员工持股计划

计划基本内容

序号	要　素	描　　述
1	时间	2014 年 6 月 16 日董事会通过员工激励计划;2014 年 7 月 18 日通过广州市国资委审批。
2	主体	广州广日股份有限公司(A 股上市公司,股东为广州广日集团有限公司,为广州市国资委独资的国有企业)。
3	进度	发布《广州广日股份有限公司员工激励计划(草案)》并已获广州市国资委审批。
4	激励原则	(1)公开、公平、公正; (2)符合法律、行政法规、政府部门规范性文件和公司章程的规定; (3)激励和约束相结合,有利于公司的可持续发展,有利于全体股东利益。

续表

序号	要　素	描　　述
5	计划有效期	有效期为 5 年,即 2014 年度至 2018 年度,分年实施。
6	激励形式	出资购股+业绩股票。 采取具有中长期激励效果的激励基金计划,即在达到个人约束条件及任意两个公司业绩约束条件后,最高可提取当年扣除非经常性损益后的净利润同比增加额的 10%,以奖励金的形式发放给激励对象,激励对象以税后奖励金另加不低于税后奖励金 25% 的个人出资,统一用于认购以本公司股票为主要投资品种的理财产品,锁定期为 3 年。2015 年 7 月,广日股份公司已与广州证券有限公司签订《资产管理合同》,由广州证券统一运作该笔资金。
7	激励对象	为公司董事、监事、高级管理人员、中层管理人员、子公司高管以及经董事会认定的对公司经营业绩和发展发挥积极作用的优秀骨干员工,总人数不超过 188 人,每年的激励对象名单由董事会薪酬委员会决定,并报经董事会审议通过后实施。公司独立董事和外部董事不在激励对象范围内。
8	计划实施条件	计划考核期内,公司未发生如下任一情形: (1)最近一个会计年度财务会计报告被注册会计师出具否定意见或者无法表示意见的审计报告; (2)董事会决议终止本计划; (3)考核期内,任一年度净利润低于最近三个会计年度(2011 年、2013 年)的平均水平。
9	公司约束条件	(1)营业收入条件:以 2013 年营业收入为基准,2014—2018 年营业收入增长率分别不低于 16%、35%、56%、81%、110%(即年复合增长率不低于 16%),且每年的主营业务收入占营业收入比例不低于 95%; (2)净利润条件:以 2013 年净利润为基准,2014—2018 年净利润增长率分别不低于 10%、21%、33%、46%、61%(即年复合增长率不低于 10%); (3)净资产收益率条件:扣除非经常性损益后的加权平均净资产率不低于 14%。若公司发生再融资行为,净资产为再融资当年扣除再融资数额后的净资产值; (4)上述任意两个公司业绩约束条件达成,则视为公司约束条件达成。

续表

序号	要　素	描　　述
10	个人约束条件	根据公司董事会批准的员工激励计划考核办法进行考核,考核期条件年度的个人绩效考核评价结果达到合格或以上。
11	资金来源	(1)激励计划有效期内,若任意两个公司业绩约束条件及个人约束条件达成,则根据营业收入增长率、净利润增长率、净资产收益率等系数,最高将提取超额利润(当年实现的净利润相较前一年度的增加额)的10%作为奖励金; (2)个人须有出资,并不低于税后奖励金的25%。
12	资金发放	公司支付每个激励对象具体奖励金的金额,在综合考虑每个激励对象的实际贡献后,由公司根据相关考核管理办法决定并实施。公司每年提取的奖励金将在年度终了后6个月内支付给激励对象,个人实际获得奖励金不得超过发放当年个人薪酬总额(含奖励金)的40%。
13	计划变更、终止	董事会认为有必要时,可变更或终止实施本计划。董事会终止计划的决议通过之日起,已提取尚未发放的激励基金可继续发放,尚未提取的奖励金不再提取。

(注:以上内容为广州广日股份有限公司《广州广日股份有限公司员工激励计划(草案)》[1]。)

三、案例评析

1.激励方式。在本案例分析中,笔者关注的是广日股份公司所采取的激励方式,即业绩股票和出资购股方式。通过这两种方式的结合,一方面可以促使员工关注企业效益、关注净利润增加额,具有较强的激励作用;另一方面又通过员工自筹少部分资金的方式,增强员工归属感、责任感,同时减小了企业的资金压力。这符合投权激励"效率优先、兼顾公平"的特点。如本书前文介绍,

[1]　数据来源:中信万通数据库。

各种股权激励方式在有各自优点的同时,也具有一些不可避免的缺点,因此若能结合多种股权激励方式,将能充分平衡公司与持股员工的利益,形成双赢。

(1)业绩股票。业绩股票是指实施激励计划的公司在年初确定一个较为合理的业绩目标,如果激励对象年末时达到预定目标,则公司授予其一定数量的股票或提取一定的奖励基金购买公司股票。在广日股份公司的激励计划中,公司为激励对象设计了具有中长期激效果的激励基金计划,即在达到个人约束条件及任意两个公司业绩约束条件后,则根据营业收入增长率、净利润增长率、净资产收益率等系数,最高可提取当年扣除非经常性损益后的净利润同比增加额的10%,以奖励金的形式发放给激励对象,统一用于认购以本公司股票为主要投资品种的理财产品。该理财产品的具体投资运作由证券公司等专业机构决定,公司及激励对象不以任何形式参与其运作。

公司以净利润同比增加额的10%作为激励基金,制订激励基金计划,在达成一定业绩指标的情况下,员工可用该激励基金出资,认购以公司股票为主要投资品种的理财产品。这一业绩股票计划能够保证激励对象的业绩与企业利益直接相关,激励高管人员努力完成业绩目标,实现激励对象与公司的双赢。10%的净利润增加值也不会给公司带来过重的资金压力。

(2)出资购股。出资购股是指允许激励对象通过增资或受让的方式有偿购买取得公司的股权。在广日股份的激励计划中,若达到了前述业绩指标,则激励对象可以不少于税后奖励金25%的个人出资,认购以本公司股票为主要投资品种的理财产品。以部分个人资产购买股票,是对上述业绩股票的有益补充,要求员工拿出"真金白银",才能享受到业绩股票的福利待遇,这样既有利于保障员工购买股票后仍充分关注公司利益,实现公司与员工个人的双赢,有利于形成公司与员工的利益共同体,实现激励捆绑;又能适当缓解公司的资金压力,增大激励计划的可行性。

2. 业绩指标。业绩指标是公司实施股权激励计划的条件之一,企业应结合自身实际情况及行业综合因素设定,使其既具有挑战性又具有可行性。上述业绩股票及出资购股方式均以公司及个人达到相应的业绩指标为实施条件。由于个人业绩指标在本次激励计划公告中并未列明,这里仅对公司业绩指标进行主要分析。

如上文表格中所述,广日股份公司对公司业绩指标的设计主要考察了营业收入、净利润、净资产收益率三个因素。这三项因素结合,可以较为完整、客观地反映公司的业绩增长情况。而16%营业收入复合增长率、10%净利润复合增长率则能较好实现激励目标,既对员工提出一定挑战,又不至于无法实现。在这三项指标中,只要达成任意两项,并达成个人业绩指标,即可进行激励。

第七章　我国科技型企业员工
持股制度

随着世界新技术革命浪潮的兴起,人力资本和技术产权的价值,进入加速升值的阶段,智力和人力资本成为现代经济增长的新源泉和决定性因素,全球新技术革命对所有制结构和产权制度产生了深刻的影响。中外员工持股制度的理论和实践证明,在企业中通过引入员工持股制度,强化人力资本的价值,引导和支持技术产权向企业集聚,解决人力资本产权化和技术产权股权化等问题,员工持股制度是比较好的产权组织形式。

第一节　新技术革命浪潮对产权制度
产生了深刻的影响

新技术革命是在信息技术(互联网、物联网、计算机)等引领下的全方位革新,同时也是以人工智能、生物技术为核心向多个领域扩展、延伸和渗透的技术革命,不仅对经济发展起到十分关键的作用,而且对人类社会管理方式的变革产生着重大影响。新技术革命带来的社会生产力飞跃性发展,必然对产权制度产生深刻影响。新技术革命是技术创新成果积累和制度变革相互作用的产物①。

一、新技术革命浪潮已经到来

伴随着云计算、大数据、物联网、人工智能的快速发展,由新一代信息技术等引领的新技术革命浪潮,正在对旧的经济模式进行颠覆和重塑,这种浪潮包括新的传播通信技术(能极大地改变人类沟通交流的方式和效率);新的能源体系(更高效的能源能够满足和推动经济的不断增长);新的交通物流模式(能大幅度提高交通物流效率,推动经济和社会生活方式的改变)。我国不仅参与和融入到新技术革命浪潮中,而且已经在某些方面进入了世界前列。例如,我国的天河二号超级计算机(获得世界超算"五连冠")、北斗导航系统(中国自主建设、独立运行,并与世界其他卫星导航系统兼容共用)、高分二号卫星(空间分辨率首次精确到1米,标志着中国遥感卫星进入亚米级高分时代)和"华龙一号"核电机组等。高铁、支付宝、共享单车和网购此四者无一不与信息技术相关,均走在了世界前列②。如果细举,还有很多例子可以说明我国在世界新技术革命中取得的不俗成就。但是,与发达国家

---

① 王一鸣:《新科技革命对我国经济体制改革的新要求》,《经济理论与经济管理》2002 年第 3 期。

② 张田勘:《全球新技术革命浪潮来临中国怎样引领潮流》,《人民日报》(海外版)2017 年 9 月 22 日。

相比,在许多方面我国仍处于追赶世界先进水平的阶段,例如在生物技术、人工智能等方面。同时,还要清醒地看到我国拥有自主知识产权核心技术的企业比例低,居世界先进水平的科技项目相对较少,科研成果转化为生产力比率较低等问题。解决好这些问题,需要长久地支持企业创新,并实施良好创新政策和制度,其中的关键就涉及产权制度的安排问题①。

二、技术产权已成为促进生产力发展的重要因素

（一）技术出资已成为提高生产力水平的重要力量

在新技术革命潮流兴起的时代,随着"技术资本化"的发展趋势,技术产权可以评估、作价、折股,使之形成新的科技型企业,也是混合所有制企业,从而参与到企业的创新中来。清华大学一博士后,运用技术专利折成的产权,合办混合所有制企业,进而推进"连续状泡沫镍"技术的产业化,就是一例②。2001年,一位在清华大学做博士后研究的青年研究人员发明了"连续状泡沫镍"技术,湖南省政府闻讯后把他聘请为湖南省科技方面的专家,并对其技术由国家有关评估机构评估、作价(评估值数千万元),以此折成股份与湖南当地的国有资本结合,创办混合所有制企业,是一家新材料公司(公司资产结构中,有地方国有资产,也有这位博士后的技术股权)。当年建厂,当年投产,并在国际市场打开销路,

---

① 张田勘:《全球新技术革命浪潮来临中国怎样引领潮流》,《人民日报》(海外版)2017年9月22日。

② 常修泽:《世界三大潮流与中国混合所有制经济》,《改革与战略》2017年第8期。

创造了新的品牌。

(二)混合所有制企业员工持股是技术产权入股的重要渠道

由技术产权与其他产权组合而成的混合所有制企业,使"国有资本、集体资本、非公有资本等交叉持股、相互融合",是促进技术创新和科技成果产业化的重要机制。在新技术革命浪潮兴起的形势下,实施以技术产权入股为重点的混改战略,引导和支持技术产权向企业集聚,促进科研成果向现实生产力转化,混合所有制企业员工持股是比较好的组织形式。这是上述案例揭示的一般规律。

(三)技术出资的程序

主要有评估、作价、交付和登记四个环节:

1. 评估。技术评估是根据技术的价值,对技术可能给自然和社会各方面带来的影响,进行分析和评价。

2. 作价。技术出资作价可以参照技术转让来进行。在技术转让中,技术作价,国际上一般采用利润分析法。

3. 交付。技术出资人应当依有关"约定"交付出资技术,企业应当及时组织验收。

4. 登记。技术出资应当记载于企业章程并办理工商登记。综上所述,我们从适应新技术革命潮流的层面,重新评估和思考了技术产权资本化(技术入股制)带来的混合所有制发展问题。

三、产权制度是创新驱动体系的基础制度

当今世界新技术革命深入发展,国际竞争日益激烈,无论是一

个国家、一个产业,还是一个企业,要获得持久的竞争力,不能依靠资源禀赋和要素成本的比较优势,必须适应当今世界新技术革命崛起的潮流,获取新的竞争优势,其关键就是实施创新驱动,这就需要相应的微观经济制度体系提供支撑。这些制度体系包括知识产权体制、财税体制、金融体制、市场体制、产权体制、政府管理体制等。其中,产权体制在上述一系列体制机制中是创新的基础①。

适应当今世界新技术革命潮流,关键问题就是创新。创新驱动实质上是人才驱动,只有通过产权制度安排,比如员工持股制度,增强微观主体的活力和竞争力,保护创新者的积极性,让创新者的合法权利不受侵犯,才能从创新中获得合理回报,以有效的产权制度安排来引导和促进企业创新发展。如果产权不清,科研成果归属不明,势必影响创新的发展。

四、员工持股制度具有适应新技术革命影响的独特优势

科技型企业是指以科技人员为主体,从事高新技术产品的研发、生产、销售及技术服务的经济实体。作为智力密集型企业,与传统的资本密集型和劳动密集型企业相比,科技型企业中人力资源和技术要素的产出贡献率更大。在这类企业中实施员工持股,将科研、管理、业务骨干人员的努力程度和企业的盈利能力建立紧密联系,更能体现人力资本的价值,吸引并稳定人才队伍,促进科技成果转化。

---

① 常修泽:《世界三大潮流与中国混合所有制经济》,《改革与战略》2017 年第 8 期。

（一）员工持股制度是发展混合所有制经济的重要途径

混合所有制企业既可容纳国有资本及其他公有资本,也可容纳各种非公资本;既可容纳私人企业主和外资企业主的资本,也可容纳企业员工的资本(包括科研人员、经营管理人员、业务骨干和普通员工的资本)。国务院《关于国有企业发展混合所有制经济的意见》(国发[2015]54号)明确指出:"员工持股主要采取增资扩股、出资新设等方式,优先支持人才资本和技术要素贡献占比较高的转制科研院所、高新技术企业和科技服务型企业开展试点,支持对企业经营业绩和持续发展有直接或较大影响的科研人员、经营管理人员和业务骨干等持股。"随着世界新技术革命和全球化趋势,人力资本的价值必然加速升值,甚至超过物质资本和货币资本。在"人力资本"价值升值的过程当中,技术层和管理层作用将会越来越大,使得技术和管理如同资本、土地、劳动力等生产要素一样纳入产权体系,从而通过发展员工持股制度,推动科技型企业的发展,进而推动混合所有制经济的发展。对技术产权所有者、科研人员、经营管理人员和业务骨干等实施员工持股,作为重要的混合方,可以与各种国有资本、非公资本、外资资本等组成混合所有制企业,有助于建立规范的公司治理和现代企业制度,促进企业创新发展。

（二）员工持股制度为技术产权资本化提供了有效途径

员工持股制度具有使物质资本和人力资本形成利益共同体的特性,是引导和支持技术产权向企业集聚,促进科研成果向现实生产力转化比较有效的产权组织形式。员工持股制度需要对技术产权资本化,需要首先对技术产权(或知识产权)的归属和价值进行

界定,主要分为三种形式:

1. 干股。一般拥有完全的所有权,大多不需用资金承担企业的亏损。技术干股用所拥有的技术承担风险,非技术干股由实际出资的股东承担风险。

2. 分红回填股。这种股份的拥有者个人在企业登记注册时不出资,由其他法人股东或自然人股东用现金、实物或者技术作价出资,借款给分红回填股拥有者入股,用红利冲抵借款,未冲抵借款部分只有分红权,已冲抵借款部分拥有完全所有权。

3. 分红股。由企业股东馈赠的只有分红权的股份。

新技术革命对包括混合所有制在内的整个体制的倒逼,是全面的、深刻的。员工持股制度为技术产权资本化(技术入股制)带来了条件,同时推动了混合所有制经济的发展。这是创新发展需要的微观经济制度基础,再加上财税体制、金融体制、市场体制、政府管理体制等等配套体制,就形成了一个完整的创新驱动制度体系。

(三)引入员工持股制度是科技型企业发展的内在需要

在科技型企业内部,人的创新能力和发挥好人力资本的作用至关重要。由于信息传播、交流的速度不断加快,经济网络化、全球化、信息化的发展,高新技术更新速度越来越快,高新技术产品的生命周期也大为缩短,企业因技术创新所带来的收益期也越来越短,故激烈的市场竞争迫使企业不断创新,加快创新,才能不被淘汰。新科技革命强化了人力资本的作用,人力资本是科技创新的关键因素。通过员工持股制度把科研技术人员、管理者和员工的经济利益与企业经营状况直接挂钩,从而为科技型企业发展奠定坚实的微观制度基础。

按照形成资本所有者和劳动者利益共同体的微观动因，通过引入员工持股制度，建立收益共享、风险共担的长效激励约束机制，更有效地把物质资本、人力资本以及创新性劳动结合起来，最大限度地激发人力资本的创造性劳动，是科技型企业发展的内在要求。员工持股的意义在于"形成资本所有者和劳动者利益共同体"，只有构建好千千万万个"利益共同体"，才能为创新发展提供坚实的体制支撑。稳妥推进员工持股制度，为吸引并留住创新的优秀人才提供有效的制度安排。中外知名科技型企业实施员工持股制度的实践表明，员工持股制度为适应新技术革命潮流的影响，提供了比较好的产权组织形式，受到了科技型企业的普遍欢迎。据《互联网公司员工持股比例排行榜》公布的数据，华为员工持股98%；阿里巴巴集团员工持股3%；阿里小微员工持股32.7%；奇虎360员工持股24%；百度员工持股9%；腾讯员工持股5%；多玩YY员工持股10%；去哪儿员工持股2.3%[1]。

（四）员工持股制度有助于科技型企业明晰产权

产权制度是市场经济的基础。在新技术革命潮流兴起的背景条件下，由于技术积累和产业化进程加快，产权不清，产权就无法交易，结构调整也就难以推进；更重要的是，产权不清，我们就不能依法保护产权，对产权所有者就难以形成创新和创造更多社会财富的激励。因此，明晰产权，依法保护产权，进一步完

---

[1] 蒋建湘：《国企混合所有制改革背景下员工持股制度的法律构建》，《法商研究》2016年第6期（总第176期）。

善产权制度,建立产权激励机制,是适应新技术革命浪潮的迫切任务。

明晰产权,既要合理界定国有产权,打破国有资产"人人拥有,又无人所有"的怪圈,又要对非国有资产进行明确界定。在科技型企业中依法保护产权,既要加强对有形产权的保护,更要重视对知识产权的保护。在市场经济条件下,创新成果归属界定以及相应知识产权的保护,需要进一步完善产权制度,才能建立产权激励机制。我国拥有自主知识产权核心技术的企业比例低,居世界先进水平的科技项目相对较少,科研成果转化为现实生产力比率较低等问题,很大程度上是由于科研成果归属不明、产权不清、创新体系无法有效形成等微观层面原因造成的。实践证明,员工持股制度为明晰产权、界定科技成果归属等提供了比较好的产权组织形式。

第二节 科技型企业员工持股制度
发展的理论基础

科技型企业是指以科技人员为主体,从事高新技术产品的研发、生产、销售及技术服务的经济实体。包括转制科研院所、高新技术企业、科技服务型企业①。

---

① 徐永前主编:《员工持股、股权激励与主协调律师制度》,法律出版社 2016 年版,第 91 页。

一、人力资本理论

人力资本理论是 20 世纪 60 年代兴起的一门新兴理论,代表人物是舒尔兹、贝克尔等。舒尔兹认为:人力是社会进步的决定性因素,掌握了知识和技能的人力资源是一切生产资源中最重要的资源。人力、知识和技能是资本的一种形态,称为人力资本。人力资本的形成经过了教育、培训、医疗保健和迁移等方式①,并对教育投资的收益率以及教育对经济增长的贡献作了定量的研究。人类自身的投资应当被认为是一种对特殊形态资本——人力资本的投资,人力资本投资在一定程度上可以看作是个人和企业双方的投资行为。从投资角度认识,人力资本是对人的技能过去投资(包括学习、实践、生活经历等)的先行价值,是对提高人的能力进行投资所形成的资本。人力资本理论是现代经济学理论发展的重要成果之一,舒尔兹也因在这一领域做出的开拓性研究而获得 1979 年度诺贝尔经济学奖。

(一)人力资本具有专用性

人力资本专用性,系指人所具有的专门技术与技巧并拥有特定信息的性质。一个具有专用人力资本或经营才能的经营者(企业家)获得的报酬,不完全等同于资本的非和约收入和工人的合约收入。周其仁认为,市场里的企业可以看成是一个人力资本与非人力资本特别契约。企业契约的特别之处在于事先不能完全规定各要素及其所有者的权利和义务条款,因为企业合约包括了人

①　[美]舒尔茨:《人力资本投资》,梁小民译,商务印书馆 2006 年版,第 71—75 页。

力资本的参与。人力资本属于个人,非激励难以调度,激励性契约是企业制度的关键①。

(二)技术人员剩余索取权是人力资本产权化的内在要求

技术人员人力资本是一种极为稀缺的资源,它完全依附于个人。技术人员人力资本只有产权化,才能使之作用与效能充分发挥,一旦发生"残缺",技术人员将有可能关闭其人力资本,其经济价值便立即大幅下降。科技人员人力资本产权化的基本要求,就是享有剩余索取权,即对企业总收入扣除所有固定的合约支付之后的剩余(利润)要求权。享有剩余索取权,是对科研人员、经营管理人员和业务骨干最有效的激励,使其最大限度地为企业创造价值盈余,也使企业的代理成本、监督成本相应地减少。

(三)人力资本所有者需要激励约束和监督

人力资本所有者既可以勤勉工作,使企业价值剧增,也容易"偷懒"。人力资本所有者不仅可以通过"偷懒"提高自己的效用,而且可以通过"虐待"非人力资本使自己受益②。正是由于科研人员、经营管理人员和业务骨干等人力资本的稀缺性和特殊性,从人力资本定价的角度来看,其价格应该很高。这正说明了通过引入员工持股制度强化激励约束的必要性。尤其是随着知识和人力资本在企业的经营活动中越来越占有重要的地位,原来的单向资本控制劳动的局面已大为改观,强调员工的参与正成为大趋势。

---

① [美]舒尔茨:《人力资本投资》,梁小民译,商务印书馆 2006 年版,第 71—75 页。

② [美]舒尔茨:《人力资本投资》,梁小民译,商务印书馆 2006 年版,第 71—75 页。

在激励方面,单靠物质的方式已不适应时代的要求,真正的工作动力来自员工内心的需求,一旦物质的满足超过了一定的界限,其作用就难真正体现出来。

（四）人力资本的价值在知识经济时代将加速升值

以信息技术、生物技术、新材料技术和新能源技术为代表的高新技术推动了人类社会从后工业经济时代迈进了知识经济时代,作为知识的载体,人力资本在经济增长中逐渐发挥出比物质资本更大的作用,其价值将加速升值。早在 20 世纪 60 年代,舒尔茨就指出:离开了大量的人力资本投资,要取得现代农业的成果和达到现代工业的富足程度是完全不可能的①。具备丰富创造性、创新性的人力资本逐渐为当代企业所重视,成为企业构造核心竞争力的宝贵资源。

二、我国相关的理论研究

中国人民大学的杨瑞龙教授等认为,在现代企业中,员工能否分享企业剩余的处置权,能否分享企业控制权,并不取决于是否拥有企业股份,而是由员工人力资本的性质和特点决定的。员工持股是企业治理条件和环境变化后引起企业治理模式变化的结果。尤其是在 21 世纪,高科技企业的作用日益增强,员工人力资本在财富创造中越来越重要,对员工人力资本的激励成为企业治理结构中的重要部分。清华大学法学院朱慈蕴教授认为,员工持股制

---

① ［美］舒尔茨:《人力资本投资》,梁小民译,商务印书馆 2006 年版,第 71—75 页。

度是建立在人力资本与物质资本共同创造利润的立论基础上的一种制度,这是人力资本在知识经济时代对经济制度、法律制度的安排提出的一种必然要求。当人力资本的作用与人的经济价值不断提高时,就产生了对制度的新的需求。清华大学法学院院长王保树教授认为,员工持股制不仅可以加强公司员工的凝聚力,增加员工与公司利益的认同感,而且可以使员工股份的制衡力量在公司法人治理结构中得到体现,达到劳动与资本有机结合的目的,增强员工对公司的关心与参与①。

还有部分学者在人力资本产权论的基础上,进一步提出了"智力资本产权论"②。他们认为,进入知识经济时代以来,企业的核心竞争力越来越多地体现在对人力资本的拥有水平和对人力资本潜在价值的开发能力上。从理论上看,人力资本所有者的"自有性"、使用过程的"自控性"和"质与量的不可测量性"等特征,使得传统的、简单的劳动契约无法保证知识型雇员尽最大努力自觉工作,在管理手段上也无法对其进行有效的监督与约束。股权激励的方式恰恰可以弥补传统管理方法和激励手段的不足。对于一般企业而言,员工持股计划具有的激励效用远远不及知识型企业,因为知识企业已经在许多方面具有与一般企业不同的特征。如知识企业的组织结构是一种非等级制的团队,知识企业经营者与员工的界限已经模糊,传统的经营者已经被知识主管或者知识

---

① 王来武、杨欢亮:《中国企业员工持股制度理论的形成与发展研究》,《河南师范大学学报(哲学社会科学版)》2004 年第 31 卷第 1 期。

② 芮明杰、郭玉林:《智力资本激励的制度安排》,《中国工业经济》2002 年第 9 期。

召集人所替代,其中最本质的区别是知识企业中的知识员工已经替代经营者成为企业价值创造的核心①。因此在一般企业与知识企业的激励制度安排上的最大的不同就是,一般企业主要关注的是对企业经营者的激励,而知识企业最为关注的是对知识员工的激励。

第三节　我国科技型企业实施员工
持股制度的政策体系

我国在政策方面对科技型企业实施股权激励给予了支持。

一、关于科技型企业实施股权激励政策体系的形成

2002 年 9 月 17 日,财政部、科技部就发布了《关于国有高新技术企业开展股权激励试点工作的指导意见》。允许相关试点企业采取奖励股权(份)、股权(份)出售、技术折股等方式,对做出突出贡献的科技人员和经营管理人员进行股权激励。

2006 年 1 月 24 日,国资委和科技部联合发布《关于组织北京市中关村科技园区国有高新技术企业和企业化转制科研院所开展股权激励试点工作的通知》,中关村园区选择部分国有高新技术企业和企业化转制科研院所开展股权激励试点工作,这也是国资

---

①　芮明杰、郭玉林:《智力资本激励的制度安排》,《中国工业经济》2002 年第 9 期。

委首次允许非上市国企进行股权激励。目的就是调动国有企业科技人员创新的积极性。

2006 年 2 月 27 日，国务院出台的实施《国家中长期科学和技术发展规划纲要（2006—2020）》的若干配套政策明确从科技投入、税收激励、金融支持、人才队伍等方面制定了专门的配套政策。

2008 年 1 月 1 日，开始实施《高新技术企业认定管理办法》，明确规定国家重点支持的八大高新技术包括电子信息技术、生物与新医药技术、航空航天技术、新材料技术、技术服务业、新能源及节能技术、资源与环境技术、高新技术改造传统产业将享受税收优惠。

2008 年 6 月，国资委发布《关于规范国有企业持股、投资的意见》，意见中给予了科研设计院、高科技企业最为"优惠"的政策，明确指出"国有大型科研、设计、高新技术企业改制，按照有关规定，对企业发展作出突出贡献或对企业中长期发展有直接作用的科技管理骨干，经批准可以探索通过多种方式取得企业股权，符合条件的也可获得企业利润奖励，并在本企业改制时转为股权"。

2010 年 2 月，财政部、科技部下发《关于印发〈中关村国家自主创新示范区企业股权和分红激励实施办法〉的通知》。

2015 年 8 月 24 日，中共中央国务院正式发布《关于深化国有企业改革的指导意见》，提出探索实行混合所有制企业员工持股。优先支持人才资本和技术要素贡献占比较高的转制科研院所、高新技术企业，科技服务型企业开展员工持股试点，支持对企业经营业绩和持续发展有直接或较大影响的科研人员、经营管理人员和业务骨干等持股。

2016 年 10 月,国务院印发《关于国有控股混合所有制企业开展员工持股试点的意见》规定,优先支持人才资本和技术要素贡献占比较高的转制科研院所、高新技术企业和科技服务型企业(以下统称科技型企业)开展员工持股试点。

科技型企业作为智力密集型企业,与传统的资本密集型和劳动密集型企业相比,科技型企业中人力资源和技术要素的产出贡献率更大。在这类企业中实施员工持股,将科研、管理、业务骨干人员的努力程度和企业的盈利能力建立紧密联系,更能体现人力资本的价值,吸引并稳定人才队伍,促进科技成果转化。此外,在科技型企业中实施员工持股,在促进企业持续发展的同时,也有利于更好发挥国有企业在实施创新驱动发展战略中的引领和表率作用。

二、关于科技型企业激励对象的政策

2010 年 2 月,财政部科技部下发《关于印发〈中关村国家自主创新示范区企业股权和分红激励实施办法〉的通知》,其第 4 条对激励对象作出了规定:"激励对象应当是重要的技术人员和企业经营管理人员,包括以下人员:(1)对企业科技成果研发和产业化做出突出贡献的技术人员,包括企业内关键职务科技成果的主要完成人、重大开发项目的负责人、对主导产品或者核心技术、工艺流程做出重大创新或者改进的主要技术人员,高等院校和科研院所研究开发和向企业转移转化科技成果的主要技术人员。(2)对企业发展做出突出贡献的经营管理人员,包括主持企业全面生产经营工作的高级管理人员,负责企业主要产品(服务)生产经营合计占主营业务收入(或者主营业务利润)50%以上的中、高级经营管理人员。企业不得面向全体员工实施股权或者分红激励。企业监事、独立董事、企业控股股东单位的经营管理人员不得参与企业股权或者分红激励。"

从上述政策的精神来看,由高新技术企业的特点决定,上述激励对象是该类企业最重要的"资本",对他们进行激励可有效提高企业的经营能力,面对上述企业,自然不会选择全员持股或大范围员工持股的方式。而将企业监事、独立董事、控股股东单位经营管理人员排除在外,则是要保证激励的独立性、外部的有效监督性。

2016年2月,财政部科技部国资委下发《关于印发〈国有科技型企业股权和分红激励暂行办法〉的通知》,其第7条规定,"激励对象为与本企业签订劳动合同的重要技术人员和经营管理人员,具体包括:(1)关键职务科技成果的主要完成人,重大开发项目的负责人,对主导产品或者核心技术、工艺流程做出重大创新或者改进的主要技术人员。(2)主持企业全面生产经营工作的高级管理人员,负责企业主要产品(服务)生产经营的中、高级经营管理人员。(3)通过省、部级及以上人才计划引进的重要技术人才和经营管理人才"。同时还规定,企业不得面向全体员工实施股权或者分红激励。企业监事、独立董事不得参与企业股权或者分红激励。同时,对于采取股权奖励方式的激励对象的要求,仅限于在本企业连续工作3年以上的重要技术人员。单个获得股权奖励的激励对象,必须以不低于1:1的比例购买企业股权,且获得的股权奖励按激励实施时的评估价值折算,累计不超过 300 万元。

三、关于科技型企业激励模式的政策

2016 年 2 月,财政部国资委科技部联合印发的《关于印发〈国有科技型企业股权和分红激励暂行办法〉的通知》中提到,"本办法所称股权激励,是指国有科技型企业以本企业股权为标的,采取股权出售、股权奖励、股权期权等方式,对企业重要技术人员和经营管理人员实施激励的行为。分红激励,是指国有科技型企业以科技成果转化收益为标的,采取项目收益分红方式;或者以企业经营收益为标的,采取岗位分红方式,对企业重要技术人员和经营管理人员实施激励的行为"。由上述条文的规定可以看出,针对国有科技型企业,允许使用的激励模式为股权出售、股权奖励、股权期权及分红激励(此处请注意,大、中型企业不得采取股权期权的激励方式),这几种模式不仅包含了我们上文提到的以股权为标的的激励(股权出售、股权奖励、股权期权)和以现金为标的的激励(分红激励)两种分类,对于国有科技型企业的大多数需求,都能对应找到合适的激励模式。

2016 年 8 月 18 日,国资委、财政部和证监会正式下发《关于国有控股混合所有制企业开展员工持股试点的指导意见》,要求优先支持人才资本和技术要素贡献占比较高的转制科研院所、高新技术企业、科技服务型企业开展员工持股。

四、关于科技型企业股权设置及持股比例的政策

《关于印发〈国有科技型企业股权和分红激励暂行办法〉的通

知》第 10 条规定:大型企业的股权激励总额不超过企业总股本的 5%;中型企业的股权激励总额不超过企业总股本的 10%;小、微型企业的股权激励总额不超过企业总股本的 30%,且单个激励对象获得的激励股权不得超过企业总股本的 3%。同时还规定,企业不能因实施股权激励而改变国有控股地位。如企业实施股权奖励,根据第 13 条的规定,企业用于股权奖励的激励额不超过近 3 年税后利润累计形成的净资产增值额的 15%。企业实施股权奖励,必须与股权出售相结合。

按照中关村科技园区管理委员会《关于中关村国家自主创新示范区股权激励改革试点工作若干问题的解释》第 4 条的规定:"非上市公司期权授予额度,可参照《上市公司股权激励管理办法》(证监公司字[2005]151 号)中第 12 条、第 22 条规定执行,即公司全部有效的股权激励计划所涉及标的股权总数累计不得超过公司股本总额的 10%;非经股东(大)会特别决议批准,任何一名激励对象通过全部有效的股权激励计划获授的本公司股份累计不得超过公司股本总额的 1%。"

通过现行法规对员工持股与股权激励持股比例的前述规定可知,如果非处于特殊行业(金融行业)或受国资委监管(国有企业)外,上市公司的员工持股或股权激励计划所涉股权比例相同。但员工持股计划中个人持股 1%并不包含员工在公司首次公开发行股票上市前获得的股份、通过二级市场自行购买的股份及通过股权激励获得的股份等,但股权激励并无此相关规定。因此在实践中,个体员工所在公司如实施员工持股计划,则该员工最终持有的股权绝对比例将可能大于 1%。

五、关于科技型企业股权激励中股权与资金来源的政策

《关于印发〈国有科技型企业股权和分红激励暂行办法〉的通知》第 8 条规定,企业可以通过以下方式解决激励标的股权来源:(1)向激励对象增发股份。(2)向现有股东回购股份。(3)现有股东依法向激励对象转让其持有的股权。

第 20 条规定,企业不得为激励对象购买股权提供贷款以及其他形式的财务资助,包括为激励对象向其他单位或者个人贷款提供担保。企业要坚持同股同权,不得向激励对象承诺年度分红回报或设置托底回购条款。

根据财政部科技部《关于印发〈中关村国家自主创新示范区企业股权和分红激励实施办法〉的通知》第 16 条规定:"企业可以通过以下方式解决标的股权来源:(1)向激励对象增发股份。(2)向现有股东回购股份。(3)现有股东依法向激励对象转让其持有的股权。"

第四节　华为技术有限公司员工
持股制度案例分析

一、华为技术有限公司简介

华为技术有限公司(以下简称华为),是一家较早起用员工持股计划的民营企业。该公司由工会委员会(以下称"工会")和任正非 100%控股。截至 2015 年底,华为投资控股有限公司(以下简称华为)员工持股人数为 79563 人,约占公司总股本的 98.6%。

华为创立的新型产权治理结构,使员工个人发展与企业的利益联结起来,形成长期奋斗、荣辱与共的良性激励机制。目前,华为共有 17 万多名员工,业务辐射到 170 多个国家和地区,截至 2017 年底,华为销售收入 6000 亿人民币,同比增长 15%①。华为从一家普通的民营技术公司跻身世界 500 强企业,其实施的员工持股计划当居首功。

二、华为员工持股计划的起源与发展

1. 公司初创时的探索阶段。华为在公司创建时,为了获得审批,急需扩大企业规模。然而,当时的华为仅是一家不起眼的民营企业,不可能获得银行的贷款和国资委的支持。总裁任正非凭借自己的人生经验,感悟到员工在承担责任的同时,也应分享企业的利益。于是在华为就出现了员工持股的雏形,但他并不知道美国在这方面已非常成熟。1990 年,员工持股的理念在华为应运而生,但只是一个雏形,与国际上的员工持股(Esop)相去甚远。华为员工持股的做法,主要是员工内部持股,员工只有分红权,不享有其他权益。华为这一时期的员工持股计划,近乎是一种分红激励和融资的手段。

2. 1997 年的规范阶段。1997 年,华为开始对员工持股计划进行规范改制,主要体现在以下两个方面:一是员工股由工会代持及管理;二是员工不具备购买股票的能力时,公司可以协助其贷款。此次改制的最大亮点,是扩大了员工持股的比例。但是此次改制

---

① 数据来源:Wind 数据库。

仍然没有改变员工除分红之外,不享有普通股东的其他权益的现状。华为这个时期的员工持股计划,依然不具有现代意义上的员工持股制度的基本特征。

3. 重新设计阶段。2001 年底,任正非借鉴国外的成功理念和经验,创建了具有华为特色的员工持股计划——"虚拟受限股"。这个时期的最大特色,是持股的员工可以分享企业净资产的增值收益。2001 年,华为在美国设立了 4 个研发中心;2002 年,华为在海外市场销售额猛增,达 5.52 亿美元,比 2000 年翻了 4 倍多①。

4. 调整虚拟受限股制,对所配股份进行饱和。2008 年,金融危机席卷全球。为了应对这一危机,华为进行了新一轮的员工持股制度改革。新制度规定:每个级别达到持股上限后,就不再参与新的配股。大大限制了老员工的持股数量,从而革除股权极端分布的弊端,使新员工得到了极大的激励,也就为华为注入了鲜活的血液。由此产生的效果是:2008 年,华为的销售收入为 125 亿元,比 2007 年增加了 33.5%②。同年,华为被权威周刊评为全球十大最有影响力的公司。

5. 成熟阶段。为了整顿资本市场出现短期套利的现象,2012 年初,银监会限制银行提供企业个人自助贷款。由于员工持有的虚拟股失去资金的保障,许多员工纷纷在二级市场上抛售股票套现。这一现象严重阻碍了华为在国内外市场的发展。为了摆脱这一困境,华为对员工持股制度进行了改革。将虚拟股转化为期权,

---

① 李爱华、卢转玲:《我国推行员工持股计划的现状与建议——以华为公司成功实施员工持股计划为例》,《经营与管理》2017 年第 7 期。

② 数据来源:Wind 数据库。

成为这一阶段最大的亮点。其具体做法是：根据员工的工龄、级别、绩效,分配一定数量的期权,并且规定 5 年为一个周期,并且不需要员工负担购买期权的费用。经过这次改革,华为的虚拟股逐渐转化为期权①。

三、华为 2007—2015 年的业绩分析

1. 销售收入、营业利润和经营活动现金流。经过 10 多年对员工持股计划的不断推广和深入,华为的盈利能力逐渐增强,收益也非常可观。华为的销售收入,从 2007 年的 94 亿元,增加到 2015 年的 395 亿元;营业利润,从 2007 年的 9.1 亿元,增加到 2015 年的 46 亿元;经营活动现金流,从 2007 年的 7.6 亿元,增加到 2015 年的 49 亿元。员工持股有效解决了华为快速发展过程中的融资问题,并使企业得到了迅猛发展。2007—2015 年,华为的营业利润率保持在约 11.87%,始终处于高盈利水平②。其中,2008 年的营业利润率达到 12.9%,比 2007 年上升 3.2%。这完全得益于管理层审时度势,对员工持股计划的改制。

2. 净资产收益率。经过 10 年的连续增发,华为的所有者权益总额,从 2007 年的 30 亿元,飙升到 2015 年的 119 亿元;2007—2011 年,华为的股东权益收益率分别为:25.17%、21%、42%、43%、18%。这期间,2011 年虽然比以前年度有所下降,但是收益

---

① 李爱华、卢转玲:《我国推行员工持股计划的现状与建议——以华为公司成功实施员工持股计划为例》,《经营与管理》2017 年第 7 期。
② 李爱华、卢转玲:《我国推行员工持股计划的现状与建议——以华为公司成功实施员工持股计划为例》,《经营与管理》2017 年第 7 期。

率还是非常可观的①。总之，华为的员工持股计划既激励了员工，又为公司多年的持续发展融得了资金。对处于劣势的民营企业而言，可谓一举两得。

四、华为案例的启示

（一）有效的员工持股计划激励面要广

华为实施员工持股计划的实践表明，如果员工持股计划的受益面小，就会演变成对管理层持股的少数人的激励，而普通员工则被排除在激励计划之外。这不仅使员工持股计划丧失了其本来的意义，而且还会使广大员工丧失责任感，甚至造成人才的流失。至2015 年12 月31 日，华为的员工持股计划参与人数接近8 万人，占公司总股本约98.6%。不仅员工参与人数多，而且占公司总股本的比例也大。华为总裁任正非不仅持有个人股份，还积极参与到员工持股计划中，其总出资额相当于公司总量的1.4%。在这个问题上，华为成功实施员工持股计划的经验是，在一定的条件下，员工持股计划的受益面越广，该计划股权激励的效果越好。因此，计划实施员工持股计划的企业在设计持股方案时，要科学地考虑持股的受益面。

（二）员工持股计划要与企业的经济利益相结合

华为实施员工持股计划的实践表明，员工持股计划作为一种激励手段，要与企业的经济利益相结合。企业的经营业绩越好，员

---

① 李爱华、卢转玲：《我国推行员工持股计划的现状与建议——以华为公司成功实施员工持股计划为例》，《经营与管理》2017 年第7 期。

工能够分享到的利益也就越多。从华为员工持股计划的发展历程可看出，员工个人收益结构中的分红收入，远远大于薪资收入。在这种制度下，使资本与劳务紧密结合，让员工在为企业作贡献的同时，又可以分享到企业成长带来的收益，从而形成与企业长期奋斗、荣辱与共的股权激励分享机制。员工秉承企业与员工利益一体化的思想，努力奋斗，共同经营，与企业同发展进步，进而促进企业持续发展，人才增进源远流长。

（三）合理设计员工持股比例，避免员工持股福利化

2008年，华为对员工持股计划的改革，稀释了老股东的股份，即微调虚拟股制度，实行饱和配股制。这一改革措施，大大限制了老员工的持股数量，革除了股权极端分布的弊端，使新员工得到了极大的激励，为公司的长远发展注入了鲜活的血液和活力。华为经过这次改制，不仅使企业顺利地渡过了金融危机，而且占领了国内电信通信行业的半壁江山。华为成功实施员工持股计划带给我们的启示是员工所持有的股份太少，其参与企业经营管理的权力就会受限，不能调动员工为企业作贡献的积极性，也就达不到股权激励的效用。然而，持股数量过多，可能会弱化激励的效用，员工可以利用信息的不对称，形成"搭便车"的现象。

（四）成长性好的企业实施员工持股计划更容易成功

华为成功实施员工持股计划的经验表明，要使员工持股计划顺利实施，不仅管理者要有前瞻性的战略思维，而且与企业所处的经营周期密不可分。华为高速的成长性及未来可观的前景，为几次员工持股计划的改制奠定了坚实的基础。企业的发展潜力越大，员工对企业的期望越高，参与员工持股计划的积极性也就越

高。例如,2012—2015 年,华为股东的权益报酬率分别为 21%、24%、28%、31%①。如此高的回报率,员工当然愿意积极参与,并且愿意与企业荣辱与共。

第五节　联想集团股权激励计划案例分析

一、企业简介

联想集团是一家富有创新性的国际化科技公司。从 1996 年开始,联想电脑销量一直位居中国国内市场首位;2004 年,收购 IBMPC 事业部;2013 年,联想电脑销售量升居世界第一,成为全球最大的 PC 生产厂商。2014 年 10 月,联想集团宣布完成对摩托罗拉移动的收购。2016 年 8 月,全国工商联发布"2016 中国民营企业 500 强"榜单,联想名列第四。联想集团当初是国有独资企业,隶属于中国科学院,通过员工持股的方式成为国有控股的混合所有制企业②。

二、联想集团股权激励计划

（一）第一步:获取分红权

1. 1984 年中国科学院计算机所投资 20 万元建立。联想控股系于 1984 年 11 月在北京市海淀区工商行政管理局登记注册的全

① 李爱华、卢转玲:《我国推行员工持股计划的现状与建议——以华为公司成功实施员工持股计划为例》,《经营与管理》2017 年第 7 期。
② 《新京报》2015 年 4 月 17 日。

民所有制(预算外)企业,设立时的名称为"中国科学院计算技术研究所新技术发展公司",注册资本为130万元。

2.1993年向中国科学院提出管理层和员工占有35%的分红权的方案(1994年批准)。1993年联想向中国科学院提出由管理层和员工占有35%的分红权的方案。1994年,经过联想和中国科学院一年多的磋商,中国科学院同意对联想股权进行划分,确定按照中科院占20%,计算所占45%,联想集团的管理层和员工占其余35%股权的分红权,从1995年实施。

3.同年香港联想于联交所上市。分红权方面:中科院占20%,计算所占45%,联想集团的管理层和员工占其余35%股权的分红权。联想为香港联想的母公司,联想职工拥有的是母公司35%的分红权,以持股会的形式行使权利。

4.分红权的意义。一是红利的多少完全取决于企业的效益,这使全体联想人都关心企业的发展,而不只是一味地关心个人的得失利益。二是为联想的新老交替提供了可靠的制度保障。由于认识到自己的创业已经通过红利权的形式得到了认可,联想的老同志非常愿意并支持将年轻人推到领导岗位上去,他们也希望联想的事业能有更快更好的发展。

(二)第二步:分红权转化为股权

1.1998年启动分红权转变为股权计划确定员工拥有35%的股权。1998年,联想更名为联想集团(控股)公司,并成为香港联想的最大股东。同时,有关把联想员工持股会拥有的分红权转变为股权的计划也开始实施,其指导思想是:让企业的创始人、管理者、业务骨干能成为企业真正的主人。联想这次股权改革涉及的只有员工持股会所持有的 35% 股份。这 35% 原来是以分红权的方式存在,这次股份改革就是要将这 35% 的分红权变为股权。按照 1993 年确定的比例,中科院和联想员工持股会正式确定中科院拥有联想 65% 的股权,管理层和员工自身占有其余 35% 的股权。

2. 1999 年集团内部员工持股计划启动。1999 年,联想又在集团内部推行员工持股计划。这个员工持股计划是进一步明确员工持股会所持 35% 股份的分配。

3. 2001 年改制联想控股公司职工持股会持有联想控股公司 35% 股份。2000 年 1 月 10 日,中国科学院高技术产业发展局下发《关于同意联想集团控股公司改制的批复》(产字[2000]005 号),同意联想集团控股公司由全民所有制企业改制为有限责任公司。2001 年 3 月 20 日,中国科学院下发《关于联想集团控股公司改制有关问题的批复》(科发产字[2001]110 号),同意联想集团控股公司以截至 1999 年 12 月 31 日净资产中的有形资产认缴改制后有限公司的注册资本 660860399.40 元,无形资产计入资本公积①。

2001 年 6 月 19 日北京中京华会计师事务所出具《验资报告》,验证截至 1999 年 12 月 31 日,改制后的联想控股有限公司注册资本为 660860399.40 元,其中中国科学院出资 429559259.61 元,持有联想控股有限公司 65% 的股权,联想控股有限公司职工持股会出资 231301139.79 元,持有联想控股有限公司 35% 的股权。2001 年 6 月 22 日,经北京市工商行政管理局核准,联想集团

---

① 《新京报》2015 年 4 月 17 日。

控股公司更名为"联想控股有限公司"。

4.2002年4月国有股股权划转。根据《国务院关于中科院进行经营性国有资产管理体制改革试点有关问题的批复》(国函〔2001〕137号),2002年4月12日,中国科学院出资成立中国科学院国有资产经营有限公司,代表中国科学院统一负责对院属全资、控股、参股企业有关经营性国有资产依法行使出资人权利。

2002年12月3日,中国科学院将对联想控股的出资及相应权益对应的国有资产无偿划转至中国科学院国有资产经营有限责任公司。本次国有股股权划转完成后,联想控股的股权结构变更为中国科学院国有资产经营有限责任公司持有65%,联想控股职工持股会持有35%。

(三)第三步:引入民营资本参与员工持股计划安排

1.2009年10月引入民营资本。联想控股于2009年10月引入外部民营资本中国泛海控股集团有限公司(以下简称"泛海控股"),中国科学院国有资产经营有限责任公司通过在北京市产权交易所挂牌出售的方式将其所持联想控股29%的股权转让给中国泛海控股集团有限公司。

2.2011年泛海控股向核心高层人员转让股权。2011年12月20日由泛海控股以协议方式将其所持联想控股9.6%的股权转让给柳传志、朱立南、陈绍鹏、唐旭东、宁旻五位自然人。股权转让后,进一步强化了柳传志、朱立南、陈绍鹏、唐旭东、宁旻五位自然人的地位,他们五人目前均为执行委员会成员。执行委员会成员共有6人,除了上述5位外,还有一人是赵令欢,他是在 2003 年后期加入联想控股的,而其他五位成员都是在联想早期就加入。

3. 2012 年泛海控股向新设立的员工持股公司股让股权。2012 年 2 月 20 日,泛海控股以协议方式将其所持联想控股 8.9% 的股权转让给北京联恒永信投资中心(有限合伙)。北京联恒永信投资中心(有限合伙)作为联想的员工持股平台,由管理层和核心员工持股。

三、案例评析

(一)方案设计具有较大的灵活性

联想集团的管理层一开始没要股权,要的是分红权。因为国有资产的股权属于国资局,不属于中国科学院,中科院无权决定如何划分。中科院没有国有资产让渡权,但有利润分配权,因此有权给予联想管理层分红权。然而即使是对分红权的分配,当时在中科院系统内也算是特例处理。另外,35% 的比例也是终获批准的因素之一。

(二)股权的分配具有较大的合理性

联想控股在 1999 年的内部员工持股计划里,将股权划为三部分:

一是创业员工,总共有 15 人,将获得其中的 35%,这些人主要是 1984 年、1985 年创业时的骨干;二是核心员工,约 160 人,他们主要是 1988 年 6 月 1 日以前的老员工,将获得其中的 20%;三是未来的骨干员工,包括现在的联想员工,获得其余的 45%。可以认为,联想的股权改革是将 35% 的股权切割成两份:一份用于激励老员工,这部分占 35% 中的 55%;另一份是对联想未来的留成,这可以看成是联想的"未来激励",它占其余股份的 45%①。这一方案的最大特点正是兼顾了企业的过去和未来,既妥善地解决了早期创业人员的历史贡献问题,又恰当地考虑了企业的发展前途,因而是一个富有创新意识,比较公平、合理的股权改革方案。

(三)引入民营资本参与员工持股

首先,引入战略投资者泛海控股有助优化公司的治理结构。在泛海控股向联想控股增资后,国有股权的比例由 65% 稀释为 36%,使联想控股的股权结构更加合理,在公司治理结构层面上,能有效减少国有企业的国有股权一股独大的局面,柳传志等公司创始人的想法和战略能更好推行②。其次,授予激励对象的股票来源由泛海控股转让,能有效解决国有企业员工持股的障碍,也不存国有资产流失问题。在程序上和法理上方便员工持股计划的批准,灵活地制订方案和便利地推行实施。再次,民营资本泛海控股的战略引进以及员工持股计划的安排,为联想控股实现股权结构优化起到里程碑的作用,是混合所有制在国有企业改革的经典探索案例。

---

① 《新京报》2015 年 4 月 17 日。
② 《新京报》2015 年 4 月 17 日。

第八章　发展我国员工持股
制度的对策和建议

　　员工持股制度本质上是一系列使员工成为公司股权所有者而并从中受益的制度安排,其独特性在于使资本与劳动这两种关键性要素得到有机结合,使员工能分享企业利润和共担企业风险,与企业具有相对一致的利益诉求。员工持股制度涉及多方面的利益主体,它是一组高度复杂的制度集合。在新技术革命浪潮兴起的时代,员工持股制度具有独特的优势,值得我们深入研究和推广。

第一节　我国员工持股制度
发展中存在的问题

　　实施员工持股会引起未来的财富转移,各方利益主体需要依据自己的利益要求,依据可遵循的法律或其他契约文件,不断地互动与分享信息,使整个制度体系朝着各利益主体认同的方向逼近①。

---

　　①　王晋斌:《解析内部职工持股计划制度设计》,《经济研究》2001 年第 7 期。

根据员工持股制度规范发展的这一规律,需要我们在实践中发现问题、解决问题。回顾员工持股制度在我国将近40年的发展历程中存在的问题,可以归纳为以下几个方面。一是对企业员工持股制度的理论研究和认识不够成熟。二是制度设计不完善,其中包含制度的设计目标、理念、原则和实施规则等存在不规范的问题。三是制度执行不规范,包括企业对员工持股制度的了解程度、实务操作程序、持股计划方案的制订和实际运作、不同类型企业的操作差异、外部监督机制运行等。四是与员工持股制度相关联制度的兼容性、一致性问题以及外部基础制度不规范问题。

一、在理论研究和认识方面存在的问题

理论研究基础弱,滞后于实践,缺少对中外员工持股制度发展问题的系统研究、比较研究和发展趋势研究;对员工持股制度的微观机制、独特优势以及在我国的适用性问题等认识不成熟,在如何推行的问题上形成共识的程度低;缺少对员工持股制度未来发展趋势以及适应新技术革命潮流对产权制度影响的相关研究等。从目前的情况来看,我国与西方发达国家员工持股制度发展水平相比,与经济社会发展的需要相比,员工持股制度应有的制度潜力没有得到充分发掘和释放。另外,由于各地经济发展水平不同,不同区域对员工持股制度的认识和理解存在较大差异,各自制定的相关政策也不尽相同①。

---

① 梁慧瑜:《企业员工持股法律问题研究》,法律出版社2012年版,第51页。

二、在制度设计方面的主要问题

(一)缺少员工持股制度发展的中长期规划和顶层设计

在新技术革命浪潮兴起和大力发展混合所有制经济的背景下,对员工持股制度发展的地位、作用、途径以及配套政策,应作出中长期规划和进行整体性、系统性的相关制度建设。从我国目前的情况来看,相关规划和制度建设明显滞后于实践,已有的制度设计也不适应不同形式员工持股制度的差异性[①]。党的十八届三中全会重新开启员工持股制度后,几年来国家出台的文件仍然是对员工持股制度试点工作进行安排。从我国的情况来看,员工持股制度建设需要系统的政策体系和操作规则体系,在有争议的重要问题上,需要有更加明确的政策导向。比如,资金来源包括两方面,除员工合法薪酬外,还包括其他法律和行政法规允许的方式。后者所言不详,对实践中的矛盾的政策指引作用相对有限。再如,对股权管理机构的规定(既可以上市公司自行管理,也可以委托给金融机构管理)、对员工持股计划的参加对象(公司员工,包括管理层人员)、对员工享有标的股权的权益规定,都论述得比较笼统。有关部门需要进一步研究和制定更为具体的政策安排,对实践难点做出有效的政策回应,对改革实践中的关键因素予以界定、规范和约束,以利于改革的纵深推进。

(二)员工持股缺乏必要的法律支持

我国企业员工持股制度一直没有相应的国家立法,许多问题

---

① 王晋斌:《解析内部职工持股计划制度设计》,《经济研究》2001年第7期。

需要通过立法解决①。一是员工持股会的法律地位问题,如果员工持股会的法律地位不解决,员工持股实践中的很多问题就难以解决。此外,员工持股的管理机构问题也应有明确的法律规定。二是国有资产的合法量化和剩余利润的分配问题,缺少相应的立法。三是持股员工的权利和义务需要法律规定,以确保员工持股制度的有效性。四是与相关政策法律的兼容性和适用性问题。员工持股制度在实践中与有的政策冲突。如上市公司股票期权所造成损益的会计处理,目前没有相应的规定。从哪个科目里支,现在急需一套会计规范的规定。不通过立法,想解决这些矛盾和问题是很困难的。如何通过立法来支持员工持股应当尽快提上议程。

(三)涉及员工持股制度的税收、金融等相关政策的兼容性、支持性不足

如何借鉴国际上的成功做法,银行为员工持股提供贷款,应当允许员工以不动产、股票等做抵押,或者允许企业以抵押的形式给员工持股贷款,并规定合理的偿还期限、偿还方式等②。对员工持股实行优惠的税收政策是十分必要的,如对银行贷款的利息如何减免,如何减免员工持股中的个人所得税等,这些需要相应的法律法规加以明确。

(四)员工持股制度构成和运行规则不完善

国际上有些相关规则,是在员工持股制度发展的实践中形成

---

① 蒋建湘:《国企混合所有制改革背景下员工持股制度的法律构建》,《法商研究》2016 年第 6 期。

② 李政、艾尼瓦尔:《美国员工持股计划及其对我国国企改革的启示》,《当代经济研究》2016 年第 9 期。

的,我国相应的制度安排尚需进一步完善。比如,股票期权计划有
效期的合理确定。《美国国内税务法则》第 422 条规定,激励性股
票期权计划实行 10 年后自动结束,股票期权计划的开始日期以实
行日或股东大会通过日两者中较早者为准。香港地区《上市规
则》第 17 章规定,香港上市公司股票期权计划期限不得长于 10
年。从美国和香港地区公司实践来看,一般为 5 — 10 年。在员工
股票管理机构问题上,国外通过立法明确员工持股应通过职工持股
会、信托公司或是金融机构来规范管理。我国各地没有法定的管理
机构对员工持股计划进行有效的管理,有的委托证券经营机构管理
(上市公司为多),有的委托地方股权证托管中心管理,有的由所在
企业的财会或证券部门管理。成立持股会进行管理的,大多数是在
工会的名义下进行,持股会与工会结合,持股会没有法人地位①。

三、在制度执行方面的问题

从制度执行层面看,员工持股实践中出现了一些问题。

有的公司以过高的折扣价格向管理层和员工发行股票,出售
公司股权,导致了国有资产流失。由于制度体系不够完善,还有企
业"钻空子",绕开制度约束,通过"曲线 MBO"的方式来实现上
市②。有的企业员工持股演变成一种强迫性的集资行为,将员工
持股作为企业集资的一种手段,大搞"分派",许多员工迫于压力

---

① 蒋建湘:《国企混合所有制改革背景下员工持股制度的法律构
建》,《法商研究》2016 年第 6 期。

② 于东智、谷立日:《上市公司管理层持股的激励效用及影响因素》,
《经济理论与经济管理》2001 年第 9 期。

认购股份①。有的企业员工持股范围和比例设定不当,从员工持股变成了管理层控股②。洋河酒厂上市时,110亿元市值的股票被125位高管人员持有,而3000多名普通员工一无所获③。也有观点指出,上述分配不公的现象是由不合理的制度造成的。比如,监管部门对公司上市前的持股员工人数有明确的限制性制度要求,一些公司在上市前突击清退员工分散持有的股份,将原本利益共沾的股权集中起来改由相对少数的管理层持有。无论上述现象的主客观原因如何,其最终结果是,管理者成为改革的受益者,但一般员工从这一制度创新中获益不明显,加剧了贫富差距和分配不公问题④。许多公司员工持股短期化,员工持股计划将锁定期定为《指导意见》规定的最低期限,且存续期总体偏短,管理层或员工在短期内减持套现,难以达到通过员工持股使员工利益与公司长远利益紧密联系的初衷⑤。

四、员工持股制度需要以规范的资产评估和会计制度为基础

(一)资产评估在机制方面存在问题

技术产权资本化、科技成果入股、员工持股、管理层持股均

---

① 李果、黄继刚、王钦:《员工持股制度理论与实践》,经济管理出版社2002年版,第1—30页。

② 李果、黄继刚、王钦:《员工持股制度理论与实践》,经济管理出版社2002年版,第86—100页。

③ 尹中立:《员工持股的意义》,《中国金融》2014年第1期。

④ 饶海琴:《世界主要国家员工持股计划比较研究》,《中国管理科学》2003年第11期。

⑤ 饶海琴:《世界主要国家员工持股计划比较研究》,《中国管理科学》2003年第11期。

涉及资产作价问题。对于资产定价,不同的评估方法决定了资产的不同价格。总体而言,目前我国资产评估的象征意义大于实质意义,在资产评估行业管理体制和评估专业发展尚不成熟的情况下,评估的客观性和独立性不足,很多情况下评估工作只是为国有资产转让加了一道事务性程序①。一是评估后置和倒推评估现象突出。资产评估工作应该先于交易谈判,但现实中先谈判后评估,以谈判结果倒推评估。二是刻意提高评估结果实现协议转让。一些企业通过操控评估,形成一个较高评估结果,即使按照90%的红线标准也找不到受让方,以此为由申请协议转让,将交易转至场外。三是由于缺乏多层次的产权交易市场,只能通过"招拍挂"方式获得资产交易价格,无法全面反映资产的价值。

(二)现行会计制度不完善

我国在员工持股的会计制度建设方面还比较滞后,比如股票期权的推行刚刚起步,还没有相关的会计准则和规定,企业难以对此类业务进行较为恰当的会计处理,实际上也必然影响到企业的实际损益和股票期权计划的有效实施。

另外,有的企业在相关制度和环境不够成熟的情况下盲目推行员工持股计划,这种形式化的员工持股计划很难达到员工持股的目的。

---

① 黄卫挺:《混合所有制改革中的资产评估》,《改革内参》2015年第14期。

第二节　美国日本等国家员工持股制度的共同特征

以美国为代表的企业员工持股制度在各国的实践中表现出了许多不同之处,但是各国在企业员工持股制度的基本制度建设方面表现出许多共同点。

一、建立了专门的机构实行统一管理

各国对员工持有的股份基本上都建立了一个专门的机构实行统一管理。管理员工股的机构主要有两类:一种是内部的管理机构。在企业内部设立员工持股委员会,并由其管理本企业的员工股。本企业员工可以自愿加入而成为该委员会的会员,他们可以每月从工资和奖金中扣缴一部分作为购买股票的出资。员工持股委员会用其积累的资金购买本企业的股票,并按比例记入会员员工的台账上。在美国,公司直接将股票交给员工持股计划委员会由委员会为每个员工建立账户,员工每年从企业利润中按其掌握的股票分得红利,并用这些红利来归还原雇主或公司以股票形式的赊账,还完后股票即属员工所有。实际上,这是公司对员工的一种期权式股票。这类员工持股计划的实行并不普遍。但在 20 世纪 90 年代后,以股票期权对公司高级管理人员的激励,已成为重要的激励方式①。

---

① 庄莉、陆雄文:《中美员工持股和管理层持股》,《经济理论与经济管理》2000 年第 3 期。

在日本,公司内部设立本企业员工持股会,员工可自愿加入而成为会员。参加持股会的员工按月从工资和奖金中扣缴一部分作为对持股会的出资,加上企业鼓励员工持股的奖励金组成股票购买基金。员工持股会用其积累的资金陆续为会员员工购买本企业的股票、并按比例计入会员员工的台账。这样,入会员工与持股会之间就形成一种信托关系,即入会员工是信托人,持股会是受托人。持股会以自己的名义购买并管理股票,行使股东权力。而会员员工只是名义上的股东,不能参与股东大会。另外,企业员工可按持股会章程申请入会或退会,增加或减少出资,持股会是一种开放型的投资信托基金会。

另一种是外部的管理机构。这种管理机构不是在企业内部设立,而是由独立于企业之外的合法实体,即信托基金会来管理员工股。一般而言,采用这种模式管理员工股的企业,首先向银行或其他贷款人借来资金。贷款通过信托基金会将款贷给企业,并用这笔资金按公平的市场价格购买部分或全部股份;而股票则由信托基金会控制。在操作中,公司应保证按期归还贷款,信托基金会则以控制的股票作为保证偿还贷款的抵押。一段时间后,企业将自己的利润向基金会缴纳,以偿还银行的本金及利息,信托基金会则将该款还给银行或其他贷款人。

二、立法和政策支持是企业员工持股制度发展的基本保证

美国的员工持股计划在 20 世纪 70 年代以前基本停留在理论家们的实践试验阶段,当时全国只有 300 余家企业进行了员工持

股计划。1974 年美国通过《员工退休收入保障法案》之后,有 25
个联邦法院和 25 个州立法支持这个计划的实施。此后,员工持股
计划在全国迅速发展,20 世纪 90 年代初已发展到约 12000 家①。
英、德等国也是以立法和税收政策的优惠,鼓励和推动员工持股制
度的发展。前东欧中亚国家通过"非国有化"运动,以立法的形式
向员工发放购买股票的证券,或将公司股票折价卖给员工。俄罗
斯联邦政府极力推崇员工持股。根据《俄罗斯联邦关于国有企业
和地方企业私有化法》的规定,员工可以无偿获得企业 25% 的无
投票权的普通股票,同时,员工还有权以票面价格 30% 的折扣购
买 10% 的有投票权的股票。此外,俄罗斯政府还于 1992 年 10 月
1 日起向每个公民发放了面值为 1 万卢布的私有化证券,企业员
工可以凭该证券以优惠条件购买公司股票②。因此,各国的立法
和政策优惠实际上形成了各国不同员工持股制度的基本框架。

三、作为员工收入的一部分与社会保障相结合

无论是美国、日本,还是其他国家,基本上都是把实行企业员
工持股制度作为一种社会保障计划而予以支持的。1974 年,美国
《员工退休和收入安全保障法》成为第一个立法支持员工持股计
划的法案,其出发点就是建立一种退休保障机制③。日本以及其

---

① 庄莉、陆雄文:《中美员工持股和管理层持股》,《经济理论与经济
管理》2000 年第 3 期。
② 赵乃斌等主编:《东欧中亚国家私有化问题》,当代世界出版社
1995 年版,第 5—6 页。
③ [美]大卫·艾勒曼:《民主的公司制》,李大光译,新华出版社 1998
年版,第 95 页。

他一些国家把这项制度作为增加员工收入、提高社会保险能力的方法,给予相应的政策支持。企业员工持股制度的推行,普遍受到了员工的欢迎。

四、充分运用信用制度,以非现金性购买为主

以信用制度作为推行企业员工持股的基本手段,建立以预期劳动支付取得员工股的非现金性购买办法,是各国实行员工持股的共同点。美、英等国基本上通过信用制度鼓励企业员工持股。如美国的员工持股计划信托基金会,主要是运用信贷杠杆实现员工持股。美国的"移动式雇员股票所有制"(Leveraged Employee Stock Ownership),就是将占公司股票总额 30% 的股份,由公司贷款或由公司担保向外贷款购买,以便让这些股票用于员工持股①。有的国家还规定实行员工持股的企业可将一定比例的税前利润用于购买股票分配给员工。如英国规定公司可将不高于 5% 的税前营业利润,经投资保护委员会同意后用于购买股票,分配给员工。

五、严格限制员工股的转让,作为吸引和稳定人才的措施

员工持股的本意在于让员工通过所有权参与,使员工与企业之间形成一个"利益共同体"。因此,几乎所有推行员工持股制度的国家和企业,都严格地限制员工股的转让,禁止员工随意出售其股份。按照美国学者艾勒曼的说法是,员工持股是为了建立民主

---

① ［美］大卫·艾勒曼:《民主的公司制》,李大光译,新华出版社 1998 年版,第 116 页。

公司,以便在员工与企业之间形成一个"命运共同体"。如果每个人都出售他们的股票,这个公司就不再是民主公司了。每个人都不能出售他们的股份并留在公司内工作,就像市民一样,任何人都不得出售选举权。

各国运用企业员工持股制度吸引和留住人才,是一个非常突出的共同点。各国都规定员工股份的取得和转让都受到限制,一般是若干年以后才能取得其全部股份。美国规定为 5—7 年;英国规定为 5 年。在这之前离开,员工将有较大的损失。日本公司内部员工所持有的股份,通过"内部"的员工持股委员会来管理,大多数公司一方面对内部员工长期持股给予一定的奖励。另一方面员工对自己持有的股份,必须有特殊事由方可申请出售。在法国,根据法国现行公司法典的有关规定,员工购买股票必须记名,从购买之日起五年内不得转让。只有当员工股东在结婚、死亡、被解雇、退休、离职或配偶死亡的情况下,才能解除五年不得转让的义务。

另外,美、日都强调由统一的机构来管理该股票,没有特殊理由不得提前转让。应该说,一方面,各国给实行员工持股制度的企业以较大的政策优惠;另一方面,限制该种股票的转让、交易、继承,对留住和吸引人才起到了相当的作用。

六、注重社会财富的公平分配

各国在推行员工持股制度时都重视社会财富的公平分配。一方面,限制高收入。美国规定,员工持股计划须遵守"不歧视"原则。实行员工持股计划的企业须有 70% 以上的员工参加,每个员工参加员工持股计划获得收益不低于高薪阶层收益的 70%,且每个员工从员工持股计划中收益不超过其年工资总额的 25%。西班牙蒙特拉贡规定最高收入与最低收入的比例是 3∶1;另一方面,鼓励员工多持股。如美国规定,企业雇员持股比例达 30% 以上的,出售股票的股东免交 28% 的股份收入增值所得税,贷款的金融机构其利息可免征 50% 所得税①。此外,对参加员工持股计划的员工,各国都有资格限定,一般规定须在本企业服务半年至数年以上。

第三节　重要启示

美国等西方发达国家员工持股计划在私人部门比较流行,但其制度安排和企业实践经验具有较高的借鉴价值。例如,国家层面的立法、提供税收和信贷支持、鼓励普通员工参与、限制股票转让、要求非上市公司每年聘请专业机构对员工股进行评估、员工分享收益和参与管理相结合等,通过对其进行系统研究和比较研究,获得了许多重要启示。

一、建立和完善有关员工持股的法律法规

从美国发展 Esop 的经验来看,国家层面的立法对其健康发展

① 美国员工持股计划协会,http://www.esopassociation.org/explore/how esops work/learn about esops。

起到了重要的作用。1974 年通过的《职工退休收入保障法》是美国第一部有关 Esop 的国家层面的法案,当今 Esop 的基本运作模式是由该法案确立的。美国在 1974 年《职工退休收入保障法》中为员工持股计划提供了规范的法律框架①。其后,美国国会和联邦政府先后颁布和修订了 20 多部法律法规,对员工持股计划中的员工权利进行明确规定,配合落实该计划。如美国的《1975 年税收减免法案》《1978 年收入法案》等对于美国员工持股的发展就起到了很大促进作用。此后,美国实施员工持股的公司数,从 1974 年的几百家,增加到现在的 2 万家。如此之快的增长速度,主要得益于美国政府的大力支持。

而在我国缺乏有关企业员工持股的国家层面的法律制度,主要是各地方出台一些具有地域特性的指引性文件,不具有推广的条件,这种情况不利于混合所有制经济有效推行和发展企业员工持股。混合所有制经济实行企业员工持股必须从加强立法开始,应该尽快制定全国统一的有关员工持股的法律法规体系,强化员工持股制度法律地位,确保以法律的形式对员工持股进行规范和约束。立法模式有两种选择:一是对现行的《公司法》《企业所得税法》《个人所得税法》和《证券法》等相关法律进行适当修改,增补员工持股的相关内容;二是制定有关员工持股的专门单项法律。

二、为员工持股制度提供税收支持

国外员工持股计划的快速发展受益于各类税收支持政策。如

---

① 美国员工持股计划协会, http://www.esopassociation.org/explore/how esops work/learn about esops。

美国对员工持股计划的四类参与者（公司、员工、提供融资的银行、出售股份的股东）给予一定程度的税收优惠①。对于持股员工，股本与红利在提取使用前免个人所得税；股份变现收入转入退休基金免个人所得税；对于售股股东，员工持股超过30%的公司股东售股收益投入另一公司，则该部分收益免交28%的所得税；对于售股公司，以现金支付红利减税；员工持股还贷期间免公司所得税；对于贷款金融机构，向员工持股超过30%的公司贷款，利息收入减半征收所得税②。美国成功实施员工持股计划的实践表明，政府为员工持股计划提供的税收优惠政策，极大地提高了企业参与该计划的意愿。因为税收优惠政策不仅会使企业获得额外收益，而且会使企业信息透明化，方便政府的监管。法国对持股员工采取减免个人所得税、出让有价证券免征增值税等税收优惠政策。税收优惠政策对支持员工持股有很好的借鉴作用。

美国政府出台的一系列税收优惠政策，对 Esop 的广泛推行起到了重要的作用。民主公司论的提出者大卫·艾勒曼曾指出，Esop 数量的显著增长，得益于 Esop 享受的较强的税收优惠。美国政府提供的税收优惠的辐射面不仅包含了实行 Esop 的企业，还包含了为 Esop 转让股票的原股东、获得股票的企业员工，曾经还包含了为 Esop 提供贷款的金融机构。税收优惠为企业推行员工持股带来初始的动力，增强企业发行员工股的意愿。我国可以借

---

① 段亚林：《股权激励模式和实务操作》，经济管理出版社 2003 年版，第 167 页。

② 段亚林：《股权激励模式和实务操作》，经济管理出版社 2003 年版，第 167 页。

鉴美国的做法,为实行员工持股的国有企业、国企持股员工以及为员工转让股票的原股东提供一定的税收优惠,以此来激发各方的积极性。

三、为员工持股提供信贷支持

美国 44% 的 Esop 是杠杆型的,也就是说很多员工可通过 Esop 贷款来获得企业的股票①。在我国,员工持股通常是以员工个人出资购买的方式来实现的,这对普通员工来说是一种额外的负担,这也是目前我国推行员工持股面临的一个难题。我国也可以充分利用信贷杠杆,为愿意参加国有企业持股计划的普通员工提供信贷支持,鼓励金融机构为员工购买国有企业股票提供低息贷款。

四、扩大持股员工的范围

持股员工的范围不能仅限于企业管理层,普通的员工也应当享有平等的认购权,要谨防员工持股演变为少数的管理层持股。如果员工持股范围和持股比例设定不当,将会加剧贫富差距并引发分配不公问题。员工持股是企业全体员工对企业部分股权的一种分配,分配的重点在于让普通企业员工成为企业产权结构的主体②。混合所有制员工持股的目标就是"形成资本所有者和劳动

---

① 段亚林:《股权激励模式和实务操作》,经济管理出版社 2003 年版,第 193 页。

② 美国员工持股计划协会,http://www.esopassociation.org/explore/how esops work/learn about esops。

者利益共同体",为此要降低员工持股门槛,把企业内部最普通的劳动者也吸纳进"利益共同体"中来,尽可能做到全员覆盖。在具体操作上,根据员工对企业的贡献而不是职务来确定持股比例,要防范管理层持股比例过高,普通员工持股比例过低,激化内部矛盾。

五、员工持股的转让应受到一定的限制

过去由于缺乏流通转让的严格限制,强化了员工的短期套利行为。"建立激励约束长效机制"这一目标的实现,需要防范员工的短期行为、让国企员工长期持有企业股票。因此,员工股的转让期限应受到一定的限制。但需要注意的是,股票转让限制应当只针对员工通过国有企业的员工持股计划得到的股票。当员工因故离开企业或退休时其股票可由企业来进行回购,转作预留股份。或者员工持股达到一定期限之后,允许出售一定比例的股票。美国的做法是,员工参与 Esop 获得的股份在员工离开企业之前不被允许出售。在员工离开企业之前为他们提供投资多样化权利,对于 55 岁以上的参与 Esop 达到 10 年以上的员工,允许将个人 Esop 账户上 25% 的资产投资到其他行业,达到 60 岁时这一比例达到 50%①。

六、员工持股的评估

上市公司准备实行员工持股计划,可以参照其股票的市场

---

① 美国员工持股计划协会,http://www.esopassociation.org/explore/how esops work/learn about esops。

价值向员工出售股票。非上市公司可以借鉴美国 Esop 的做法，聘请独立专业的评价机构，对其股票进行合理的评估。这一步骤很重要，要确保公平透明，要防范员工持股成为利益输送的工具。评估结束之后，尽快按照评估价向员工出售股票。推行员工持股的非上市公司还要对其股票进行年度评估，以确保按照公平的市场价回购员工股票。科技型公司中人力资本产权化和技术产权资本化，资产评估环节要做到公平、透明、专业、公正。

七、员工持股的收益机制与参与机制相结合

从美国 Esop 的发展经验可以知道，当员工持股的收益机制与参与机制相结合时，可以更好地激发员工的积极性。所有权的分配和限制形式对其拥有者的行为和组织结果产生重要的影响，单纯地企业收益分享或者单纯地员工参与决策管理，不足以让员工认为自己是企业的所有者。实行员工持股的企业应当重视员工收益机制与参与机制的建设，与员工分享企业收益的同时，要让员工参与决策管理。两者的结合，会增强员工的归属感和责任感，使他们与企业结成紧密的利益共同体。此外，还要注重与持股员工分享企业财务和运营的信息，要为他们提供学习管理技能的机会，这本身是一种激励又是让员工参与决策管理的前提。有效参与机制的建设需要管理层投入很多时间和精力，它是一个长期性的工作，但一旦形成将为企业发展形成一种新的动力。

第四节　完善发展员工持股
制度的对策和建议

研究表明,挖掘和释放员工持股制度应有的制度潜力,仅仅依靠出台有关政策或部门规章已不能满足实践的需要,应吸取过去发展中的经验教训,大胆借鉴西方发达国家成熟的经验做法,对员工持股制度的合法性、操作程序、税收政策、金融政策、管理机构等加以规范和完善,并建立在实践中不断调整和完善的机制。

一、加快完善员工持股计划的法律保障体系

我国有关员工持股计划的法律体系还很不健全。2014 年 6 月,中国证监会发布《关于上市公司实施员工持股计划试点的指导意见》(以下简称《指导意见》);2016 年 10 月,国务院印发《关于国有控股混合所有制企业开展员工持股试点的意见》。目前,仅有上述两个文件作为实施员工持股制度的规范指引。为此,建议尽快出台《指导意见》的实施细则以及相应的配套制度措施。为了保障持股员工的股东权利,需要从制度上明确持股员工行使股东权利的路径。在大股东提供股票来源或资金支持的情况下,员工持股计划资产管理委员会与大股东是否应认定为一致行动人、对重大关联交易是否应当回避表决等问题,需要通过更高层级的法律法规予以明确。我国应借鉴美国实施员工持股的有益经验,同时结合我国企业现有的实际情况,因地制宜地制定有中国特

色的法律法规,以保障该计划在资本市场上的良性发展。应确定员工持股会的地位,并为我国企业实施员工持股计划提供有效的法律依据和法制环境。

二、用税收优惠政策激发企业实施员工持股计划的积极性

我国应借鉴美国的经验,用税收优惠政策,吸引企业和员工积极参与员工持股计划。值得注意的是,实施员工持股计划不能盲目照搬"美国模式",而应根据我国国情和企业实际,合理地设置税收优惠政策。第一,可参考美国《税收改革法案》的规定,对员工持股计划所分得的股息红利予以免税。第二,针对员工持股计划涉及的不同主体提供不同的税收支持。对员工以个人薪酬购买股票给予减免个人所得税;对证券公司、商业银行获得的融资利息收入给予一定的企业所得税减免;对无偿赠送或定向转让的公司或大股东,在计算企业所得税和个人所得税时给予加计扣除成本的安排。

在我国实施税收优惠时应当注意,美国对雇员持股计划的税收优惠政策是随着雇员持股计划的发展而不断加强立法的。因此,我国对员工持股的税收立法,也需要根据员工持股的发展情况逐步进行,以便不断总结经验,逐步完善。我国对员工持股的税收优惠政策应扩展到与员工持股公司相关的各个方面,包括持股的员工、实行员工持股的公司、售股给员工的股东、贷款给员工持股公司的金融机构等。对员工持股的各项税收优惠政策要尽量做到全国统一,维护税收的公平,避免税收流失。

三、将员工持股计划与养老金制度结合

借鉴美国《职工退休收入保障法》的规定,与企业年金接轨,允许上市公司企业年金参与本公司股票投资。这不仅有助于员工与企业形成利益共同体,还能让员工享受年金投资运营收益分配计入个人账户时免征个人所得税的待遇。员工持股在国外与雇员的退休金计划密切结合,被广泛作为一种福利收益制度。借鉴国际经验,建立与员工持股制度相结合的企业补充养老保障制度。在我国有条件在企业改制中,通过建立员工持股制度,有效地建立起企业的补充养老保障制度。这种做法既有现实需要,又具有比较强的操作性。一是以个人出资投入为主,结合企业转移的盈余收益建立完善企业员工养老保障制度;二是鉴于目前财政收支紧张状况,国家从企业现有存量资产中,通过量化为股份的形式给员工以适当补偿,补充员工养老基金。

四、鼓励银行等金融机构为员工持股提供优惠信贷服务

鼓励商业银行为有条件的混合所有制企业实行员工持股提供优惠的信贷服务,对于推动混合所有制经济发展,适应新技术革命浪潮的影响具有重要的现实意义。为此,建议放宽有关法律限制,允许和鼓励银行等金融机构,为员工持股提供低息优惠贷款。放宽抵押贷款政策,允许员工以股票、不动产等为抵押获得购股所需贷款。允许企业其他股东做担保,由企业借款购买员工股份,本息由员工股的分红偿还。同时,对实施员工持股制度的企业,应在提供信贷服务方面予以优惠。

五、鼓励科技型企业实施员工持股制度

国家已明确有关的政策导向,即优先支持人才资本和技术要素贡献占比较高的转制科研院所、高新技术企业和科技服务型企业(以下统称科技型企业)开展员工持股。建议出台配套的政策和实施细则,在以科技人员为主体,从事高新技术产品的研发、生产、销售及技术服务的智力密集型企业中,大力推行员工持股制度,更好地体现人力资本的价值,促进科技成果转化,吸引并稳定人才队伍,将科研、管理、业务骨干人员的努力程度与企业的创新能力、盈利能力建立紧密联系。此外,在科技型企业中实施员工持股,有利于促进混合所有制经济的发展和创新驱动战略的实施。

六、对相关制度进行细化和配套的设计和安排

(一)充分考虑相关制度之间的兼容性和一致性

员工持股制度涉及税收、金融、会计制度等多个领域,制度之间的兼容性和一致性非常关键。比如,股票期权计划需要相应的企业会计准则。1972 年,美国会计准则委员会意见第 25 号——股票期权的会计处理,对企业此类业务的会计处理做了比较详细的规定,使有关企业的会计计量和确认有了原则和依据。而我国在员工持股的会计制度建设方面还比较滞后,例如股票期权的推行没有相关的会计准则和规定,企业难以对此类业务进行较为恰当的会计处理,实际上也必然影响到企业的实际损益和股票期权计划的有效实施。

(二)企业应科学地安排员工持股的比例

华为的经验表明,有效的员工持股计划激励面要广。如果员

工持股计划的受益面小,就会演变成仅对管理层持股的少数人的激励,而普通员工则被排除在激励计划之外。这不仅使员工持股计划丧失了其本来的意义,而且还会使员工丧失工作责任感,甚至会造成人才流失。另一方面,不能无条件地扩大员工持股的比例,绝不能让"搭便车"的历史重演。要有选择性地确定员工持股比率,尽量避免持股的大众化。企业可以根据每个员工的资历、价值、贡献、业绩、潜能、责任、风险等因素,进行层次分析,按权重综合评分后,确定员工持股比率。

(三)加强对员工持股计划实施情况的监管

建议要求上市公司在定期报告中对董事、监事、高级管理人员通过持股计划持有的股份变动情况进行充分披露,并披露与其他方式获得的公司股份合并后的持股情况。由于员工持股计划标的股票的超额收益率较高,建议加大对标的股票的监测力度,重点关注在员工持股计划锁定期结束前后宣布并购重组、高送转等消息的上市公司,对通过虚假陈述、内幕交易、操纵股价损害中小投资者利益的公司,加大处罚力度。加强对通过设立集合资产管理计划实施员工持股计划的上市公司监管。对参与对象已超过 200 人的员工持股计划方案,重点关注方案实施是否符合《私募投资基金监督管理暂行办法》第十九条"投资者应当确保投资资金来源合法,不得非法汇集他人资金投资私募基金"以及《证券期货经营机构私募资产管理业务运作管理暂行规定》第三条关于不得变相突破合格投资者标准的规定。

(四)推动员工持股制度与上市公司长远发展有机结合

员工持股计划作为一项重要的制度安排,属于长期的激励约束机制,不是给员工发放福利,更不是短期投机行为。与股权激励不同,《指导意见》未对业绩考核指标的设定等事项做出明确规定。但从保障公司平稳发展、避免吃"大锅饭"、实现约束性和激励性对等的角度出发,上市公司在制定员工持股计划方案时,需要综合考虑公司的行业特征、发展阶段等因素,通过延长锁定期、存续期、推出多期员工持股计划等,对公司业绩和员工个人业绩分别设置合理的考核指标,使员工利益与公司长远利益有效联结起来。

(五)修订集合资产管理业务监管规则

随着员工持股计划试点的推进,一些大型上市公司也将推出员工持股计划,员工参与人数将进一步上升。为了解除现行集合资产管理业务监管规则对参与人数的严格限制、推动员工持股计划合规发展,建议在《证券公司集合资产管理业务实施细则》中增加对员工持股计划在证券账户开立名称、人数限制方面的豁免条款,明确规定员工持股计划通过成立集合资产管理计划实施的,可以直接以员工持股计划名义开立证券账户,参与人数可以超过200人。

(六)规范员工持股会制度

员工股由员工个人管理还是通过专设机构统一管理,尽管各国做法不尽相同,但应以专设机构管理为常规。首先,由于我国《公司法》在立法取向上,倾向于保护股份公司大股东利益,允许公司章程限制出席股东的资格(通常是持股份额)。而单个员工股份拥有数额甚微,个人行使股权力量分散,往往被拒于股东大会门外,更不用说能对股东大会产生实质性的影响。其次,参加股东大会,行使共益权的结果并不只是自己受益,其他股东也受益。由于共益权难以使外部效益内化,所以一部分人宁愿放弃行使而去"搭便车"。员工股份聚集起来就可以成为大股,有权力,也有责任参与经营管理,从而可能避免"搭便车"的现象。美国要求员工持股信托基金会的受托人以"员工最佳利益"为行动准则,以判断该持股机构是否滥用权利。我国可以引进这一做法。第三,加强员工股东对持股会的监督,建立员工对持股会的监督制约机制,如授权员工对持股会人员的选举和罢免等。设置法律救济条款,一旦员工持股会侵害员工利益时,员工持股会决策者应承担相应的法律责任,员工可通过诉讼途径,以减少所受损失。

(七)规范员工持股制度的实施程序

目前,我国还没有关于实施员工持股计划统一的法律法规,也没有统一的程序可以遵循。为规范员工持股实施,建议考虑以下程序。

1.实施员工持股计划的可行性研究。可行性研究涉及政策的允许程度,对企业预期激励效果的评价,财务计划,股东的意愿等。

2.对企业进行全面的价值评估。员工持股计划涉及所有权的变化,因此合理、公正的价值评估对于员工和企业来说都是十分必要的。企业价值高估,员工不会愿意购买;而企业价值低估,则损害企业所有者的利益。

3.聘请专业咨询顾问机构参与计划的制订。由于长期缺乏完善的市场机制,对于员工持股计划这样一项涉及综合技术、多方利益主体和复杂关系的工作,聘请富有专业经验和人才优势的咨询顾问机构参与是必要的。

4.确定员工持股的份额和分配比例。在确定员工持股的比例时,既要考虑对员工激励的需要,也要考虑员工的劳动贡献所应得的报酬股份。另外,员工持股的比例也要跟计划的动机相一致,即能够起到激励员工的目的,又不会损害企业原所有者的利益。

5. 明确员工持股的管理机构。目前,我国部分员工持股的管理机构是企业的工会组织,存在持股主体的法人地位问题①。然而,对于一些大型的企业来说,内部员工持股或高层经营者股票期权,最好是借鉴国外的经验,由外部的信托机构、基金管理机构来管理。

6. 解决实施计划的资金筹集问题。在国外,员工持股资金的主要来源渠道是金融机构的贷款,在我国,仍然以员工自有资金为主,企业提供部分低息借款,金融机构目前尚未介入。从现行的政策来看,金融机构提供贷款应是可行的。

7. 制定详细的计划实施程序。实施详细的计划程序主要体现在员工持股计划的章程里面。该章程应对计划的原则、参加者的资格、管理机构、财务政策、分配办法、员工责任、股份的回购等做出明确的规定。

8. 制作申报材料,进行审批程序。员工持股计划能够得以实施,通常需要经过企业内部和外部多个环节的审批。

(八)国有企业进行混改时可同步实施员工持股计划

现行政策规定,鼓励和支持国有控股混合所有制企业实施员工持股计划。一般情况下,国有企业应在引入非公有资本、改制为

---

① 蒋建湘:《国企混合所有制改革背景下员工持股制度的法律构建》,《法商研究》2016年第6期(总第176期)。

混合所有制企业后,再实施员工持股。但是,考虑到员工持股是重要的混合方,推进员工持股的过程也是推进混改的过程。为了降低企业改革成本,推进企业改革工作进程,同时确保员工入股价格的公允性,国有企业试点企业可以在引人非公有资本改制为混合所有制企业时,同步实施员工持股①。国有产权持有单位在制订改制方案时,需要同步研究制定员工持股方案,将非公有资本符合条件的员工同时作为国有企业增资扩股的对象,各方采取同一入股价格,认购公司发行的股份或股票②。按照国有企业改制的相关规定,改制方案应由国有产权持有单位制订。国有企业需按照国有企业改制的相关规定进行清产核资、财务审计、资产评估等工作。参与员工持股的管理层成员不得参与制订改制方案、确定国有产权折股价、选择中介机构,以及清产核资、财务审计、离任审计资产评估等重大事项③。

---

① 徐永前:《员工持股、股权激励与主协调律师制度》,法律出版社2016年版,第214页。
② 徐永前:《员工持股、股权激励与主协调律师制度》,法律出版社2016年版,第214页。
③ 徐永前:《员工持股、股权激励与主协调律师制度》,法律出版社2016年版,第215页。

参考文献

一、中文文献

1. 肖耿:《产权与中国的经济改革》,中国社会科学出版社 1997 年版。

2. 张维迎:《企业理论与中国企业改革》,北京大学出版社 1999 年版。

3. 曹凤岐:《股份制与现代企业制度》,企业管理出版社 1998 年版。

4. 尹智雄:《企业制度创新论》,经济科学出版社 1998 年版。

5. 陈传明:《比较企业制度》,人民出版社 1995 年版。

6. 赵涛:《股份制——现代企业的重要形式》,经济科学出版社 1997 年版。

7. 张泽荣主编:《当代资本主义分配关系研究》,经济科学出版社 1994 年版。

8. 海南改革发展研究院编:《职工持股与股份合作制》,民主与建设出版社 1996 年版。

9. 吴家骏:《日本的股份公司与中国的企业改革》,经济管理出版社 1994 年版。

10. 贾和亭:《企业制度创新纵横谈》,改革出版社 1998 年版。

11. 包小忠:《日本企业融资结构与治理结构效率》,中国社会科学出版社 2006 年版。

12. 龚仰树:《固定收益证券》,上海财经大学出版社 2017 年版。

13. 陈清泰、吴敬琏主编:《塑造企业所有权文化》,中国财经经济出版社 2001 年版。

14. 贝多广主编:《证券经济理论》,上海人民出版社 1995 年版。

15. 赵晓雷:《现代公司产权理论与实务》,上海财经大学出版社 1997 年版。

16. 张卓元:《中国经济学六十年》,中国社会科学出版社 2011 年版。

17. 吕政、黄速建:《中国国有企业改革 30 年研究》,经济管理出版社 2008 年版。

18. 中国社会科学院工业经济研究所:《中国工业发展报告(2013)》,经济管理出版社 2013 年版。

19. 于东智:《转轨经济中的上市公司治理》,中国人民大学出版社 2002 年版。

20.《十五大以来重要文献选编》(上),中央文献出版社 2011 年版。

21.《十八大以来重要文献选编》(上),中央文献出版社 2014 年版。

22. 国务院体制改革办公室:《中国经济体制改革年鉴(1995)》,中国财政经济出版社 1996 年版。

23. 国务院体制改革办公室:《中国经济体制改革年鉴(1997)》,中国财政经济出版社 1998 年版。

24. 郭雷:《管理层收购中国实践:企业改制与员工持股操作指南》,电子工业出版社 2004 年版。

25. 谷照明:《产权改革与员工持股》,北京大学出版社 2002 年版。

26. 徐永前主编:《员工持股、股权激励与主协调律师制度》,法律出版社 2016 年版。

27. 梁慧瑜:《企业员工持股法律问题研究》,法律出版社 2012 年版。

28. 李果、黄继刚、王钦:《员工持股制度理论与实践》,经济管理出版社 2002 年版。

29. 赵乃斌等主编：《东欧中亚国家私有化问题》，当代世界出版社 1995 年版。

30. 段亚林：《股权激励模式和实务操作》，经济管理出版社 2003 年版。

31. 梁慧瑜：《企业员工持股法律问题研究》，法律出版社 2012 年版。

32. 蒋一苇：《论社会主义的企业模式》，广东经济出版社 1998 年版。

33. 蒋一苇：《我的经济改革观》，经济管理出版社 1993 年版。

34. 冯子标：《人力资本参与企业收益分配研究》，北京经济科学出版社 2005 年版。

35. 郑国铎：《企业激励论》，北京经济管理出版社 2002 年版。

36. 李炳炎：《公有制分享经济理论：中国经济改革理论创新》，中国社会科学出版社 2004 年版。

37. 王小鲁、樊纲、余静文：《中国分省份市场化指数报告》，社会科学文献出版社 2017 年版。

38. 安应民：《企业人力资本投资与管理》，人民出版社 2003 年版。

39. 胡迟：《利益相关者激励——理论、方法、案例》，北京经济管理出版社 2003 年版。

40. 刘昕：《薪酬管理》，中国人民大学出版社 2002 年版。

41. 刘云龙、傅安平：《企业年金——模式探讨与国际比较》，中国金融出版社 2004 年版。

42. 刘朝、胡亚莲、孙伟祖、刘峰：《〈资本论〉与当代若干经济理论热点问题研究》，中国社会科学出版社 2009 年版。

43. 石建勋：《中国企业家的股权革命》，机械工业出版社 2003 年版。

44. 王斌：《企业职工持股制度国际比较》，经济管理出版社 2000 年版。

45. 王强、黄河愿：《对企业全员激励作用——实现企业完善的股权激励》,南海出版社 2004 年版。

46.文宗瑜、唐俊:《公司股份期权与 Esop》,中国金融出版社 2000 年版。

47.李玉梅:《中国企业职工持股法律制度的构建》,群众出版社 2005 年版。

48.于纪渭:《股份制经济学概论:股票、债券、证券交易所和股份制度》,复旦大学出版社 2004 年版。

49.王作全、马旭东、牛丽云著:《公司利益相关者法律保护及实证分析》,法律出版社 2010 年版。

50.梁爱云:《西方发达国家企业职工持股研究》,经济科学出版社 2005 年版。

51.晓亮:《所有制理论与所有制改革》,上海财经大学出版社 2002 年版。

52.[美]奥利弗·E.威廉姆森、西德尼·G.温特:《企业的性质——起源、演变和发展》,姚海鑫、邢源源译,商务印书馆 2010 年版。

53.[美]西奥多·威廉·舒尔茨:《论人力资本投资》,吴珠华等译,北京经济学院出版社 1990 年版。

54.[美]国家员工所有权中心编:《股票期权的理论、设计与实践》,张志强译,上海远东出版社 2001 年版。

55.[日]青木昌彦、[美]格里高利·杰克逊:《认识公司治理和组织架构的多样性》,《比较》第 31 辑,载吴敬琏主编,中信出版社 2007 年版。

56.[日]奥村宏:《股份制向何处去——法人资本主义的命运》,张承耀译,中国计划出版社 1996 年版。

57.[日]宫崎义一:《泡沫经济的经济对策——复合萧条论》,陆华生译,中国人民大学出版社 2000 年版。

58.[日]青木昌彦:《转轨经济中的公司治理结构:内部人控制和银

行的作用》,钱颖一主编,中国经济出版社 1995 年版。

59.［美］J.弗雷德·威斯通、苏姗·E.侯格、［韩］S.郑光:《兼并、重组与公司控制》,唐旭等译,经济科学出版社 1998 年版。

60.［美］保罗·米尔格罗姆、约翰·罗伯茨:《经济学、组织与管理》,北京经济科学出版社 2004 年版。

61.［美］道格拉斯·C.诺斯:《制度、制度变迁与经济绩效》,刘守英译,上海三联书店 1994 年版。

62.［美］西奥多·威廉·舒尔茨:《人力资本投资》,梁小民译,商务印书馆 2006 年版。

63.［德］卡尔·马克思:《资本论》第 1 卷,中央编译局译,人民出版社 1975 年版。

64.［英］阿尔弗雷德·马歇尔:《经济学原理》,周月刚、雷晓燕译,中国城市出版社 2010 年版。

65.［美］马丁·威茨曼:《分享经济——用分享制代替工资制》,林青松等译,中国经济出版社 1988 年版。

66.［美］大卫·艾勒曼:《民主的公司制》,李大光译,新华出版社 1998 年版。

67.［美］德鲁克:《管理的实践》,齐若兰译,机械工业出版社 2009 年版。

68.［美］罗宾斯:《组织行为学》,孙健敏译,中国人民大学出版社 2005 年版。

69. 周其仁:《市场里的企业:一个人力资本与非人力资本的特别合约》,《经济研究》1996 年第 6 期。

70. 蒋一苇:《企业本位论刍议》,《经济管理》1979 年第 6 期。

71. 王珏:《劳者有其股与收入分配》,《中国工业经济》2000 年第 2 期。

72. 王天雨:《劳动力产权研究》,《学术月刊》1997 年第 12 期。

73. 张劲夫:《股份制和证券市场的由来》,《百年潮》2001 年第 2 期。

74. 张五常:《企业的契约性质》,《法与经济学杂志》1983 年第 26 期。

75. 芮明杰、郭玉林:《智力资本激励的制度安排》,《中国工业经济》2002 年第 9 期。

76. 钟坚:《西方国家推行员工持股制的经验与启示》,《深圳大学学报》1996 年第 4 期。

77. 蒋一苇:《企业本位论》,《中国社会科学》1980 年创刊号。

78. 颜延:《美国股票期权会计的发展及对我国的启示》,《财经研究》2001 年第 7 期。

79. 王长安:《经营者股票期权问题讨论综述》,《经济理论与经济管理》2001 年第 7 期。

80. 黄再胜:《西方企业激励理论的最新发展》,《外国经济与管理》2004 年第 1 期。

81. 黄再胜:《国有企业隐性激励双重缺位问题探析》,《经济经纬》2003 年第 6 期。

82. 孙泽蕤:《中国当前经济环境下的管理层收购研究》,《财经研究》2002 年第 1 期。

83. 李宝元:《战略性激励论》,《财经问题研究》2003 年第 4 期。

84. 沈文玮:《经济民主视角下的混合所有制员工持股分析》,《现代经济探讨》2015 年第 5 期。

85. 陈弘、朱光华:《期权激励扭曲过程:过程、原因与教训》,《中国财经问题》2003 年第 1 期。

86. 肖贵清、乔惠波:《混合所有制经济与国有企业改革》,《社会主义研究》2015 年第 3 期。

87. 黄群慧:《回顾国有企业改革 40 年》,《中国经济学人》2018 年第 1 期。

88. 周叔莲:《关于蒋一苇同志的企业理论和企业"四自"的提法》,《经济管理》1996 年第 6 期。

89. 陈佳贵:《从"企业本位论"到"经济民主论"——蒋一苇同志关于经济体制改革的主要学术观点介绍》,《经济体制改革》1989 年第 1 期。

90. 汪海波:《中国国有企业改革的实践进程(1997 — 2003 年)》,《中国经济史研究》2005 年第 3 期。

91. 鲁江:《混合所有制经济:三重意义上的体制平台》,《学术前沿》2014 年第 3 期。

92. 王春晖:《混合所有制产权是中国电信业改革的最优选择》,《南京邮电大学学报(社会科学版)》2014 年第 1 期。

93. 刘泉红:《以混合所有制经济为载体深化国企改革》,《前线》2014 年第 2 期。

94. 张衔、胡茂:《我国企业员工持股的发展困境与现实选择》,《社会科学研究》2015 年第 1 期。

95. 黄速建、余普:《企业员工持股的制度性质及其中国实践》,《经济管理》2015 年第 4 期。

96. 王晋斌:《解析内部职工持股计划制度设计》,《经济研究》2001 年第 7 期。

97. 深劳:《深圳市内部员工持股制度聚焦》,《创业者》1998 年第 7 期。

98. 王亚平:《关于规范股份合作制改制的几点思考》,《财经问题研究》1998 年第 5 期。

99. 黄继刚:《职工持股与国企多元化改革》,《经济管理》2001 年第 14 期。

100. 姜涛:《混合所有制企业员工持股规范化发展问题研究》,《理论导刊》2016 年第 1 期。

101. 王晋斌、李振中:《内部职工持股计划与企业绩效——对西方和中国企业案例的考察》,《经济研究》1998 年第 9 期。

102. 刘军胜:《混合所有制企业员工持股制度探讨》,《企业管理》2015 年第 3 期。

103. 方重、汪忠新、康杰:《上市公司员工持股实践》,《中国金融》2016 年第 7 期。

104. 张望军、孙即、万丽梅:《上市公司员工持股计划的效果和问题研究》,《金融监管研究》2016 年第 3 期。

105. 章卫东、罗国民、陶媛媛:《上市公司员工持股计划的股东财富效应研究——来自我国证券市场的经验数据》,《北京工商大学学报(社会科学版)》2016 年第 2 期。

106. 袁静娴:《我国上市公司员工持股计划实施概况》,《时代金融》2016 年第 5 期中旬刊(总第 624 期)。

107. 高榴:《我国上市公司员工持股计划的特点、问题及改进对策》,《南方金融》2016 年第 11 期。

108. 皮海洲:《员工持股计划之"大北农模式"值得推崇》,《金融经济》2014 年第 19 期。

109. 陈虹:《员工持股计划的会计及税务处理》,《财务与会计》2015 年第 12 期。

110. 王一鸣:《新科技革命对我国经济体制改革的新要求》,《经济理论与经济管理》2002 年第 3 期。

111. 常修泽:《世界三大潮流与中国混合所有制经济》,《改革与战略》2017 年第 8 期。

112. 蒋建湘:《国企混合所有制改革背景下员工持股制度的法律构建》,《法商研究》2016 年第 6 期(总第 176 期)。

113. 王来武、杨欢亮:《中国企业员工持股制度理论的形成与发展研究》,《河南师范大学学报(哲学社会科学版)》2004 年第 31 卷第 1 期。

114. 芮明杰、郭玉林：《智力资本激励的制度安排》，《中国工业经济》2002 年第 9 期。

115. 李爱华、卢转玲：《我国推行员工持股计划的现状与建议——以华为公司成功实施员工持股计划为例》，《经营与管理》2017 年第 7 期。

116. 李政、艾尼瓦尔：《美国员工持股计划及其对我国国企改革的启示》，《当代经济研究》2016 年第 9 期。

117. 于东智、谷立日：《上市公司管理层持股的激励效用及影响因素》，《经济理论与经济管理》2001 年第 9 期。

118. 尹中立：《员工持股的意义》，《中国金融》2014 年第 1 期。

119. 饶海琴：《世界主要国家员工持股计划比较研究》，《中国管理科学》2003 年第 11 期。

120. 黄卫挺：《混合所有制改革中的资产评估》，《改革内参》2015 年第 14 期。

121. 庄莉、陆雄文：《中美员工持股和管理层持股》，《经济理论与经济管理》2000 年第 3 期。

122. 谢鲁江：《混合所有制经济：三重意义上的体制平台》，《学术前沿》2014 年第 3 期。

123. 卫兴华、郭召鹏：《从理论和实践的结合巨弄清和搞好混合所有制经济》，《经济理论与经济管理》2015 年第 1 期。

124. 万华炜、程启智：《中国混合所有制经济的产权经济学分析》，《宏观经济研究》2008 年第 2 期。

125. 蒋一苇：《职工主体论》，《工人日报》1991 年 6 月 21 日。

126. 迟福林：《改革决定未来——探讨 21 世纪初中国经济改革的作用与任务》，《深圳商报》1999 年 12 月 6 日。

127. 唐新林：《中国企业职工持股制度建设国际研讨会综述》，http://www.chinareform.org.cn,2000 年 12 月 21 日。

128. 黄群慧：《破除混合所有制改革的八个误区》，《经济日报》2017

年 8 月 4 日。

129. 傅生励:《企业内部职工持股亟待规范》,《中国企业报》1998 年 6 月 23 日。

130. 张田勘:《全球新技术革命浪潮来临中国怎样引领潮流》,《人民日报》(海外版)2017 年 9 月 22 日。

131. 新京报:《联想集团员工持股案例分析》,2015 年 4 月 17 日。

132. 周林生:《发展混合所有制经济是市场机制必然要求》,《南方日报》2013 年 12 月 30 日。

133. 孟书强:《不完善现代企业制度难发展混合所有经济》,《中国企业报》2014 年 3 月 11 日。

134. 邓聿文:《混合所有制要让民企看到诚意》,《中国经营报》2014 年 4 月 21 日。

135. 付玉秀、张洪石:《风险报酬、控制权与声誉:创业企业家的激励与约束》,《中国科技论坛》2003 年第 9 期。

136. 邵建平、曹凌燕:《威胁激励的理论及应用研究》,《管理探索》2003 年第 3 期。

137. 邹海峰:《中国职工持股制度研究》,中国经济出版社 2011 年版。

138. 宿春礼:《现代公司年薪制方案设计》,中国财政经济出版社 2003 年版。

139. 邱岳琴:《股票期权两种期权激励方式的比较及在我国的应用》,《市场周刊财经论坛》2002 年第 1 期。

140. 叶晓倩:《期权模式及其面临的问题》,《企业管理》2000 年第 8 期。

141. 付军:《论十八大后混合所有制改革的发展路径》,《现代商业》2015 年第 3 期。

142. 王焕祥:《新常态下政府有为与市场有效的协同演进》,《开放导报》2015 年第 2 期。

143. 蔡继明:《从混合经济形成看两大经济思想体系融合》,《学术月刊》2015 年第 1 期。

144. 厉以宁:《中国道路与棍合所有制经济》,《中国市场》2014 年第 23 期。

145. 杜浩然:《产权结构变动对经济增长的影响分析——基于中国 30 省份 1995 — 2013 年面板数据的实证研究》,《经济科学》2015 年第 3 期。

二、英文文献

1. S.Grossman,O.Hart,"*The Cost and Benefits of Ownership:A Theory of Vertical and Lateral Intergration*",*Journal of Political Economy*,No.3,1996.

2. 美国员工持股计划协会,http://www.esopassociation.org/explore/how esops work/learn about esops。

3. 美国国家雇员持股中心,http://www.nceo.org/employee-ownership/-id/12。

4. Louis O. Kelso, Mortimer J. Adler, *The Capitalist Manifesto*, New York:Random House,1958.

5. Louis O. Kelso, P. H. Kelso, *Two-factor Theory:The Economics of Reality*, New York:Vintage Books,1967.

6. Louis O. Kelso, P. H. Kelso, *Democracy and Economic Power*, Cambridge:Ballinger,1986.

7. A. Giddens, *The Third Way:A Renewal of Social Democracy*, Cambridge:Polity Press,1998.

8. J.Gates,*The Ownership Solution:Toward a Shared Capitalism for the 21st Century*,New York:Harper Collins Publishers,2000.

9. M.M.Blair,*Ownership and Control:Rethinking Corporate Governance*

for the 21st Century ,Washington:Brookings Institution,1995.

10. Markowitz, Harry, Joseph Blasi, Douglas Kruse, "Employee stock ownership and diversification", *Annals of Operations Research* , Vol.176, No.1,2010.

11. Rosen Corey,"What Are Esops", *Independent Banker* ,Vol.34,No. 2,2014.

12. 美国员工持股计划协会,http//www.esopassociation.org/explore/ employee-ownership-news/resources-for-reporters#statistics。

13. 美国国家雇员持股中心,http//www.nceo.org/articles/statistical- profile-employee-ownership。

14. 美国国家雇员持股中心,http//www.nceo.org/articles/studies- employee-ownership-corporate-performance。

15. Thouraya Triki,Loredana Ureche-Rangau,"*Stock Options and Firm Performance:New Evidence from the French Market*",*Journal of International Financial Management and Accounting* ,Vol.23,No.2,2012.

16. M.L.Weitzman,D.L.Kruse,"*Profit Sharing and Productivity*",*in Paying for Productivity* ,A.S.Blinder(ed.),Washington:Brookings Institution,1990.

17. Michael Conte,Arnold S.Tannenbaum,"*Employee-owned companies:is the difference measurable?*",*Monthly Labor Review* ,No.7,1978.

18. D.P.Ellerman, P.Pitegoff, "*The Democratic Corporation: the New Worker Cooperative Statute in Massachusetts*", *NYU Review of Law and Social Change* ,No.3,1983.

19. A.Giddens, *Beyond Left and Right:the Future of Radical Politics* , Cambridge:Polity Press,1994.

20. M.L.Weitsman, *the Share Economy* ,Cambridge:Harvard University Press,1984.

21. Marsh Thomas, Dale McAllister, "*Esops Tables: A Survey of*

Companies with Employee Stock Ownership plans", *Journal of Corporation Law*, No.3, 1981.

22. Rosen Corey, Michael Quarrey, "*How well is employee ownership working?*" *Harvard Business Review*, No.5, 1987.

23. Stretcher Robert, Steve Henry, Joseph Kavanaugh, "*The Esop Performance Puzzle in Public Companies*", *The Journal of Employee Ownership Law and Finance*, No.4, 2006.

24. Kramer Brent, "*Employee ownership and participation effects on outcomes in firm's majority employee - owned through employee stock ownership plans in the US*", *Economic and Industrial Democracy*, Vol.31, No.4, 2010.

25. Frank Amato, "*Facts and Myths: Esops Bank on Bright Picture Strategy Leads to Business*", *The Business Journal*, No.2, 1998.

26. Harold Nedd, "*Esops can help increase employees' productivity*", *Pacific Business News*, Vol.42, 2004.

27. C. Pateman, *Participation and Democratic Theory*, New York: Cambridge University Press, 1970.

28. Corey Rosen, "*The Future of Broad-Based Options: What Research Tells Us*", the *Economic Analysis of Participatory & Labor-Managed Firms*, Volume 9, 2013.

29. Erich A. Helfert, *Financial Analysis Tools and Techniques: A Guide for Managers*, New York: McGraw Hill Professional, 2001.

30. Stoyu I. Ivanov, Janis K. Zaima, "*Analysis of the Effects of Esop Adoption on the Company Cost of Capital*", *Managerial Finance*, No.2, 2015.

31. P. Aghion, P. Bolton, "*An Incomplete Contract Approach to Financial Contracting*", *Review of Economic Studies*, No.3, 1992.

32. J.B. Bamey, "*Firm Resources and Sustained Competitive Advantage*",

Journal of Management, No.1, 1991.

33. M.Bennedsen, D.Wolfenzon, "*The Balance of Power in Closely Held Corporations*", *Journal of Financial Economics*, No.1, 2000.

34. J. A. Brickley, S. Bhagat, R. C. Lease, "*The impact of long – range managerial compensation plans on shareholder wealth*", *Journal of Accounting and Economics*, No.7, 1985.

35. W. Carlin, C. Mayer, "*Finance, Investment and Growth*", *Journal of Financial Economics*, No.1, 2003.

36. H.N.Cui, T.Y.Mak, "*The Relationship Between Managerial Ownership and Firm Performance in High R & D Firms*", *Journal of Corporate Finance*, No.8, 2002.

37. H. Demsetz, "*The Structure of Ownership and the Theory of the Firm*", *Journal of Law and Economics*, No.2, 1983.

38. R.Fisher, *State and Local Public Finance* (2nd edition), Homewood: Richard D Irwin Inc., 1995.

39. A. Odden, L. Picus, *School Finance: A Policy Perspective* (2nd edition), New York: McGraw–Hill Companies, 2000.

40. H.Rosen, *Public Finance* (7th edition), New York: McGraw – Hill Companies, 2005.

41. R. H. Thaler, *Quasi RationnalEconomics*, New York: Russell Sage Foundation., 1994.

42. R. Schmalensee, *The Economics of Advertising*, Amsterdam: North – Holland., 1972.

43. R.Marris, The Economic Theory of "Managerial" Capitalism, London: Macmillan., 1964.

44. Rosen, Klein, Young, *Employee Ownership in America—The Equity Solution*, Lexington: Lexington Book, 1986.

45. Stephen P. Robbins, *Organizational Behavior* (11th edition), Beijing：Tsinghua University Press, 2005.

46. Hammer, Tove Helland, "*Industrial Democracy*" in *Michael Poole and Malcolm Warner*, (eds) *The IEBM Handbook of Human Resource Management*, Lodon：International Thomson Business Press, 1998.

47. D. C. North, *Institutional Change and Economic Performance*, Cambridge：Cambridge University Press, 1990.

48. World Bank, *Finance for Growth：Policy Choices in a Volatile World*, Oxford：Oxford University Press, 2001.

49. Joel D. Wolfe, *Power and Privatization Choice and Competition in the Remaking of British Democracy*, London：ST.Martin's Press, 1996.

50. Jeffery Heinfeldt, Richard Curcio, "*Employee Management Strategy, Stockholder-agency Theory, and the Value of the Firm*", *journal of Financial and Strategic Decision*, Volume 10, No.1, 1997.

51. D.North, *Institution, Institution Change and Economic Performormance*, London：Cambridge University Press, 1990.

52. Jensen, Murphy, "*Performance Pay and Top-Management Incentive*", *Journal of Political Economy*, No.3, 1990.

53. T.A.Andrew, *A History of the British Labour Party*, New York：St. Martin's Press, 1997.

54. I.Ansoff, *Corporate Strategy*, New York：McGraw Hill, 1965.

55. R.Ashkenas, D.Ulrich, T.Jick, S.Kerr, *The Boundaryless Organization：Breaking theChains of Organizational Structure*, San Francisco：Jossey - Bass, 2002.

56. A.Giddens, *The Third way and its Critics*, Bristol：Polity Press, 2000.

57. D. Kettl, *Sharing Power：Public Governance and Private Markets*, Washington, D.C.：Brookings, 1993.

58. R. Middleton, *Government versus the Market: the Growth of the Public Sector*, Cheltenham: Edward Elgar, 1996.

59. J. Newman, *Modernizing Governance: New Labour, Policy and Society*, London: Sage, 2001.

后　记

在研究美国史的过程中,有几部对美国经济发展史产生了重要影响的著作,给我留下了深刻印象。一是在 1937 年,科斯发表的《企业的性质》,创造了现代企业理论。其中,提出了企业是利益相关者之间的契约集合,企业员工可以凭借其人力资本的经济价值,获得企业的所有权,从而形成了员工持股制度的理论基础。后来经过威廉姆森等人的完善和发展,《企业的性质》成为最著名的文献,其现代企业理论凭借产权经济学的基本观点,得到了全新的发展。企业产权理论成为现代企业理论重要的组成部分,其核心思想包括企业契约的不完备性、剩余索取权与产权残缺、企业产权的最优安排及企业治理结构等,而且从理论上揭示了员工持股制度微观机制的内在逻辑。二是在 1960 年,美国著名经济学家、诺贝尔经济学奖获得者舒尔茨所著《人力资本投资》,在世界新技术革命浪潮兴起的初期,创造了人力资本理论,提出了知识和人力资本成为现代经济增长的新源泉和决定性因素,员工可以凭借其人力资本的经济价值,获得企业的部分或全部所有权。这个理论对于适应世界新技术革命浪潮对产权制度的影响具有重要价值。

三是在 1958 年、1967 年和 1986 年，美国律师凯尔索与别人先后合著了《资本主义宣言》《双因素论：现实经济学》《民主与经济力量》等，使双因素理论从产生到发展完善。凯尔索提出双因素理论的目的是分散当时美国过于集中的资本所有权，让普通企业员工能够以劳动者和资本所有者的双重身份参与企业收入的分配。凯尔索依托双因素理论形成的员工持股计划，获得了美国国会立法的支持。1974 年的《职工退休收入保障法》、1975 年的《税收减免法》、1981 年的《经济复苏法》、1986 年的《税制改革法》等法案，为员工持股计划在美国的发展提供了制度保障。

这些理论对员工持股制度有效性的微观机制、微观过程和微观动因进行了深入分析，在微观层面揭示了企业内生动力的形成逻辑和规律。在实践方面，自 20 世纪 70 年代以来，美国实施员工持股计划的公司数，始终呈现递增的态势。1975 年，即 ESOP 获得官方认可的第二年，大约有 1500 家企业实行了 ESOP，参与的员工数量为 25 万人。到 2013 年时，实行 ESOP 的企业数量达到 6795 家，参与的员工数量为 1392 万人。截至 2016 年底，美国实行 ESOP 企业高达 17800 家，参与的员工数量近 3000 万人。经过几十年的发展，美国的员工持股制度已成为一种有效的产权组织形式，在西方国家企业界被广泛采用。

通过对上述理论和实践的学习研究，我受到很大的启发，提高了对员工持股制度发展规律的认识水平，明确了相关问题研究的方向，加深了对近年来中央有关文件精神的理解。随后制订了详细的研究方案，开始搜集、查阅资料，到有关企业调研。通过文献研究、比较研究和实证研究的方法，对中外员工持股制度发展问题进行了系统研究、比较研究和发展趋势研究,结合对国内部分上市公司和非上市公司实施员工持股计划情况的调研,提出了员工持股制度在我国应有的制度潜力需要充分发掘和释放的问题。本书研究认为,在世界新技术革命浪潮兴起的背景下,着手解决这个问题十分重要和紧迫。提高对这个问题的认识,着手进行对策性研究,是摆在我们面前的重要课题和工作任务。

本书以适应全球新技术革命和产业变革趋势的视角,研究员工持股制度适应新技术革命潮流的独特优势,提出了强化人力资本的价值,引导和支持技术产权向企业集聚,员工持股制度是适用性比较好的产权组织形式。通过对员工持股制度有效性的微观机制、微观过程和微观动因研究,在微观层面揭示了企业内生动力的形成规律。在新时期,员工持股制度是发展混合所有制经济的重要途径,是现代企业制度的重要实现形式。本书对上述几个方面的研究,得出了具有推广价值的理论性结论和操作性比较强的政策建议,具有理论创新和实践创新意义。

在书稿完成之际,感谢山东省发改委、国资委、山东证监局、相关企业等单位有关领导、专家、工作人员的指导和帮助,感谢人民出版社编辑同志给予的帮助,感谢单位领导和同志们的支持和鼓励。此书为中共山东省委党校创新工程科研支撑项目成果。

王 颖

2018 年 5 月 9 日于济南

策划编辑:赵圣涛

责任编辑:江小夏

图书在版编目(CIP)数据

中外员工持股制度发展研究/王颖 著. —北京:人民出版社,2018.11

ISBN 978－7－01－019891－0

Ⅰ.①中… Ⅱ.①王… Ⅲ.①企业-股份制-研究-中国

 Ⅳ.①F279.21

中国版本图书馆 CIP 数据核字(2018)第 229660 号

中外员工持股制度发展研究

ZHONGWAI YUANGONG CHIGU ZHIDU FAZHAN YANJIU

王 颖 著

人 民 出 版 社 出版发行

(100706 北京市东城区隆福寺街 99 号)

北京中科印刷有限公司印刷 新华书店经销

2018 年 11 月第 1 版 2018 年 11 月北京第 1 次印刷

开本:710 毫米×1000 毫米 1/16 印张:19.5

字数:300 千字

ISBN 978－7－01－019891－0 定价:59.00 元

邮购地址 100706 北京市东城区隆福寺街 99 号

人民东方图书销售中心 电话 (010)65250042 65289539